JN214393

家族思想と家族法の歴史

依田精一 著

吉川弘文館

まえがき

本書は、明治民法の法典論争から戦後家族制度改革までの家族思想と家族法の歴史を主として思想史、社会史の方法で分析し、今日の家族問題の解明に資する目的を有する。したがって、本書は、家族法諸規範の細部の分析ではない。家族というシステムが関連する社会と国家のシステムと、いかにかかわりあって成立、変容、存続してきたかの歴史を明らかにするものである。具体的には、明治国家の家国一体の体制思想として存在した家制度を思想的に解明することである。そこで、本書では、この課題を家族、社会、国家を巨視的に俯瞰して歴史に沿って実証する。

周知のように戦前の天皇制国家のための「公」による「私」の論理を否定した戦後改革が、個人の「私利追求」を全面的に解放した。しかし、それがただちに資本主義の下で個人の抑圧、男女の差別の解放になるわけではない。私利追求は資本主義の論理そのものである。それゆえに国民は、個人が私利追求だけに専念して家族をまとめ、社会を組織し国家体制への政治参加を戦後改革以後も半世紀以上にわたって続けて来た。個人の尊厳や両性の本質的平等の理念では、国民の自発性によって支えられねば、容易に形骸化する。今日、われわれの目の前にある形骸化した理念は、タテマエだけとなった。利己主義で血眼になって私利追求のホンネだけが横行する状況である。どうして、このような状況になったのか。その原因は遠く明治国家体制の成立にまで遡って考察すべきであるとの問題意識が本書の立場である。この立場から本書は、明治民法制度の法典論争から戦後の家族制度改革までの家族思想の変化と家族をめぐる国家、社会の在り方のなかに問題の本質を探る。

本書の構成は、一九七〇年代後半から一九八〇年前半にかけて発表した諸論文を、この問題意識にしたがって時系列的に整序し、修正加筆した。それぞれの論文の初出年次、発行所などを掲げ、若干のコメントを附した。

序章は、「家」と近代家族と法制度の家族の重層構造を歴史の流れのなかでとらえる問題提起である。第一章と第二章は、いずれも明治民法にかかわる法典論争を主題とする。この論争が、当時の民権論などを結局において廃除して家国一体体制の確立に収束していったことを明らかにする。とくに第一章では、穂積八束の有名な「民法出デテ忠孝亡ブ」のみで、法典論争の意義を矮小化してはならぬことを指摘した。第二章では、教育が教育勅語の倫理規範に規制されること。また、教育行政上は、勅令事項として政府の専管事項であったことを指摘した。第一章は、目次と同名論文から転載（『季刊社会思想』二巻四号、社会思想社、一九七二年）、第二章も、目次と同名論文（『東京経済大学学会誌』一九七五年）から転載。

第三章と第四章では、大正デモクラシーの潮流によって家国一体体制の基礎である「家」制度が崩壊する危機を防御する動きを中心に説く。政府は、家国一体体制を復古的に強化しようとして、臨時法制審議会を開く。他方では、「家」制度を、明治民法の枠組内でできる限り近代国家に近づけることで対応しようとする中川善之助の「統体制」論に代表される法理論があった。第三章は、「戦後家族制度改革の歴史的構造」（福島正夫編『家族・政策と法』第一巻、東京大学出版会、一九七五年）を基礎にして書き直した。第四章は、目次と同名論文『現代家族法大系』第一巻所収（有斐閣、一九八〇年）より転載加筆した。第五章は、第二次大戦の総力戦体制下における資本主義的合理性の浸透の結果、「家」的共同体意識が崩壊し、「家」に代って「国家権力」の直接的な締めつけが現れることを説く。滅私奉公や国体明徴などのスローガンが、このことを象徴する。国家権力による家族員の直接把握は、同時代のドイツ、イタリアにみられるファシズム運動と軌を一にするところがある。しかし、日本では「家」制度との妥協が必要なので徹底化できなかった。本章は、目次と異なる「日本ファシズムと家族制度」(『思想の科学』七巻一四号、思想の科学社、一九八二年〈佐々木潤之介編『日本家族史論集』3、吉川弘文館、二〇〇二年に再録〉)より転載、第六章と第七章は、戦後民主主義の下で、「家」制度の解体が進められ、個人の尊厳と両性の本質的平等の価値観が、「家」制度の倫理規範に代わった。それは新憲法の国家倫理として登場した。しかし、現実の生活実態としての家族は、このような近代家族への徹底を拒む。この多重構造の家族における制度と生活実態と理念とのせめぎ合いを紹介する。このうち、第六章は主として新憲法について、第七章は新民法について紹介した。第六章は、同名の論文(東京大学社会科学研究所戦後改革研究会編『戦後改革』第一巻、東京大学出版会、一九七四年)より転載、第七章は、前記「戦後家族制度改革の歴史的構造」のほかに「占領政策における婦人解放」(中村隆英編『占領期日本の経済と政治』所収、東京大学出版会、一九八〇年)などを基礎に書き直した。終章は、書きおろしである。ここでは、民主化のシンボルとされて来たところの個人の尊厳=個人主義、両性の本質的平等=男女同権の理念を無条件に信奉するのではないことを問題提起した。これらの理念は、欧米の精神的風土のなかで醸成されたものである。理念の普遍性を前提にしても、日本人の文化から生じる価値観がある以上、これらの理念の理解も微妙に欧米人と異なるはずである。また、戦後改革当時における現実生活と理念との乖離の大きさ、さらには、日本人の私利追求のホンネが戦後は無制限に貫徹し得る状況になったことなど、これらのことを考え合わせると、これらの理念を、もう一度、現状に則して考えてみる必要がある。そして、「家」と国家の抑圧から解放された個人は、限りなく個人化していくのか、あるいは家庭に帰って行くのか。そのとき、これらの理念は、どう機能するのかを問題提起している。

さて、戦後家族制度も、占領軍権力の外圧の下で成立した。占領軍は、日本の非軍事化とともに、日本人の軍国主義的精神風土の源泉としての「家」制度の解体を徹底しようとした。補論は、この過程を説明した。補論は、前記の

「占領政策における婦人解放」と「占領政策における家族制度改革」（『日本占領軍——その光と影』上巻、徳間書店、一九七八年）とを中心に書きおろした。

このような本書の構成によって、明治家国一体体制の下で成立した「家」制度家族法が戦後民主主義によって解体されるまでの歴史を展開する。われわれは、この歴史が問いかけているものを深く重く受けとめるべきであろう。

目次

第二章　民法典論争と明治憲法体制……四八

第五章　超国家主義の家族思想……一二六

第六章　戦後家族制度改革と新家族観の成立……一五六

補論　占領政策における家族制度改革

序章　歴史のなかの家族制度改革

一　家族制度改革の民主化と近代化

我妻栄は、その著『法学概論』(昭和四十七年、有斐閣)のなかで、「前者(明治憲法)によって、わが国の民主化は、制度として半ばまでその道を進み、後者(日本国憲法)によって、ほぼ完成の域に達した。事実、明治憲法は、大正の時代において、その予定する以上に民主的に運営された。大正デモクラシー時代と呼ばれるものである」(1)と述べている。戦後民主主義を戦前からの「民主主義的傾向の復活」(昭和二十年、ポツダム宣言)ないしは延長上に捉える考え方は、むしろアメリカ人の日本研究では、ごく普通である。(2)このような戦前からの無限定な民主主義の連続性とは対照的に、戦後民主主義を全く戦前との断絶の上に捉える考え方もある。(3)この考え方は、戦後改革を全くアメリカの占領政策の所産としてのみ考えるか、あるいは逆に、戦後憲法体制が戦前の明治憲法体制と全く無縁な断絶の上に形成されたと考えるかのいずれかである。

このような戦後民主主義の理解は、いずれも一面的である。戦後改革が、いかに大変革であったとしても、日本の資本主義が廃止されたわけではない。それゆえ、私的所有を中心とした支配体制は、ニュアンスの相違はあっても戦前から連続していることに違いない。だが、それだからと言って戦前から戦後への連続は、民主主義的傾向が、一時的にファシズムによって攪乱されていたと言うほど簡単なものではない。明らかに、戦後は私的欲望の体系としての市民社会の純化が推進され、個人の私利の追求を全面的に解放した。それは、天皇制国家のための「公」による「私」の論理の否定とは、対照的であった。これを家族制度に則してみるならば、戦前における家族統合の論理である「孝」の延長上に国家統合の論理である「忠」を重ねることは、戦後廃止された。そして、戦後は自由、平等、個人の尊重という価値観によって、家族、市民社会、国家を統合して行くことが民主主義国家の建前とされた。

けれども、このような建前は、自由を、自由競争にすり替えられた。平等は、強者にも弱者にも画一的形式的平等の押しつけに変わった。個人の尊重は、個人の利己的私益の尊重である私化・個人化の主張に変えられた。このような民主主義の形骸化は、家族制度にも貫徹した。家族にも市民社会の論理である私利追求の論理が貫徹し、弱者である老人や子供や婦人も、強者である成人男子も、形式的な平等によって自由競争市場に駆り出されている。

このような現実を前にすると、改めて家族制度の民主化とは果たして何であったかと言う疑問が生じて来る。戦後改革において民法改正を中心とした家族制度改革は、実は家族を前近代的な「家」から解放する近代化の枠を、いくらも出なかったのではないか。それゆえ、「家」から解放された家族は、再び資本主義社会における夫権支配的家族に再編され、国家によって再統合されたのではあるまいか。このような戦後民主主義総体のなかに、戦後家族制度改革も位置づけて考察すると、これまで戦後家族制度改革で民主化と近代化とを区別しないままで考えられて来たことに問題がありそうである。

それでは、家族制度の近代化とは何か。

福島正夫は、「戸主が統率し世代から世代につながる『家』の枠に各家族は拘束され、その人格の自由がさまたげられること、さらにその『家』を基礎として各種共同体がくみたてられること」に家族関係の前近代性を求める。(4)したがって、家族制度の近代化とは、個人が前近代的な「家」や、各種の共同体から解放されることになる。これが制度面では、明治民法が持つ前近代的拘束から、戦後民法の近代的権利義務への移行として現われる。すなわち、家名と祖先祭祀によって象徴され、また支えられる「家」を出発点とする。「家」の内部には人格支配の権力的封建的身分組織が存在した。「家」は、戸主権を中心に、家族員を親権、夫権の身分的秩序に服させ、その物質的基礎は遺産の長男子単独相続と祭祀相続を結合した家督相続とにあった。これに対して、戦後民法は、主体的意思を持った個人を出発点に置く。川島武宜によると、家族は、「契約によって媒介され、私的所有に基礎をおく共同生活体としての婚姻と、私的所有（特に親の）に基くところの、未成年の子に対する親の扶養・保護・監督の個人法関係とによって成りたつのであって、市民法秩序の不可分の一部分である」(5)。したがって、その家族・親族関係は純粋に私法的な市民的関係であり、民法典においては、権利・義務の関係としてとらえられる。以上のようにこの二つの法典の原理は、明らかに異質である。それは明治民法が権威と恭順を構成原理としているのに、戦後民法が、自由・平等と個人の尊重を構成原理としているからである。

前者から後者への移行は、制度面では確かに質的転換である。民法典に現われた限りでは、男女の不平等は存在しない。老人、子供、いずれも民法典のなかでは、平等の地位を与えられている。だが、現実の家族生活は、婦人、老人、子供、身体障害者などの弱者の保護が不充分なことを明らかにする。それは、戦後民法の出発点である「主体的意思を持った個人」の「自由な契約」と言う前提が、一種のフィクションであることを示すものである。現実の個人は、資本主義のメカニズムのなかで、限定された範囲での自由しか有していない。個人は、抑圧され、かつ私利の競争に駆り立てられている人間だからである。そこには、資本の必要とする限り男女平等などが厳存する。したがって、前近代的な「家」から個人を解放しても、それがただちに資本主義の下での個人の抑圧、男女の差別などからの解放になるわけではない。自由・平等・個人の尊重などの民主化の理念は、日本資本主義の飽なき私利追求の前には、たちまち形骸化されて終ったのである。このように見てくると、戦後家族制度改革は、当初の民主化の理念が形骸化し、近代化の側面のみが定着したと言えないだろうか。少なくとも家族制度改革がこのようになったことは、占領軍の示唆の下に、体制内改革派の主導権で、これが推進され、広汎な大衆の運働によって充分に支えられたものでなかったことに一半の原因があろう(6)。だが、家族制度改革についても戦前からの民主的潮流が、なかったわけではない。それは明治以来、権力の主流から外れた底流として、今日まで流れている。それが、どのような階層に流れていたかを、本書では大正デモクラシーの時代に遡って論じる。

二　家族制度改革の歴史的連続性と非連続性

戦後家族制度改革において、歴史的に何が連続し、何が非連続であるかを検証するには、いくつかの指標と基準を必要とする。周知のように、戦後家族制度改革において政府の基本的姿勢は、「法律上の家族制度と道徳上の家族制度とを分けて考え、前者は廃止するが、後者には触れない」と言うものであった(7)。また、「家族制度と言うことにつきましては、……一つは現実の家族制度ということを捉えているのでありますが、もう一つはそれ以上に観念的なものを含めました家族制度というものがあるのでありまして、この方面は国体に結びつけて考える」(8)と言う指摘もあった。これから考えられることは、国民の日常生活に則した現実の家族制度と、観念的理念的な家族制度の併存である。だが、これは法典あるいは法律草案に画かれている家族制度とも異なる。

このように(a)現実生活上の家族制度、(b)理念上の家族制度、(c)法典上の家族制度を分けて考えると、これらが必ずしも一致しないと解することは、すでに明治民法制定の当初からあった。たとえば、奥田義人は、明治民法が次の三点で、「家」としての実体を備えていないことを指摘する。(9) すなわち、①家産を認めず、個人財産のみ認めること、②親権として親子間に権利義務関係を設定し孝道に反すること。③戸主権は同意書に過ぎず、制裁は効果がないこと。このように明治民法の規定する「家」が、すでに理念の上で想像される旧来の「家」と一致しないことから、一方で明治民法を復古的に変更し、観念的な「家」に近づけようとする考えが出てくる。他方で、現実の家族生活の近代化によって、明治民法上の「家」が非現実的な「紙の上の制度」となることを惧れて、法典の近代化を図る志向がでてくる。このような、二方向の力が明治以来、常に家族制度に働きかけて来たことは言うまでもない。(10) 前者は、家父長制的な「家」制度の上に、さまざまな共同体を積み上げ、その窮極は天皇制家族国家に至る「前近代的」規範体系を強制的に維持せんとする保守的現状維持の思想である。後者は、個人主義的な自由契約の思想であって、市民社会と家族を貫徹する改革の思想である。この二つの思想は、明治以来、歴史の転換点で必ず家族制度をめぐって、激烈な相克をしている。すなわち、明治二十二年（一八八九）から明治二十五年（一八九二）までの法典論争は、明治二十二年（一八八九）帝国憲法発布、翌年の帝国議会開設と、教育勅語発布によって、明治国家体制の枠組が決定し明治後半期に向けて展開して行く資本主義の基礎が固められる時期に行われた。この論争は穂積八束の「民法出デテ忠孝亡ブ」で有名だが、穂積でさえ他の論文で財産法の批判をしている(11)ごとく、法典論争の全体像は決して家族制度論争に限定されず、実は商法、財産法を含む明治資本主義における私権の内容と、国家および市民社会の在り方を規定する思想のヘゲモニー争いだったとみてよい。しかし、それが家族制度論争として受け取られたことは、その当時における国家、市民社会、家族を統合する思想が、「家」を中心とする共同体的思想なのか、「家」から家族を解放し、市民社会を個人化の方向で純化して行く自由主義・個人主義の思想をとるかの岐路にあったからであろう。

次に大正デモクラシーの最中の大正八年（一九一九）に開かれた臨時法制審議会でも、明治民法をより一層保守的、復古的な「家」制度の理念にしたがって改めようとする思想と、明治民法の部分的近代化で現実の家族生活に法典を近づけようとする思想とが争われた。この時期、第一次大戦後、外は、ロシア革命、内に米騒動をはじめ、労働争議、小作争議が頻発し、民衆の組織化、民本主義的思想の地域社会への浸透が進む。資本主義の独占段階の移行期における体制の動揺は、社会の底辺にまでおよび共同体の基礎もゆるがされ、上からの共同体の再編成が進行していた。(12)人心の動揺が「家」制度の強化ぐらいで押えられるはずがないが、さりとて明治民法の部分的近代化が真に「家」から家族を解放するものでもなかった。この時期、家族制度に対する真の民主主義的思想は、本書第三章で後述のように急進的自由主義者、一部の市民法学者、社会主義者によって担われていた。

戦後家族制度改革でも、現状維持的な保守派は明治民法上の「家」制度を淳風美俗と称して温存を図ったが、改革の主流は「家」制度を廃止し自由、平等の論理で国家、市民社会、家族を一貫しようとして烈しい論争が行われた。(13)ここでも、両者の根底にそれぞれ保守復古の思想と、近代化の思想とが存在することは、言うまでもない。そこに歴史的連続性を見出すことは容易である。だが、これが、内には旧体制の崩壊と、嵐のような民主化運動があり、外には占領軍の「民主化」要求の圧力のある状況でなされたことは、戦前の場合と状況を異にしている。(14)そのことは、戦前の場合、大正デモクラシーの頃でさえ、天皇制と家族制度とを一体化し、国家と家族とを血縁の論理で結合する明治憲法体制下の考え方を根本的に否定することはできなかった。これに比べて、戦後の新憲法体制下では、天皇制と家族制度が切り離され、私的欲望の体系の全面的解放の下で、「家」からの家族の解放による個人化と契約を媒介とした婚姻と家族の構成が行われている。そこに、戦前からの近代化のたんなる延長ではないところの質的変化が遂げられたとみてよいであろう。(15)

註

（1）我妻栄『法学概論』（昭和四十九年、有斐閣）三頁。これが近代化と民主化を同視するものであることは明らかである。
（2）金原左門『日本近代化論の歴史観』（昭和四十三年、中央大学出版部）一九九～二〇一頁。
（3）むしろ、これまでは、この方が普通の考え方であったであろう。たとえば、藤井松一・大江志乃夫『戦後日本の歴史』上、下（昭和四十五年、青木書店）。
（4）福島正夫『日本資本主義と「家」制度』（昭和四十二年、東京大学出版会）四〇八頁。
（5）川島武宜『民法三』（昭和四十年、有斐閣）三一頁。
（6）依田精一「戦後家族制度改革と新家族観の成立」（東京大学社会科学研究所編『戦後改革Ｉ　課題と視角』、昭和四十九年、東京大学出版会）二九一～二九二頁。（以下、依田『戦革Ｉ』とする。）本書第六章。
（7）我妻栄、臨時法制調査会第二回、昭和二十一年八月二十二日（我妻『戦後における民法改正の経過』昭和三十一年、日本評論新社、二四八頁）。唄孝一は、それが、戦前からの改正論と同一の線上の延長にすぎず、それと同じ限界と矛盾を有するとする。唄孝一・竹下史郎「新民法の成立」（『講座家族問題と家族法』第二巻、昭和二十八年、酒井書店）三三四頁。
（8）菊池委員、臨時法制調査会第三回総会、昭和二十一年十月二十二日（我妻、前掲書、二六一頁）。
（9）奥田義人『国民教育と家族制度』（明治四十四年、目黒書店）七三～七四頁。
なお、有地亨「明治民法と『家』の再編成」（『講座家族８』昭和四十九年、弘文堂、四七―四九頁）は、明治民法改定の動向を紹介する。
（10）川島、前掲(5)、三一頁。
（11）穂積八束「民法及国民経済」（『東京日日』論説、明治二十四年十一月十七日、十八日）。
（12）宮地正人『Ｉ日露戦後政治史の研究』（昭和四十八年、東京大学出版会）三二六～三二八頁。
（13）渡辺洋三「戦後の家族制度論争（『法社会学と法解釈学』昭和三十四年、岩波書店）三九八頁以下。
（14）唄孝一は、占領当局が「その改正事業の貫徹に強い関心を抱きつつも、直接的な責任はあくまでも日本政府にゆだねていた」とみる。唄、前掲(7)、三八七頁。
（15）依田『戦革Ｉ』二七一～二七二頁。本書第六章。

第一章　民法典論争と近代社会思想

はじめに

明治二十三年（一八九〇）十月七日、民法の財産取得編（民法第一三章以下）の人事編が交付された。これによりさきに、同年四月二十一日に公布されていた民法の財産取得編第一二章までと債権担保編および証拠編とを併せて、民法は完全な形で公布され、明治二十六年（一九九三）一月一日から施行が予定されることになる。また、商法については、すでに同年四月二十六日に公布され、民法に先駆けて明治二十四年（一八九一）一月一日から施行が予定されていた（ただし、この年の末十二月十五日の第一回帝国議会で、商法の施行も民法に合わせて明治二十六年〈一九九三〉一月一日まで延期することが決められ、同月二十七日にこれを公布することになっていた）。ところが、すでに明治二十一年十月に旧民法修正以前の民法第一草案が発表された頃から、保守的官僚法曹や地方官の間から民法典の内容に対する反感が強く、これが教育勅語（明治二十三年）を発布させる直接の契機になったといわれる程であった。(1)翌年五月、英米法系の学者を中心とする法学士会は意見書を公表し、政府と枢密院に民法と商法の実施延期を建議した。これが口火となって、明治二十五年末まで法典の延期か実施かをめぐって学界、言論界はもちろん、財界や政界も巻き込んだ大論争となる。これが、いわゆる民法典論争である。(2)

従来、法典論争は穂積八束の「民法出デテ忠孝亡ブ」（『法学新報』第五号、一八九一年）に象徴される家父長的家族国家観をめぐる民法人事編の研究に焦点が合わされていたといってよい。法典論争＝民法典論争＝民法人事編論争でないことは、議会レベルでは、民法典と商法典との延期か実施かが問題になっていたことからも明らかである。のみならず、私法の性格を商品交換の法的外被としてみるならば、民法典および商法典は当時の資本主義発展段階に、どのように対応をするものであるかが問題にされなければならず、このことは家族法の視角からだけではまったく不充分といってよい。

ところで、法典論争が行われた明治二十二年（一八八九）から明治二十五年（一八九二）頃は、資本主義が世界体制として自己を形成する過程が完成しつつある時期である。この時点における世界的規模での資本の再生産機構に、日本は紡績業を中心にした産業資本の確立を進行させながら自己を急速に資本主義化することで対応していったのである。このような資本主義化の過程は、地租改正以来の一連の殖産興業政策によって強力に推進されたが、それは国家の手により前近代的共同体的諸制度を解体させ前近代的集団の閉鎖的個別利害を普遍的国家的利害に置きかえ「国家への自由」を確保することでもあった。このような古い制度組織を解体し、新しい制度組織への再統合は、明治維新以来営々と続けられ、明治憲法の公布と国会開設により国民に限定的な体制への参加の途を開いたことで一応の完成をみた。しかしながら、このようにして明治国家体制の枠組みが完成し、それを支える思想の準縄として明治二十三年（一八九〇）には教育勅語が発布された。しかし、新しい制度を支える思想は定着せず、新しい価値観と旧い価値観が交錯する不安定な時代がこの頃である。そして、政治社会における「公」の観念の急速な肥大化に比し、市民社会における自立した市民の自己主張としての「私」の観念は育たず、「国家からの自由」が成立するには、あまりにも不毛の条件が存在していた。(3)

ところで、従来、この論争は明治期資本主義の展開過程の上に無媒介に制度を乗せて、論争の進歩と反動を論ずる研究が一方にあった。(4) 他方には、これを単なる学派派閥の争いとみる研究もある。(5) しかし、この論争は世界史的には一八九〇年の初頭、すなわち現代史の冒頭の時期、国内的には明治国家体制の枠組みが出来上り、胎生しつつあった産業資本が展開しようとする明治二十年代初頭に起きた。その意味で、これは明治体制の前半期のイデオロギーの総決算であるとともに、明治後半期に体制が歩む進路を決定する指標であったとみてよい。このように見てくると、法典論争の意義は日本における資本主義経済の展開過程と併進する国家、市民社会、家族の構造的関係に照して考える必要がある。その理論構成を次に示す。

家族、市民社会は国家の前提である。国家は、封建社会のさまざまな袋小路のなかへ分割され分解され分散されている政治的精神を解放した。……(それは)、この政治的精神をこの散逸状態からよせあつめ、市民生活との混合から解き放ち、……(これを)普遍的な人民的事項として確立したのである。………(かくて)公共の事項そのものが、かえって各個人の普遍的な事項となり、政治的機能が各個人の普遍的機能となった。……政治的なくびきを振りすてたことは、同時に市民社会の利己的精神をしばりつけていたきずなを振りすてたことでもあった。市民社会の成員であるこういう人間が、今や政治的国家の土台であり前提である。………(人間は、)所有から解放されたのではない。所有の自由を得たのである。営業の利己主義から解放されたのではない。営業の自由を得たのである。……(政治的革命は)市民社会、すなわち欲望と労働と私利と私権の世界を、自分の存立の基礎、それ以上基礎づけられない前提、したがって自分の自然の土台としてそれに臨む。(6)

家族に対しても、国家と家族との中間に存在するあらゆる旧制度・組織を解体し、家族の成立の基礎を市民的婚姻に、すなわち純粋に市民社会における個人の契約的結合に求める。したがって、将来、いまの社会の家族が解体するときには、家族をつなぎとめてきた紐帯が、とどのつまり家族愛ではなくて、転倒した財産の共有の基礎のなかに必然的に温存されていた個人的利益であったことが明らかになるであろう。

そして、人権の分裂をとおして市民社会と国家の分離・二重化が行われ、国家は、これを媒介としてのみ階級的支配・統合の機能を果すことができる。(7)

以上のような命題を導きの糸として、法典論争に取り組むことにする。ところで明治前半期における改革の所産であるもろもろの制度が安定するためには、それが国民の日常生活規範と一体化して、国民の内面的自発性によって支えられねばならない。かくて、全国的商品取引の前提となる私的所有と契約の論理の貫徹を国民の生活次元で実現するため民法が必要となる。また、国内における資本主義商品市場の整備に伴い、株式会社を中心とした企業が、商品取引に含まれた剰余価値の迅速確実な実現のための法規制として、商法が必要となってくる。

かように国内的な資本の再生産機構に対応し、国家的統合の手段として民法と商法が必要である。さらに、国際的対応のためにも（直接的にはむしろこの方が必要性をもつ）必要となってくる。すなわち、それは国内の資本主義体制の整備を背景にして、外国人に対する治外法権撤廃と関税自主権の回復を目指す安政条約の改正である。しかし、そのためには、伊藤博文が述べるように、「普通の法理に適し、普通裁判の制度なかるべからず」(8)である。すなわち、世界資本主義の商品流通市場における資本の再生産機構に対応した、私法の体系的整備が要求されることになる。だが、民・商法典の実施は、同時にこれらの法典が拠って立つ個人主義の原理をも導入することになる。そのことは、他方では市民社会の純化を促進し、そのことの歯止めなき進行は、明治国家体制の基盤をも揺がすことになる。そこで、現実の資本主義発展への対応と、明治国家体制の統合過程との調整をはかることが政策上の判断として要請される。それは、また現実には明治国家確立に不可欠な法体制準備期の課題でもあった。

それゆえ、現実政策上の判断にのみ研究の焦点が合されると単なる学派の争いか、限定的な政治的利害の問題に収束されてしまう。ここでは、なるべく巨視的に法典論争の意義を、その背景から検討することにしたい。本来なら国内的統合過程の一応の結着としての帝国議会における討議まで含めた検討が必要なことはいうまでもない。しかし、筆者の資料準備不足からここでは省略する。

なお、資料も一次資料については一応明治二十二年前後から明治二十五年までに限ることを原則とする。

一　法典論争の背景

1　明治中期の経済政策と商法典

明治六年（一八七三）の地租改正条例公布から八年余り明治十四年（一八八一）に至って、ようやく地租改正は全国的に完了した。地租改正によって農民は直接商品経済に巻き込まれて農民層の分解は促進させられ、農民の入会地まで囲い込む形で膨大な国有地が作り出された。そして、地租収入は以後、明治国家の主要な財政的基盤となったのである(9)。明治十四年から登場した松方財政は、地租改正による政府財政の経常的基礎の上に立って、明治維新以来の国家財政の根本的改革を図った。それは、過剰な不換紙幣を整理し、他方で近代的信用機構として創設した中央銀行の日本銀行（明治十五年）に兌換銀行券を発行させることで達成された。しかしながら、これより先、明治政府が旧制度解体の代償として華士族に交付した巨額の公債証書は、一部を除いてその多くは商人、銀行家、地主、新興産業資本家の手に移り、新たな企業創設の資本化に役立っていた。松方財政が、デフレ政策をドラスチックに推進したために、インフレ時代に簇生した小企業、小銀行は大打撃を受け明治十八年には倒産、身代限りをするものは、ピークに達した。しかし、明治十九年（一八八六）に入り紙幣価値の回復、国際的な銀価の低落による輸出の増進などにより、たちまち景気が回復すると国民一般の公債、株式などの有価証券への投資と預貯金への選択などから、民間企業の爆発的勃興がはじまる。かくて、明治二十年（一八八七）年代の産業資本確立への途が準備されることになる。この時期に民間企業の勃興は、鉄道業にはじまり、紡績業に移り、鉱山業、海運業へと波及している。[10]しかし、この頃の株式取引市場は底が浅く、民間企業の勃興に対する資金需要の過熱から明治二十三年（一八九〇）には最初の恐慌が襲っている。すでに、以前から株式市場の弱体のために、株式会社の有する社会的資金の集中結合機能が制約されている状況を打開する目的で、株式投資の際の分割払込制度が認められていた。この制度は、資金調達には便利であったが、他面では安易な会社設立による事業の途中放棄や、株式への投機的応募集中を可能にする危険があった。かくて企業設立ブームのなかで、弱少不良会社の倒産が相次いで起こったが、この制度の欠陥に由来するものも少なくなかった。[11]そこで、このような企業倒産における債権者救済のために、従来の「身代限」に代る法的規制として商法の実施を要求する商人も現われてくる。[12]その場合、充分に商法の内容を理解せずして商法に過大な期待をかけている傾向もなきにしもあらずであるが、景気不景気が直接響く商人層と、不況の影響の少ない東京商工会の会員のような上層商人層とでは反応が異る。このような上層商人層は、恐慌が経済法則であることを察知しているから、一時的な応急対策を施せば、かえって「事業急進ノ努力ヲ助長シテ或ハ却テ其反動ヲ激スルノ恐ナキ歟」（明治二十三年九月金融逼迫ノ景況調査報告　東京商工会議事要件録、第四六号附録）と判断している。そのことは、『東京経済雑誌』（第五一号）が述べる「無謀にも軽々しく起りたる新事業・新会社が目下の金融事情に遭遇して、更らに自ら金融の逼迫を促し、自から之を促がして却て又た其の逼迫の為めに苦しむもの、蓋し亦已むを得ざるなり」[13]といった態度に通じるのである。このような発想が常に前提にあるとすれば、東京商工会がこの後商法延期を強く主張したことも理解できるであろう。けだし、経済不況が、経済法則とみれば、当面の応急策に商法を利用する必要を認めないであろう。したがって、民法、商法を実施するかどうかは、もっと一般的で常態の商品交換秩序の一般的規範の実施時期の問題としてとらえていたのではなかろうか。これに対して、大阪商法会議所が民法商法の断行を望んだのは、直接外国貿易にかかわる商人が多く、貿易上の不利益を条約改正で回復したいとの願望が、条約改正の要件としての民法商法の早期実施にあらわれて来たのではあるまいか。(14) 同様なことは、神奈川県や八王子など当時の主要輸出産業である生糸絹生産地および貿易地の住民から商法実施の要求が出てくることにもうかがえるのではなかろうか。(15) これらの推論は、東京商工会の性格などからもう少し検討されなければならない。そのために東京商工会を中心とした新興資本家と政府との商事法形成過程でのかかわり合いをみてみよう。

2　商事法をめぐる新興資本家と政府

明治維新以来、ほぼこの頃まで政府主導下に資本主義の育成が行われてきた。しかし、以下のブールス条例、商工会議所条例、商法典の制定では、はじめて新興資本家の意思を完全に政府に認めさせた点で画期的といえよう。以下に、これらの法律制定の経緯を述べる。明治二十年五月、政府は従来の米商会所および株式取引所の両条令を廃止し、取引所組織と売買方法の改革を目的とする取引所条例を発布し、同年九月から実施することにした。これに対し旧株式取引所側の反対運動が起こったので政府は新条例を実施しながらも旧株式取引所の営業期限を延長して、事実上旧条例による取引所の併存を認めざるを得なくなった。その後、政府は旧取引所側の意見を聞きながら、なお実情調査を続けたが、新条例によって営業を開始した佐賀、高岡、神戸の三取引所の成績不振などもあって、明治二十六年三月の第四帝国議会で実質的に旧取引所側の主張を容れた取引所法を通過させることで結末をつけている。これが、いわゆるブールス条例事件である。ブールス条例事件では政府は欧米式の会員組織の取引所制度に現行の株式会社式の取引所組織を改めることと、投機性の強い差額方式の株式売買を改めて、現物取引方式に変えることを改革の中心に考えていた。しかし、旧取引所側は、取引所組織を変えることについては、信用および信用機関の発達した欧米でこそ成立するが、わが国の実情に合わない。差額取引と現物取引とで実効は大差なく、投機性を帯びるか否かは需給と市価によって生じる問題であると反論している。そして、結局、明治二十六年、政府が全国商業会議所委員を招集して諮問した答申の結果に基き、旧取引所の全部に対しその継続更改を許し、新設取引所に対しても答申の線に沿って寛容な条件で許可したのである。(16)これによって、政府主導の下に近代的な制度を導入して旧制度を解体する場合でも、従来の取引慣行に合わず、かつ新組織を商人が欲せざる場合には、政府も強行できないことが明らかになった。しかも、投機性など経済原則にかかわることを、法規で規制することが無駄であることも思い知らされたわけである。そして、何よりも、これまでその設立に政府が産婆役を努め、たまに政府から諮問することがあってもその意見は、聞き捨てですむくらいの存在と考えていた商工会の意見を全面的に受け容れざるを得なかったことの意義は、大きい。それは、明治維新以来の上からの指導に対抗し、自らの論理を通すまでに新興資本家が実力をつけて来たことを実証している。これより先政府も、国会開設を間近に控える頃から、これらの新興資本家を味方にする必要を感じて、手をうっている。すなわち明治二十二年頃から新しい商業会議所条例の施行を考えて、この草案諮問のため各商工会より二名宛委員を招集している。(17)それは、ときの農商務大臣・井上馨のいうように、直接の動機は、藩閥政治を正すために新興商工階級を糾合して国政に参加させるためであった。(18)しかるに、明治二十三年八月になって元老院が、これを否決したため、東京商工会は、この条例の制定を建議している。この建議によると、商業会議所は地方の商業を代表する自治機関であり、政府もこれによって施政上の便宜を達するものである。そして、これを明治二十一年以来の政府の地方制度に対応するものとして把握している。(19)その後、商業会議所条例は、再び取り上げられ明治二十三年九月に制定された。明治二十五年には、全国的組織としての全国商業会議所連合会が結成される。以上のように、明治初期と異って、この頃には商業会議所に結集された主として商業資本家、銀行家、産業資本家の政府に対する発言力が、日本資本主義の発展とともに高まりつつあった。したがって、商法が明治二十三年一月に公布され、明治二十四年一月一日より施行されることになると、東京商工会は東京銀行集会所と相謀って商法修正のための商法質議会を組織し、渋沢栄一会頭自ら参加し、熱心に修正に取り組むことになる。この会議の商業会議所側委員は大倉喜八郎以下一〇名（会頭指名）、政府から司法参事官・本尾敬三郎、控訴院評定官・長谷川喬が説明員として出席し、明治二十四年七月から毎月二回、熱心な討議がなされた。(20)その途中の明治二十三年八月二十七日には、商法質疑会の質議が終らないうちに商法の施行期日が来ることをおそれて、商法施行期日を明治二十六年一月一日の民法施行日まで延期することを司法大臣・山田顕義に建議している。そして翌日には、全国各商業会議所に、同様な建議を呈出するように呼びかけている。

この呼びかけは、ちょうど商業会議所条令の制定による全国的な商業会議所組織の改変とぶつかった上に、大阪商法会議所が商法典の内容検討の上で態度を決定すると答えて来たこともあって成功しなかった。(21)

そこで、さらに東京商工会は、会頭・渋沢栄一、副会頭・益田克徳、幹事・大倉喜八郎以下会員有志四八人の連署で、明治二十三年十二月十三日に貴族院議長・伊藤博文、衆議院議長・中島信行宛で商法延期を請願している。その内容は、ほぼさきの建議と同じである。(22)

以下に東京商工会の商法延期理由の骨子を述べる。

（1）欧米の商法は、商慣習を成文化したものであるから、商人がとくにこれを理解する努力を必要としない。しかし、今回公布された商法の内容は、わが国の商慣習に反した箇所も少なからず、新奇な概念や新しい制度の移入なども多く、容易にこれを理解し習熟し難い。

（2）商法内容理解の困難に比し、公布から施行までの期間が八カ月と短か過ぎる。したがって、当事者の理解不充分なのに急いで施行すれば、奸商は得をし、商業秩序は混乱する。

（3）従来の商慣習を商法に従って改変するには、時間もかかる上に費用も莫大である。

（4）民法と商法が別々に施行されると、商法中に民法の適用を指定している場合に、民法が施行されていないことにより混乱が起きる。したがって、商法施行が不要なのではなく、しかるべき修正の後に、民法と同時に施行することを要望する。（修正箇所は、別に意見として提出していた。）

以上のような商法施行延期の意見と対照的なのは、明治二十三年十月の大阪商法会議所の商法実施賛成意見である。以下、東京商工会の意見と関連させて、要旨を紹介する。(23)

（1）外国でも商法を心得る者は少なく、将来外国人との取引が益々盛んになることを考えれば外国の習慣を採らざるを得ない。

（2）商法中、不便な箇所は実施後の経験によって改正すれば良い。商法を実施しても商人が、にわかに法律を知らなければならぬことはない。また、一～二年実施を延期しても、実効あるとは限らない。

（3）従来、成文法がないため不便であったが、商法によって明瞭となった。とくに、現行の身代限の法律および会社に関する法律は、はなはだ不完全であった。今回の商法中、会社法は、すでに大阪商法会議所が建議していた内容とほとんど同一である。

（4）商法を延期すれば、条約改正の見込が、いつまでも立たなくなる。

さて、これによって比較すると、東京商工会が、商法の早期実施によるデメリットとみているものを大阪商法会議所は、問題にしていない。すなわち、東京は商法実施により生じる商慣習や取引方法の変更に伴う出費、これに伴う混乱が望ましくないことに力点がある。

大阪は、むしろ延期に伴う条約改正の延期を心配し、実施による外国貿易上の法律関係の明瞭さを望む。東京は身代限、会社法の不備には異論がないが、それを決定的な早期実施の理由とはしていない。

ところで、東京商工会の態度を、いかに評価すべきであろうか。熊谷開作は次のように指摘する。「東京の商法修正案の内容にしても、商号、商業帳簿、破産法、海上保険など多岐にわたるが、旧来の商慣習の維持と小企業保護とが根本的精神にある。それゆえ、商号一つとっても「暖簾分けの制度を守り徳義心に頼らんとする意見は極めて保守的なものであった。したがって、彼等の住んでいた商業社会は基本的にどのような性格のものか。また日本の経済の将来をどのように考えていたかなどの問題に答えるのでなければ、商法典論争の性格も正しく把握できないであろう。(24)」

商法施行の検討の参考に資するために、東京商工会の商法質疑委員一〇名の肩書名簿を挙げてみる。(25)

東京商工会商法質疑委員

阿部　泰蔵（明治生命保険会社頭取）　大倉喜八郎（日本土木会社社長）　奥三郎兵衛（肥料問屋、廻米問屋）

梅浦　精一（石川島造船所委員）　山中隣之助（第32国立銀行取締役）　矢嶋　作郎（東京電燈会社）

林　賢穂（日本鉄道会社）　吉川泰二郎（日本郵船会社副社長）　渋沢　栄一（第一国立銀行頭取）

益田　克徳（東京海上保険会社支配人）　渡辺　温（東京製鋼会社）　（但し、渋沢は委員ではないが、東京商工会会頭）

一見してわかるように、金融資本の代表が三名（会頭を除く）、産業資本の代表が六名、問屋が一名の構成である。

この構成を議論する前に、明治二十三年当時の東京商工会役員名簿をみよう。(26)

東京商工会役員名簿

渋沢　栄一（第一国立銀行頭取）　梅南　精一（石川島造船所委員）　山中隣之助（第32国立銀行頭取）

益田　孝（三井物産会社社長）　益田　克穂（東京海上保険会社頭取）　丹羽雄九郎（両替商組合）

大倉喜八郎（日本土木会社社長）　阿部　泰蔵（明治生命保険会社頭取）　松尾　儀助（起立工商会社）

ほとんどこれも人間が重複しているだけでなく似たような構成である。旧来の商業を代表する者は、ここでも一名だけである。そうなると東京商工会を牛耳っていた新興資本家が、商法典制定について主張する意見を単純に保守的旧慣維持の態度とのみ考えられなくなる。この層の意見は、商法を充分に研究し尽した上で自分達の利害に照し将来の見通しをもって判断したものと思われる。彼等の中心であった渋沢栄一が、明治二十三年恐慌に対してもきわめて冷静で割り切った考えを持っていたことは前節で述べたとおりである。また、彼等の意思をよく反映する東京経済雑誌の論説なども、たんに商法を無期限に延期せよと主張するのではない。商人が充分に熟知しうる期間（少なくとも二年後の民法施行期まで）待つことと、充分に日本の商事慣習を採り入れて経済秩序が乱れないように配慮することを要求する。(27)また東京商工会は、商法典の内容もさることながら、政府が東京商工会の商法質疑会の意見も待たず一方的に商法典早期実施を決めていることに対する批判を持っている。そして、すでにブールス条例の際にも政府の一方的な条例施行を彼等の反対によって保留させたことが、東京商工会のリーダー達に自信をつけさせている。(28)そこには、彼等の利害にかかわる限り、政府に対しても彼等の意思を通して行くという強い姿勢がみられる。

客観的状況からいっても、明治二十三年段階では条約改正交渉に民・商法典その他の早急実施が必須条件とされないことがわかっていた。また、国内では明治十八年をピークとした企業熱も収まり出して、投機的企業設立の雰囲気も消失している。商法典の内容は、企業倒産や詐欺的投機的会社設立の規制に実効がある規定も少なくないのだが、三年以前と異りこの時期に差し迫って法的規制をしなくても事態は、ほぼ治まる見込がついている。(29)

それゆえ毎日新聞がいうように、法典の内容の当否とか、外国人が起草したとみられるとかいうことが、論争の焦点なのではない。(30)条約改正に商法典の早期実施が必要かどうか。会社法や破産法の不備のため、投機的投資家が跋扈して、経済界の秩序を撹乱しているのを商法によって規制する必要があるかどうかが、もっとも問題となったのである。

このような事態をふまえて、東京商工会は実施に反対しているのである。だから、商法を自分達に都合の良いものに変更したいという積極的な意思があったとみられる。それは、彼等の「商業自治」のスローガンにみられる「国家からの自由」の要求の顕現とみるべきであろう。その際に、旧慣習や小企業保護の主張は、それ程重視すべきでない。旧慣習や小企業の保護が、自分達の利害の貫徹にとって都合が良いか、あるいはうまく大義名分に利用できるかというに過ぎない。本来、資本主義の合理的精神といっても、古いものでも利用できれば徹底的に利用するし、回収不能の損をしてまで改革しようということは、何事によらずしないのではなかろうか。

ともあれ、東京商工会は商法施行延期法案が第一帝国議会で決定した後も、自分達の意思を法典に盛り込ませるように継続して熱心な努力を積み重ねている。すなわち明治二十四年九月二十一日に、東京商工会改組中のため、東京商工会残務整理委員総代・渋沢栄一の名で、明治二十三年十二月末より委員によって研究して来た結果を商法修正意見書として公表した。これは、司法大臣・田中不二麻呂、農商務大臣・陸奥宗光に提出された。さらに、明治二十四年十一月から、梅謙次郎を顧問に依嘱して研究を重ねた。(31)明治二十五年六月六日には、商法及商法施行条例修正案を公表し、司法大臣・田中不二麻呂、農商務大臣・河野敏鎌と衆議院議長、貴族院議長宛に提出している。(32)また、各地の商業会議所などから延期請願を提出する者も多いが、これらの人々は、東京商工会と異り、商法の内容を良く理解したのでなくむしろ商法実施により旧来の商業生活が不可能になるという漠然とした不安があったからではなかろうか。逆に、第一帝国議会で断行の理由に採用されたような、東京深川の商人数十名の商法断行の陳情は(33)、商法が不景気や倒産を喰い止める妙薬のように誤解していたのではなかろうか。だから過大の惧れや過大の期待は、充分な理解能力がないから生じたのである。これらの層と東京商工会のリーダーとでは、意見の質が異るとみて良い。

大阪商法会議所の意見をどう評価するかは、資料不足なので推測の域を出ない。ただ、条約改正と商法実施とを直結して考えていたとすれば、情況判断が東京に遅れていたのではなかろうか。また、商法を実施しても、必ずしも守らなくて良いといっているように、法規制に対する判断が、近代的でないようである。ところで、民・商法典の早期の実施と条約改正とが、直結しないとすると、政府がこれを理由に法典断行を強行することは根拠に乏しいことになる。また、商事関係については、それぞれ為替手形・約束手形条例（明治十五年）、高利条例（明治十七年）、専売特許法（明治十八年）、登記法（明治十九年）、取引所条例（明治二十年）、私設鉄道条例（明治二十年）と一応の法的整備が単行法の形ですんでいた。したがって、破産や投機的企業の規制をするならば、単行法を提案すれば良いという主張は、充分に説得性があった。結局、政府の主張が通らなかった背景には、その論理的根拠が薄弱である点をつかれたことも与って力があるだろう(34)。

ともあれ、以上のことから、商法実施については、体制内で新興資本家と官僚とのヘゲモニー争いで前者が勝ち、資本の自由の意思を貫徹できた意義は大きい。そして、その後の資本主義発展とともに、このことの重みは明らかになって行ったのである。

さて、もともと商法典の施行は、国内的には全国的商品市場における企業取引に商品交換秩序の準縄をもたらすことであり、国際的には世界資本主義市場に対応する国際的取引の準縄を国内規範化することでもある。そうすると、条約改正と云う対外的インパクトによって、世界資本主義市場に如何に柔軟に対処するかという本来の命題解決の一つが法典問題に顕われたともいえよう。そこで、次に条約改正との関係でこの問題を検討しよう。

3　条約改正と法典論争

周知のように、安政年間以来明治維新初期までにおいて旧幕府および維新政府が諸外国と締結した多数の条約のなかには、外交に無知なるがゆえに国家の主権を侵害する内容のものが少なからずあった。このような諸条約を改正して国家主権を回復することは、明治政府の最重要な課題であり、挙国的な要望でもあった。しかし、条約改正は近代国家の法制レベルでは、かなりの落差のある状態を改善し西欧近代国家の水準にまで高めることが要求されている。それは、資本主義が世界体制として自己を完成する過程を、当時の日本自らが資本主義化することで完成させるために、これに照応する資本主義法の形成を要求されることでもあったのである。具体的には、それは六法のみならず、ひろく法制一般についての再検討整備が条約改正の前提条件として要求されることになっていたのである。条約改正一般についてては詳細な研究が多数出ているので、ここでは法典論争にかかわるかぎりでのみ触れておくことにする。(35)

明治政府が本格的に条約改正に取組み出すのは、明治十二年九月に寺島宗則から井上馨に外務卿が更迭されてからである。翌年六月条約改正案の提示を契機に、明治十五年一月から七月まで条約改正予備会議が開かれた。その結果、明治十五年一月から各国公使を全権委員として井上外務次官を日本側全権委員とする条約改正会議が開かれた。明治十九年六月に至り日本側改正案に対し、英・独両委員からの対案が提案された。これが、いわゆる英独草案である。これは、(1)条約批准後二カ年以内に、全国を解放し、外国人の内地旅行、住居、商業、土地所有の自由を認める。(2)

同年内に裁判所法を定め、諸法典を編纂すること。(3)東京、横浜、神戸などを条約規定内に外国領事裁判権を認めること。(4)外国人は、訴額一〇〇円以上の民事事件もしくは軽罪重罪で告訴告発された場合、ただちに控訴院に出訴する特権を有すること、(5)内外人交渉の訴訟を審理する裁判所に多数の外人法官を置く。(6)裁判所公用言語は、日本語のほか英語を使用する、などの屈辱的内容であった。

ところで、この草案第二条では、刑法、治罪法、民法、商法、海上法、為替手形法、訴訟法、身代限法などの法典編纂が要求されている。また、草案第三条により、条約批准後一八カ月以内に、裁判所および上記諸法典の英文を外国政府に送付し、かつ諸法典の変更に際しては施行六カ月前に外国政府に通知することが定められていた。(36)この草案によれば、法典整備は、緊要な課題となる。かくて、明治十九年八月、外務省に法律取調委員会が設けられ、委員長・井上馨の下で法典編纂をすべて行うことにした。ところが、明治二十年六月、政府部内から、この条約の内容に反対するボアソナード意見書が提出され、ついで農商務大臣・谷干城は憲法実施後まで条約改正を延期するように強く主張した。その他、井上馨、河瀬真孝、鳥尾小弥太、元田永孚、林有造、杉浦重則、小村寿太郎等、各界の要人達も反対を唱えた。国民は、ボアソナードや谷の意見書が出るまで、この内容を知らなかった。これらの意見書を契機に、旧自由党や改進党を中心に反対の国民運動が起った。かくて明治二十年十月から「言論の自由・地租軽減・外交の挽回」を要求する三大事件建白運動が展開された。(37)この運動に対し、伊藤内閣は保安条例の発布による大弾圧を加えたが、他方では、明治二十年七月には条約改正会議の無期延期を各国公使に通知して条約改正交渉を中止している。その後井上外相の後任となった大隈重信は、明治二十一年末より各国別に、米・英・独・仏・露・伊・オーストリヤ＝ハンガリヤの七カ国に対し条約改正の交渉を展開した。大隈案は、法典編纂を予約し、外国人判事を大審院にのみ置き外国人被告の場合の最終審に参与させるものであった。これに対する朝野の反対も強く、言論界は、「日本」新聞、東京公論、政論、時事新報、東京朝日などが反対を主張、郵便報知新聞、東京毎日新聞、朝野新聞、読売新聞が大隈案を支持した。明治二十二年十月、大隈重信が刺客によって負傷させられた後に就任した青木外相は、大隈時代に調印した米・独・露三国との新条約の批准を拒否し、新改正案を作成した。それは、外国裁判官の任用はやめる。法典の編纂公布を外国に予約しない。居留地内借地権を除き不動産の所有権を外国人に許さないなど、対等条約への過渡的案の性格をもっていた。青木の後任となった榎本外相は青木案を踏襲しようとし、一挙に治外法権撤廃、対等条約の締結を主張する寺島宗則らと条約改正委員会（明治二十五年四月設立）内で対立した。その後、第二次伊藤内閣で明治二十五年八月に新外相となった陸奥宗光は、一挙に平等相互主義の通商条約を各国別に取り結ぼうとする。その骨子は、新条約の実施期を調印後五カ年としその間に重要法典の編纂を公布施行するが、外国に予約はしない。外国人の内地雑居を認めるが、居留地内の永代借地権を除き、外国人の土地所有権を認めない、というものであった。

以上が、法典論争にかかわる条約改正の経過である。その後、上昇する国力を背景として条約改正交渉は対等原則に立って進められた。それでも、永代借地権問題を除いて税権、法権の完全回収に成功したのは実に大正元年（一九一二）明治時代の終了までかかったのである。条約改正は、その意味で明治時代を通じて体制変革のインパクトとして、絶えず機能したといって良いであろう。また、それに対する運動が、ナショナルな次元では最後に「対外硬」のスローガンで国民を統合し、明治時代後半期の帝国主義的侵略主義に滑り込んで行く途を開いたとみられよう。

ところで植民地的妥協案としての条約改正に反対する者にとり、条約改正交渉に法典を公布・実施すること自体が独立国の立法権に対する侵害として受け止められたのも当然である。まして、その内容が、欧州各国の法典の模倣である以上、「切貼法典」の実施により、実質的には「日本人が外国人の法律に服従すると同様」ととるのも無理はない。したがって、法典延期派は、植民地的条約改正案に反対であるか、あるいは少なくとも条約改正と別次元で法典問題をとらえようとした。しかし、その場合でも、政府が「条約ヲ改正セント欲シテ吾人ノ権義ヲ犠牲ニ供セントスルモノ」という疑惑をもっていたのである。(38) 他方では、政府の条約改正案に反対でありながら、法典断行を主張する大井憲太郎は、法典実施による国民的統合と、対外的国権の主張を唱えている。(39) しかしながら、同時に大井は「抑我国体を察せず、我歴史を顧みず、慢りに法律の干渉を忌みて、我国を不法典たらしめんと主張する或一派の学者」として・法典延期派を非難する。そこには、法典延期派のなかで国情、習俗に反する法典編纂に反対する者との間に、共通の基盤さえみられるのである。(40)

かくて、とうとうたるナショナリズムの意識が、「対外硬」の要求となって突き上げるとき、政府もこれを無視した外交交渉はできない。とくに、大隈重信凶変後は、条約改正交渉も一時中止されたので、法典論争に際し、条約改正交渉が法典編纂を条件とするような説明は不可能になってくる。第三帝国議会の頃には、政府も法典実施が条約改正の当面緊急の必要条件だという強調はしなくなる。しかし、第三帝国議会衆議院における榎本外務大臣の演説にみられるように、法典実施の期限がいつのことか当てにならぬとすれば「領事裁判権の撤廃は殆んど期し難い」という見解を維持している。(41) それは、それなりに理由がある。資本主義発展に照応する近代私法による私権の保障がないところで、断行派が指摘するようにそもそも外国人が、「其生命財産ヲ挙テ我ガ国ノ法衛ニ託スルコトヲ肯ンズ」はずがない。(42) のみならず、外交上も外交文書で、諸外国に明治三十二年(一八九九)までに法典を実施することを通知している。(43) その意味で、法典実施のタイムリミットは、すでに決定されていたといえよう。だが、明治二十五年の第三帝国議会で民法・商法実施延期法案が通過した時点ではまだ時間的余裕がある。そのため、政府は、この法案が第三帝国議会を通過した後でも、天皇の法案裁可権を発動して、握り潰すという非常手段に訴える途をとらなかった。すなわち政府内部で、このような強硬意見がかなりあったにもかかわらず、結局、伊藤博文が強硬派を押えて民法・商法をじっくり時間をかけて法典調査会で検討させた上で、ひろく体制内のコンセンサスをうる途を撰んだことになったのである。そのことは、法典延期派、断行派を横断して存在するナショナリズムを利用して、国家的統合と対外侵略の政策形成へ向う準備としても必要なことでもあった。

二　法典論争の思想

まず、論争の口火を切ったといわれる法学士会の意見を見よう。

惟フニ我邦社会ハ封建ノ旧制ヲ脱シ、百事改進ノ際ニシテ、変遷極リ無キガ故ニ、今、例規習慣ヲ按ジテ法典ヲ大成セントセバ、封建ノ旧制ニ依ル可ラズ、又専ラ欧米ノ制度ニ則ル可ラズ。其事業実ニ困難ニシテ強テ之ヲ遂グルトキハ民俗ニ背馳シ人民ヲシテ法律ノ煩雑ニ苦シマシムルノ惧アリ。

故ニ今日ニ於テハ必要不可欠所ノ者ニ限リ単行法律ヲ以テ之ヲ規定シ、法典全部ノ完成ハ暫ク民情風俗ノ定マルヲ俟ツニ若カザルナリ。……(44)（明治二十二年五月）

これを見ると、まさに増島六一郎がいうように「法学士会は決して法典編纂を非とせず、只今日急進に法典として発布するを非とするのみ……」(45)である。

さて、この場合の「人情風俗ノ定マルヲ俟ツ」とは、もとより旧時代の慣習に立ち戻るのを俟つということではない。それは、明治維新以来続けられて来た資本主義発展のための改革が、国民の日常生活の次元に定着するまで私法の法典化を待とうというわけである。換言すると、一般に商品交換秩序の一般化・普遍化に伴い私的利益の追求の論理が国民の日常生活に貫徹し、国民の生活規範がこれに合せて変革される。それまで国民の生活規範に膚接する私法の部分を立法化すべきでないと考えるのは、一理がある。

しかし、この考えを徹底すれば全国的に市民社会が成立し、国民における市民・公民の二重化が完成するまで私法の法典化は避けるべきことになる。だが、当時の情況はすでに述べたように急激な資本主義の発展に伴う、さまざまな矛盾が全社会的規模で噴出していた。就中、資本主義の発展に直接かかわる企業政策上、既存の不完全な関係を修正して、会社法、破産法、手形小切手法などの発布が当事者にとって焦眉の急を告げるものがあった。これが、「必要不可欠ノ者ニ限リ単行法律」を規定すべしの意味である。

法典延期論者の、もう一つの側面はナショナリズムである。それは、直接には条約改正に対する政府の売弁官僚的妥協に対する反感を底流にして、西欧型法典の模倣に対する感情的反発として現われる。法理精華の社説が法典実施に対し、「人情ヲ察セズ、風俗ヲ顧ミズ、普通ノ観念ヲ離レ国法ノ理想ヲ去リ以テ法典ヲ編纂スル者」(46)ときめつけたとき、彼等の心情を支持する者の喝采を博したところであろう。これを詳述すると

増島六一郎が、法典延期の理由に挙げている日本人の立場、国益などの言葉をみる必要がある。すなわち、「日本人ハ徹頭徹尾日本人ニシテ……欧洲ヨリ輸入セル理論ハ純然タル欧洲ノ理論ニシテ、……（法学士会の意見は）又当事者ノ編纂ニ汲々タルヲ防碍スルニアラズシテ、全ク我国ノ法律上並ビニ国益上内外ニ対シテ之ヲ軽忽視スルヲ得ザルニ依リ起リタル」(47)という国家意識に支えられていることに留意すべきであろう。そのことは、他の側面ではフランス民法の継受に伴い共和主義の理論も同時に採用することになり、これによる主体制喪失の恐怖感となって現われる。すなわち、新法典が、フランス民法典の理論に立つことで従来の「法理論的思想ト普通観念トヲ諸君ノ胸中ヨリ駆逐」することになるだけでなく、「日本帝国臣民タル観念モ放擲セザルベカラザル」(48)ことになるというのである。

さらに、もう一つの側面はデモクラシー（きわめて限定されているが）である。たとえば政府が、法典を帝国議会開設

直前に公布し、帝国議会の審議を避けようとしたことに対し、次のようにきめつける。

議会ノ開設已ニ切迫シ憲法ノ明文ヲ以テ人民ニ与ヘタル最モ完全ナル立法協賛権ヲ軽視スル者アルニ至リテハ我日本ヲ除クノ外決シテ他邦ニ其比ヲ見ザルノ珍事タラン(49)

したがって、「帝国議会で、速かに法典修正委員を選び、充分に輿論のある所を察し之を調整すべし(50)」という要求になってくる。ここに、きわめて限定されているが代表民主制の視点からの批判が、現われているのである。

ところで、私権の確保という点で、法典延期派と断行派とは、違った接近を示す。法典延期派の花井卓蔵は、次のようにいう。「私権とは民法及び商法の謂ひで……人民相互の間に止まります。国家の権力は毫も立入ることを要せないのであります(51)」と。国家からの自由の強調が、非法典編纂に直結していることは、どのように解すべきだろうか。花井によると、「人類の行為取引（は）千差万別で……一律の良く規定し得べき所のもの(52)」ではないそうである。この態度は、先の東京商工会が商業自治を振りかざし、取引自由を主張したことに通じるものがある。それは、明治維新以来官僚主導によって、資本主義の育成が果たされ、政治権力によって保証されてきた資本の自由と異なり産業資本台頭のこの時期における資本の国家からの自由に照応する資本の自己主張を代弁するものとみて良いであろう。

これに対し、断行派の私権の主張は、従来の政治権力主導の下での資本主義発展の考え方の延長に立っている。まず、断行派の両角彦六は、次のようにいう。

吾人ハ滅烈セル慣習ノ下一定ノ定メナキノ条理ニ左右セラル、ノ不安ヲ出テ、将ニ画一ナル法律ノ下ニ財産権利ノ保護ヲ得テ私権ヲ伸長シ、之ヲ鞏固ナラシムルヲ得ントス、新法ノ発布豈必要ナシト云ハンヤ(53)。

一般に近代法の形成は、旧制度の解体とともに旧組織の袋路に散在する旧階層の個別利害を蒐集した上で、支配階級の利害に統合再編して一般的・普遍的な利害として形成する過程である。そうだとすると、両角の指摘はこの過程が私権として法典に押し出されていることを指すとみるべきである。

他方、明治憲法制定に基づく帝国議会の開設が、国民の国政参加による政治的公民化の途を踏み出す。これとパラレルに、私法の立法化は、国民を私的所有権の担い手として市民化し基本人権としての私権を曲りなりにも明確にしようとする。このことを、断行派の岸本辰雄は「憲法発布ニ依って吾人ノ公権確定シタルヲ喜ブナリ。今ヤ法典発布ニ依リ吾人ノ私権確定シタルガ故ニ、亦之ヲ喜ブベキヲ知ルナリ。……今回発布ノ法典ハ吾人同胞兄弟ノ私権ヲ守ル金城鉄壁ト云フ可シ。(54)」と述べている。

結局、法典実施は法典によって形造られた規範の枠内に国民の私権を押し込んで行くことであり、商品交換秩序を法典の形成した規範の鋳型にはめて行くことである。このことを大井憲太郎は、「法典を編纂して一法律の下に斯民を立たしめ以て統治せざるべからず(55)」と述べて、法典が国家的統合の手段となることを指摘する。

ここで、明治二十三年までの論争を総括してみよう。法典延期派にみられるナショナリズムとデモクラシーの主張の結合。(56)法典断行派における市民・公民の二重化の意識の下での私権の強調。このような考え方の相違は、政治権力サイドからの資本主義発展へのテコとして法典を機能させようという発想と、産業資本サイドからの資本の自由の範囲で法典を利用しようという発想と、歯止めなき現状変革が体制崩壊をもたらしはしないかという危機感とを底流に秘めている。このような、不安と動揺の上に論争が行われたということは、ちょうどこの時期が歴史の分水嶺にあったからともいえよう。たしかに延期派が主張するように私法の法典化に伴う市民社会の原理の導入が、歯止めなしに進行すれば、それは「私」的欲望の体系としての市民社会に純化して行く過程を歩む可能性が望見できたであろう。また、他方では、すでに明治憲法が公布され、教育勅語が発布されて聳立する天皇制国家の原理下に、市民社会の原理が統合されて行く可能性もみられたのである。このような歴史的転回点に立って、植木枝盛は民法の制定が純化された市民社会を対象とするものであるべきことを強調する。すなわち「其の民法を制定するには一民一民を以て社会を編成する者と為す耶、一家一家を以て社会を編成する者と為す耶を一定せざるべからず、天下一民一民を連ねて国を成す者あり、蓋し最も其理を得たるものにして進化の徴にあらずんばあらず、一家一家を連ねて国を成す者あり、理欠くる所ありて進化未だ足らざるものなり、……故に吾輩は、連民成国を取らんと欲す。……維新後連家の性を変して連民に移すの傾向を取りたること少きにあらず、然れども連家の主義猶は半存するものと謂はざるべからず、今にして民法を制定すると云はば吾輩は更に其の余垢を洗はんことを欲するなり……」(57)と。

しかし、明治国家体制の骨格としては、すでに家族以外の旧制度組織の解体再編と新制度への統合が、明治憲法制定までで一応の終りを告げていた。そして、これに活力を与えるイデオロギーの精粋として、教育勅語が明治二十三年に公布されている。教育勅語に盛られた臣民倫理は、祖先教的国体観に基づき天皇＝国家に対する忠誠と、父母に対する恭順＝孝行とを血縁擬制の論理で結合するものであったことは周知のとおりである。今、ここで、その内容に深く立入る余裕はないが、このようなイデオロギーが国民統合の理念の中核に据えられたとき、明治体制の歴史的進路は決定したといって良い。すなわち、このようなイデオロギーに十全の機能を果たさせようとするならば、これが国民の日常生活の次元において血肉化した生活規範とならなければならない。そのためには、学校教育だけでは徹底しない。このようなイデオロギーを外化させた制度で、日夜、国民を陶冶させる必要がある。ここに、民法における「家」制度が必要となり、「家」によって連結を擬制された社会の上に天皇制国家が築かれる途が必要となってくる。しかし、明治二十三年の段階では未だ法典は実施されていない。時代は、このような方向に滑り出していたが、なお教育勅語のイデオロギーを制度に定着させる役割を担ったイデオローグの出現を必要としていた。それには、国家、市民社会、家族の構造的関係をふまえ、一貫した論理でまとめ上げる才能を必要とした。明治二十四年穂積八束の法

典論争への参加は　まさに歴史的必然性があったのである。穂積八束出現以後の法典論争は、急速にその相貌を変えて行く。

三　法典論争の家族思想

穂積八束は、「民法出デテ忠孝亡ブ」に表現された国粋主義的反動家、国家全能主義者としての側面でのみ評価されて来た。そうだとしても、なぜ彼が法典論争であのような意見を吐き、そして延期派の大勢を制し、断行派を押える論理となったかは別に検討されなければならない。まして、彼は明治二十四年から二十五年にかけて、少なくとも五つの論文を書いて法典論争にコミットしている。

すなわち、(1)国家的民法（『法学新報』第一号、明治二十四年四月）(2)耶蘇教以前ノ欧洲家制（『国家学会雑誌』第四巻五四号、明治二十四年八月十五日）(3)民法出デテ忠孝亡ブ（『法学新報第五号、明治二十四年八月二十五日）(4)民法及国民経済（『東京日日新聞』論説、明治二十四年十一月十七日、同十八日）(5)祖先教ハ公法ノ源ナリ（『国家学会雑誌』五巻六〇号、明治二十五年一月）である。このうち、(1)と(4)とは、私的所有と契約自由を中心に財産法を論じている。また(2)(3)(5)は家族制度に関するものである。法典論争に関する穂積八束の思想を正当に評価するためには、少なくとも、これらの論文をすべて検討し関連づけた上でなければ片手落ちとなるだろう。そこで、家族制度に関しては(3)を中心に、財産法に関しては(4)を中心に検討してみることにする。

まず家族制度については、次のように論じている。「我国ハ祖先教ノ国ナリ家制ノ郷ナリ権力ト法トハ家ニ生レタリ」(58)として、家父長権によって統率され、家長は祖先の霊を代表する「家」の担い手である。そして、「氏族ト云ヒ国家ト云フモ家制ヲ拡大シタルモノニ過ギズ」(59)として、「家」の延長上に国家を見る。しかも「皇室ノ嬖臣ニ臨ミ、氏族首長ノ其族第ニ於ケル家父ノ家族ヲ制スル皆其権力ノ源ヲ一ニス而シテ之ヲ統一シテ全カラシムルハ祖先教ノ国風ニシテ」(60)として、天皇と臣民、家父長と家族の権力関係を同一の根源（祖先教）とする。

ついで、「一男一女情愛ニ由リテ其居ヲ同フス之ヲ耶蘇教以後ノ家トス。我新民法亦比ノ主義ニ依レリ、是我ガ古制ニ非ス」(61)として、キリスト教の婚姻観をもって近代的一夫一婦制の理念とみなし、それが民法にも採用されていることは、わが国古来の制度と異なるとする。そして、ヨーロッパでは、キリスト教が入ってから家制度は衰えた。そして「家制衰ヘテヨリ、近代国制ノ基礎ヲ固フスルニ至ルノ間欧洲ノ社会権力相関ノ中心ヲ失フコト久シ是レ法度弛緩シ豪族割拠優者専恣ノ世トス僅ニ其社会ヲ救フタルモノハ耶蘇教ノ力多シトス」(62)とする。すなわち近代国家の基礎が固まるまで、社会権力の中心がなくなり無秩序になったのを救ったのはキリスト教であるとする。それもキリスト教の個人主義では国民を統合できないので近代国家では国民統合の基礎を国家においているとする。「耶蘇教ノ希望スル個人ヲ本位トシ世界ヲ合同スルハ欧土尚ホ之ヲ実践スル能ハズ家制ヲ脱シ族制ニ還リ方今ハ国家ヲ以テ相依リ相携フノ根拠トセリ」(63)と。したがって、「家制主義既ニ及バズトスルモ国家主義ヲ以テ法制ノ本ト為スベキナリ」となる。しかるに、民法は「個人本位ノ法制ヲ迎ヘ」「祖先教ヲ撲滅シ又新教ヲ容レズ」である。

そうなると「所謂君子国の美俗ハ……唯学校ノ修身教科書ヲ以テノミ保持スコトヲ得ルカ」(64)として、学校の修身による道徳教育（すでに教育勅語が発布されていた）で、淳風美俗を維持できるかと結論している。結局、穂積八束にいわせると個人主義の価値観に立つ法制度の創出は、国民統合の基礎を失わせることになる。それは、教育勅語などにより道徳の次元で共同体的価値観をつぎ込むだけでは足りない。国家主義のイデオロギーを外化した制度として定着させなければならないとする。

穂積八束のこの論文は、理論上これまで莫としていた国家と家族との関係を祖先教を媒介とすることによって同一の論理で結合するということで、教育勅語の内容を理論化することに成功している。(65)これによって、日本独自の国体という観念が不動のものとなって、国民の日常生活の倫理と一体化して国民の内面的自発性によって支持されることが可能となったのである。そして、当面の法典論争ではこれ以後の局面を完全に制する役割を果たしたのであった。すなわち、穂積八束の攻撃に対し、断行派は、もっぱら旧民法典が我が国の旧慣に反しないことを強調して防戦している。断行派の代表的論客、梅謙次郎の所説を掲げる。

我ガ民法中多少個人主義ヲ取リタル所ハ即チ羅馬法ニ依ラザリシ所ナリ然リト雖モ我ガ人事篇ヲ取リテ之レヲ欧洲ノ制度ニ比フレバ其殆ド相類似セザルヲ知ラン。蓋シ我ガ人事篇ニハ戸主アリ家族アリ隠居アリ養子アリ庶子アリ離婚アリ毫モ従来ノ習慣上ニ存スルモノヲ廃セス唯其規定ニ至リ幾分カ時勢ニ伴ヒテ更改セシモノナキニ非ズト雖ドモ力メテ激変ヲ避ケント欲シタル立法者ノ苦心ハ草々節々ニ現ハレタリ(66)

このように、断行派は穂積が提起した国家主義や祖先教の問題について論争することを避けた。それは、断行派自身が体制内の主流であり、教育勅語に至るまでの国民統合の路線が敷設された段階で、国家思想や家族思想で穂積八束に対し異質な思想を提起することはできなかったであろう。だが、この時期に、このような思想に批判がなかったわけではない。それを当時の市民的変革思想のなかにいくつか見ることができる。まず、国家主義について直接、法典論争について批判したのではないが、当時の国家主義の潮流に反発した所説を挙げよう。

急進的自由主義の立場の女学雑誌は、その社説「国家主義および個人主義」で、次のようにいう。(67)

人は生れながら国家と云へる観念のみにて充つるものにあらず、亦国家と云へる観念が最重最強なるものにあらず。人は本来国家的の思想を有せり、左れど亦た個人的の思想をも有す。人は国家の為に死することの潔ぎよきことを知れり、されど自己良心の煥発する所を確認し、全国家に逆らふとも尚ほ自己を厳守することの極めて高尚なることをも知れり。

このように、彼等にとって国家は最重最強の観念でなく、国家を超えた真理を守ることを信条とする。したがって、偏狭な独善的排他的国家主義に対しては、次のように痛烈な批判をする。

先づ、真理を尊とむにもあらず、兼て自己を重んずるにもあらず、広く人類を愛するにもあらず、莫然国家主義と称して、万事を我国家と云へる小観念にて料理せんとす。大なるに似て是より小なるはなく、忠なるに似て之上り狭きはなし。如此き僻人物を養成して、之を国家に益ありと云ふ。人を一種の模型に製造して人物出で来たりと喜ぶ。吾等は如此片わに感服せざるもの也。

また、彼等は愛国であっても忠君ではない。「汝が名（筆者注、国家主義を指す）によりて、帝室の忠臣なりと号するものあり。帝室と国家と同じき乎。憲法の明記する所ろ、国家と帝室とは異なり。」したがって、「愛国主義と博愛主義とは矛盾せず」また、国家主義と個人主義とは矛盾せず併立しうるとする。

結局、このような発想の前提には自立して合理的思考をする市民の存在を仮定するものと思われる。そこで合理的市民精神にとって祖先教の考え方は容認できない。植木枝盛は、女学雑誌の論説のなかで次のように祖先教を批判する。(68)

祖先を祭り、祖先を拝み、之を人間至大の道徳と為し、必々為さゞるべからざるの責務と為し、若し其の祖先の祀を絶つことの有らんとするを怕る、こと一国の滅亡せんとするを怕れ、天地の顛墜し六合の否塞せんことを怕るゝが如くなる者に於ては一男一女以て夫婦を成して、夫婦にして而して子なければ二妻を娶るも三妾を聘するも可なりと為すに至らん、而して是れ迷ひなり、人は延後広嗣すべきものなり、社会は繋命続脈すべきものなり、……たまたま一夫婦にして後なき者あればとて之を後あらしむるが為にして便ち天理と人倫とを犠牲にせしむるが為にして便ち天理と人倫とを犠牲にせしむる如きことをは決して許すべきに非ざるなり、噫汝論者よ、汝実に智なきにあらず、只だその祖先教の為めに迷ひを汝の心に受けたるのみ。

植木枝盛がいうように、祖先教により祖先祭祀の継続がもっとも重要だとなると祖先の祀りを絶やさないためには一夫一婦制を否定しても良く、婚姻の最大の目的は子孫を設けることになる。婚姻が自由な男女の結合であれば、結婚の最大の目的は「生涯相扶け相保つ」ことにある。

このような自由主義に立てば、「家」制度それ自体も批判の対象となる。『国民之友』は、デモクラシーに照準して、社会進化の方向からこれを批判する。(69) すなわち、「我国旧来の家制を見るに其中には、文明の進歩を害し、国民の元気を奪い、家族の和楽を敗るもの甚だ多し」。とくに「家督相続の世に害あること」は、次のごとし。「未た我身の世話もろくろく出来ぬうちに早くも家督相続の轡を食み家政の重荷をつけ……戦々競々、譲りの身代を減らさぬ様にと只其のみに心を掛けて、忽ちお祖父さん気取りになり、はかばかしく、事業も出来ず、一家大事も保守固陋に陥るものなり。」

また扶養については、親が「子をもて老後の資本と思うは、何と誤りも甚しいのではないか」と。老親扶養＝孝行という「世間も当然至極」と思っていることを真正面から否定して、「人間は老後の為めに、若年の時より多少の備蓄をなしおき、自ら労働の出来さる時節に至り、子や孫の厄介にならず、独立自給の出来る様、予して其心構をなしおく筈なり」とする。(70)

このように、当時の家族思想がすべて家的家族思想に塗り潰されていたわけではない。そのことは、大日本教育会の法典と倫理との関係についての調査報告で意見が岐れたことからもうかがえよう。(71) すなわち、少数意見は「延期論者は、風俗慣例のみを重んじ其改良す可きものとの区別をなさず独断的に父尊母卑を標準とし、人情忍び難き迄も家制を重んじ、……」という。これに対し、多数意見は、欧洲模倣の民法が施行されたら、親子夫婦が法廷で争い「固有の良風美俗一朝蕩尽するに至るやも知るべからず。」と、憂いている。

問題は、「家」制度や固有の良風美俗を批判する視座が、常に欧州先進諸国を模範とし、そのモデルからの遅れということに限られていたことである。これでは延期派が良風美俗を守るという大義名分をとって、国民の日常生活の感性に訴えるのに抗し難い。欧州の民法が予定する市民社会は、私的所有権の担い手としての独立自由平等の市民個人によって構成される自由競争社会である。このような原理が家族制度に貫徹すれば、家族は男女個人個人の契約で結合される夫婦が中心となる。したがって、社会構成の原理は国家から家族まで、自由意思による契約の原理に立つことになる。そのことは、未だ共同体的な思考で成立している社会とは異質な意識で解体し、再統合をしなければならない。

しかし、明治国家は、そのような必要を認めなかった。すでに、天皇制を中心とした国家公共の原理が構築されつつあるとき、市民社会は国家の下に統合される運命にある。かくて、明治国家体制を守ろうとすれば、契約自由の原理を批判しなければならない。次に法典論争の財産権思想について、穂積八束の契約自由に対する批判論を中心にみてみよう。

四　法典論争の財産権思想

穂積八束は独自の財産権思想を展開する。(72) すなわち民法とは「社会の富を配分する準則」だが、「社会の富は社会の成果」であるから、「立法の本位を国家社会に置くべし」とする。そして、「財産と云ひ権利と云ふは法定の製作物にして何ぞ優者が劣者の食を奪ふの口実たるを知らんや」として、資本主義社会における財産権の本質を鋭く衝いている。

また、契約の自由については、次のように批判する。すなわち「各人平等の社会に在りては契約自由を絶対的に保護し以て福利を全ふするを得べし、貧富懸隔日に甚しきを加へんとする情勢ある経済組織に於きての契約の自由は兼併の利器」であるのに、民法は「社会劣族の保護の為めに個人の契約の自由を制限するを憚るのみならず又実に国家の永遠の利害の為にも之に躊躇す」。また民法家は「契約の自由を文明社会の民法の理想とする」が、「欧洲の法制家は前世紀以来仏国に流行せし天賦の自由説に謬られ一時其の民法に契約の自由を理想と為したりと雖之に由りて生じたる経済の激変は文明富強の盛世に民衆飢餓を訴ふるの意外の結果を生じたるに駭き今は却歩して契約の自由を制限しつつあるなり」として、契約自由が必ずしも理念でなく、社会的強者を制限するために契約自由を制限することが、ヨーロッパでも行われつつあることを指摘する。

また、民法は個人本位で「個人孤立の権利を保護する」が、「共同団結して公共の利益を全ふするの便を与ふるを勉めず」として、社会的弱者の団結権の保障を欠くとする。穂積八束によると社会的弱者である「社会の劣族」とは、「小地主、小資本家、労夫」を指す。このような弱者が、「経済の社会豺狼相闘社会」で、社会の優族と競争できるには、「かれらの共同公利を謀る結社組合」を国家が保護する義務があるとする。商法は、民法よりも「結社の保護に厚い」が、「株式会社合名会社の如き多くは富者に便にして貧者の利用しうるところにあらず」とする。かように、問題があるので民法典商法典を「制定するの立法精神に至りては明治の為政家の断案を要する」とし、模範とする法典は、「豈啻『ナポレオン』法典のみならんや」とする。そして「国家社会に王位を置き民人の権利を保護する法典は欧洲其の数少とせず」と。

最後に国会を批判して曰く「資産ある者が資産あるものを選挙して構成せる国会は衆貧の友たることを能はざる」と、痛烈な批判をする。

以上のような穂積八束の契約自由に対する批判は、法典論争のなかで採り上げられなかった。そして、弱者に対する団結権の保障も議論にならなかった。そのこと自体が、穂積八束の指摘するように、民法が有産者の利器であり、国会が有産者の代表に過ぎないことを物語るといえよう。また、契約自由が当事者平等という擬制を前提にし、現実には貧富の懸隔甚しきに至るとき、平等の実質的確保の保障が団結権保障となって現われねばならない。これは、いわゆる「人から人間」へという近代民法の修正原理の発想であった。穂積八束は、アントン・メンガーなどの影響で、この考えを導入しようとしたのであろう。しかし、現実の日本の歩みは、第二次大戦後までこのような修正原理を受けつけなかった。このことは、当時においては穂積八束のいうことを一面的にしか理解しえなかったであろうということが考えられる。さらに、日本の資本主義の発展に則して考えるならば、資本の自由を無制限に認める方が望ましい。とくに、これに対する抵抗が階級闘争によって支持されるまでに至っていない以上、資本が自らの自由を制約するような原理を入れる必要がなかったといえよう。

また、穂積八束が、国親的思想の延長上に貧者の動員で国家権力を操作するという発想は、「巧に社会の下層の利害を皇室の休戚とし社会の名に於きて優族に当る、封建の豪族破るべきなり、国会の専委制すべきなり。」に明らかである。このことは、天皇の下に国民大衆を組織し、地主階級を制圧しながら、議会制民主主義をも制約しようという思想の原型でもある。また、私権の公共性という主張も、「公」の名による私権の囲い込みの合法化が、資本主義の発展のなかで進行して行ったことに明らかである。

ところで、穂積八束が、「余は久しく欧土に在留し普通選挙天賦人権の自由の中心に於きて民衆の飢寒を訴ふるの惨状を目撃し転た感慨に堪へず。」[73]という。このとき、おそらく地租改正以来の脱落農民の惨状や、企業倒産の続出、近くは明治二十三年（一八九〇）の恐慌などが、オーバーラップして映ったに違いない。また、この頃明治二十年前後から経済的状況の激変につれて、家族紐帯の弛緩の徴候が現われ出している。たとえば、親族不和による自殺の上昇、[74]棄児の増加、[75]家族及親族の争による殺人の激増、[76]明治二十年から、明治二十三年まで漸減した離婚率が再び上昇し始めたことなどである。[77]そして、従来の家族観と異質な市民社会的夫婦観の登場などは、これまでの価値観を否定し、その思想の根源を覆すことを惧れさせるに充分であったとってよい。

穂積八束は、このような時代に、新旧の価値観が烈しくせめぎ合って時代の主導権をとろうとしているのを見透していたのである。そして、個人化・「私」化の歯止めなき進行が、やがて資本主義を超えて社会主義を呼び寄せることを惧れたのである。「社会を危くするものは政権の争闘にあらずして衣食の争闘にあるが故に国家の敵は政党にあらずして社会党にある」[78]と鋭く本質を衝いた言葉に、国家全能主義者としての彼の本心があらわれている。

これに対し、断行派の代表である梅謙次郎は、「今ヨリ十数年ノ後ハ現民法ノ規定モ亦陳腐ニ属シ尚ホ更ニ進ミテ旧習ヲ洗滌スルノ必要ヲ生ゼザルコトヲ保セザルナリ」[79]と楽観的社会進化論を述べている。梅謙次郎に代表される断行派が、法典内容の解釈では問題なく延期派の論理に打ち克ちながら、なお敗退したのは、この時代を把握する力量の差であったといえる。また断行派が欧洲先進諸国の文明を基準にして日本の後進性を測り、これに追い着くことをもって進歩であると信じていたこと自体に問題があったと思う。けだし、このような考えの改革では、発想は常に欧州の借り物の域を出ず、国民大衆の日常生活からの発想とは程遠いところで改革を進めることになるからである。たとえば、断行派は私権についても天賦人権説と社会契約説の受け売りである。私権が国民大衆の生活に根を下すためには、国民大衆の生活次元で結びつく概念を創出し、国民の内面的自発性に支えられて制度を維持しようという視座を持たねばならない。延期派の発想の中には、たとえば、共同体的発想が常に前提される。共同体的発想で、国民の真の利益を実際に擁護できるわけはないが、国民の生活次元に結びついて定着し支持されやすいわけである。しかし、穂積八束は、しょせん、イデオローグにすぎなかった。したがって、彼も参加した法典調査会では、逆に梅謙次郎などの実務的能力によってことが運ばれ、彼の出る幕はなかった。だが周知のように明治民法には、穂積八束の家族思想は生かされている。このようにみてくると、延期派、断行派、ともにその役割を相互に補完しつつ、相協力して天皇制国家への統合作業を推進したとみてよいであろう。ところで、すでに東京商工会にみられるように資本家は、自らの利害に照して旧制度にかぎらず何でも手当りしだいに利用することを知っていた。この後、資本の意を体した政治権力は資本の自由を確保し、私的所有の絶対化から生じる貧富懸隔の差の増大に対しては、私的所有権を制約したり団結権を保障したりすることで切り抜けようとはしなかった。このような矛盾の噴出に対しては、一方で徹底的な弾圧と、他方では、そのエネルギーを海外侵略の方向へそらして行くことで解決して行った。

われわれは、そこに歴史の教訓を見なければならない。すなわち、戦後は、むしろ個人化・「私」化の論理による市民社会の純化が推進された。それは、表面的には、明治時代と異なっている。だが、これを進める発想は、アメリカ民主主義モデルへの追従であり、資本の自由の貫徹が、公益の名の下にあくなき私利を追求していること、今日よりはなはだしきことはないであろう。

むすび

およそ、新しい時代の改革においては、旧制度組織の解体と、新しい制度組織の創出とが必要とされる。明治二十二年（一八八九）帝国憲法発布・翌年帝国議会開設・教育勅語の発布は、明治国家体制の枠組みを決定し、明治後半期に向けて展開して行く資本主義発展の基礎ができたといってよい。しかし、新しい制度が創出されても、それが固まるまでは新しい制度を支える価値観と古い制度の価値観とは混在し、時代の間隙を縫って、その争克が噴出する。法典論争とは、そのようなものであったと理解される。そうだとすると、法典論争の意義は戦後改革のときも、また今日の時代の変革に際しても、その価値を失わない。また、現代の初頭に起きたことを考えれば、同じ頃のドイツ、フランス、とくにドイツ普通法における法典論争などとも共通の基盤があるわけで、これらの比較研究も今後の課題であろう。

また、この論争によって準備された軌道が、明治三十年代にかけて天皇制国家を聳立させるのに大きく役立ったと思われる。そして、市民社会の純化を「家」によって阻止し、市民社会を自立せる私的所有権の担い手としての市民のみによって構成することを拒否した結果について、われわれは、もっと深く思いを至すことこそ究極の課題とすべきであろう。

註

（1）利谷信義「明治民法における『家』と相続」（『社会科学研究』第二三巻一号、昭和四十六年）四一頁。

（2）法典論争の研究は、戦前の平野義太郎、星野　通氏の研究以来先学の業績がおびただしい。本章が意図するところは、従来旧民法と明治民法との内容比較を中心に法典論争の進歩性を論ずる通説的研究方法と異なった研究方法を探るつもりであった。しかし、意あって力足らず、かえって先学の業績を汚すだけに終ったのではないかと惧れている。なお、法典論争の文献目録は、星野通『民法典論争資料集』（日本評論社、昭和四十四年）に詳しい。

（3）松本三之介『天皇制国家と政治思想』（未来社、昭和四十四年）。

（4）典型的なものとして、宮川澄『旧民法と明治民法』（青木書店、昭和三十七年）。

（5）中村菊男『近代日本の法的形成』（有信堂、昭和三十九年）。

（6）マルクス「ユダヤ人問題に寄せて」（邦訳『マルクス・エンゲルス全集　第一巻』一九五九年、大月書店）四〇一～四〇六頁。

（7）家族については、エンゲルス「イギリスにおける労働者階級の状態」（邦訳『全集』第二巻、一九六〇年）三七九頁。

（8）伊藤博文の明治二十二年（一八八九）二月十五日憲法発布式典における司法官に対する演説。『毎日新聞』明治二十二年二月十七日）。

（9）地租改正については、福島正夫『地租改正の研究』（昭和三十八年）参照。

（10）柴垣和夫「産業資本段階の日本資本主義と『財閥』」（嘉治真三編『独占資本の研究』雄斐閣、昭和三十八年）二二六～二三四頁。

（11）原田三喜雄『日本の近代化と経済政策』（東洋経済新報社、昭和四十七年）二四五～二五八頁。なお本節は、主として同書による。

（12）『東京経済雑誌』第三四九号（明治二十年一月八日）。

（13）「金融上の好望」（『東京経済雑誌』五一〇号、明治二十三年三月一日）。

（14）熊谷開作氏によると、大阪商法会議所は外国取引と条約改正と並んで国内経済社会の整備と取引秩序の確立の必要から商法断行を要望したものと推測される。（熊谷開作「商法典論争史序説」『松山商大論集』第一七巻六号、一九六七年。一一八頁）しかし、大阪商法会議所にそれほど、国内の政策的見通しがあったかは疑わしい。

（15）福島正夫によると、大阪商法会議所の断行論の理由は、外国貿易と条約改正であるとされる。そして明治二十三年（一八九〇）恐慌下で、大阪の綿紡業が活路を外国貿易に求めたため、関税自主権を獲得することに熱心になったと指摘される。（福島正夫「日本資本主義の発達と私法(5)」『法律時報』二五巻五号、一九五三年、六二頁）。

（16）島本得一『本邦証券取引所の史的研究』（昭和十七年）三七二～三七三頁。政府は、取引所の近代化により、すべての株式取引を取引所を通じてのみ行えることで取引税の徴税が完全に可能になることを直接の目的としていた。しかし、間接的には、明治十五年（一八八二）の朝鮮における壬午の乱以来、朝鮮出兵の軍費調達がねらいであったといわれている（同三三〇頁）。

(17)『東京商工会議事要件録』第三七臨時会（第四一号、明治二十二年九月九日）一～四頁。

(18)『世外井上公伝』第四巻（一九六九年）、七頁以下。

(19)商業者ハ之ニ依リテ大ニ其利益ヲ進ムルヲ得、政府モ亦之ガ為メ其施政ノ便利ヲ達スルヲ得、結局全般商業ノ発達上ニ少カラザル効果ヲ及ボスベキハ本会の疑ハザル所ナリ、且ツヤ政府ヘ曩ニ明治二一年中市町村制ヲ発布セラレテ今ヤ地方ノ自治制度ハ漸ク将に整頓セントス、比際当リ斯ノ如キ条例ヲ設ケテ商業自治ノ精神ヲ涵養セントスルハ豈相当ノ挙措ナルニアラズヤ、是本会ガ大躰ニ於テ商業会議所条例ノ発布ヲ必要ト認ル所以ナリ。……

明治二三年八月二八日　　東京商工会会頭　渋沢栄一

農商務大臣　陸奥宗光殿

『東京商工会議事要件録』第四六号（明治二十三年九月）五三～五五頁。

(20)『東京商工会議事要件録』第四四号（第二四定式会、第四〇臨時会、明治二十三年五月二十四日開）、一〇～一七頁。

(21)『東京商工会議事要件録』第四五号（明治二十三年七月十八日開）五～二一頁。

(22)『東京商工会議事要件録』第四八号（明治二十三年八月十五日）一七～五二頁。

「商法施行ノ延期ヲ要スルニ付意見」

……抑モ欧米諸国ノ商法ノ如キハ従来其国ニ行ハル、商人ノ習慣ヲ採輯シタルモノニシテ、学者之ヲ別称シテ商人制定法ト云フト聞ケリ、左レハ其商法ハ敢テ新奇ノ事項ヲ規定スルモノニアラスシテ、要スルニ其精神ハ商人自ラカ作為シタル所ニ外ナラス、故ニ商人ハ仮令其明文ヲ熟知セサルモ能ク安心シテ之ニ遊依スルヲ得、……何ソヤ、今回発布セラレタル商法中ニハ我商人カ従来夢想セサル新奇ノ事項ヲ規定スルモノ多クシテ、先ツ之ヲ解セサル時ハ安心シテ之ニ遊依スルヲ得サル事是ナリ、……之ヲ要スルニ本会カ茲ニ商法施行ノ延期ヲ望ムノ要旨ハ、敢テ必ズシモ商法ヲ不都合ナリトシテ之ヲ望ムニアラス、只商人ハ勿論法律社会ヲシテ充分ノ準備ヲ為サシメンカ為メ、之ニ相当ノ歳月ヲ供スヘシト云フニ外ナラサルナリ、……今若シ商人ニ相当ノ準備ヲ為スノ余地ヲ与ヘズシテ、直チニ商法ヲ断行セラル、ニ於テハ多数ノ商人ハ知ラズ識ラズ之ニ違反シ、或ハ奸悪ノ徒ノ為メニ法網ニ陥レラレテ意外ノ不幸ヲ蒙ル者陸続踵ヲ接スルモ計リ難シ、且ツ従来我ガ商人の習慣及営業方法ニシテ現ニ商法ニ規定スル所ト抵触スルモノ亦少シトセズ然ルニ今俄ニ之ヲ改メント欲スル時ハ、之ガ為メ商人ハ豈ニ無益ノ費用ヲ要スルノミナラズ、一時商業上ニ非常ノ激変ヲ生ジ、其極遂ニ国家ノ経済ニ容易ナラザル影響ヲ及ボサンモ知ルベカラズ是本会ガ前途私ニ憂慮スル所ナリ
以上陳述スル所ニ由リテ之ヲ観レバ新定商法ヲ来ル明治二十四年一月一日ヨリ施行セラルル、ハ商人ノ最モ困難トスル所ニシテ、要スルニ国家ノ経済上ニ甚ダ不利ナルモノト信スルニ付、何卒其施行期限ハ更ニ乗ル明治二十六年一月一日迄延期セラレン事ヲ望ム、依テ此段建議仕候也

明治二十三年八月二十七日

東京商工会会頭　渋沢栄一

司法大臣　伯爵　山田顕義殿

(23)「社説、大隈商法会議所の討論」(『日本』明治二十三年十一月四日、同十一月五日)。
(24) 熊谷開作、前掲(14)、一一九〜一二五頁。
(25)『渋沢栄一伝記資料』第一九巻、二八六頁。
(26) 同右、五二三〜五三二頁。
(27)『東京経済雑誌』第二五巻六二五号、七三八〜七四三頁。
(28)『東京商工会議事要件録』第四六号（明治二十三年七月二十日開）一〇〜一一頁。
(29)『東京日日』明治二十三年十月一日。もっとも、民法と異なり、商法以前に商事関係の単行法が多数施行されていた。
(30)『東京横浜毎日』明二十三年二月十一日。
(31)『第一回　東京商業会議所事務報告』第一号（明治二十五年四月）。
(32)『第二回　東京商業会議所事務報告』第三号（明治二十六年四月）、一三頁。
(33) 各地からの商法施行延期の請願は多い。明治二十三年十二月二日から十七日までのものを挙げてみる。

日付	請願者	県地	紹介議員
十五日	高田　総兵衛　外　四九名	東京	青木　医　外二人
〃	原田与右衛門　外　二〇名	栃木	新井章吾
〃	横山　源太郎　外　九八名	東京	太田　実　外一人
〃	高野　広吉　外　六六名	〃	〃　外一人

〃	片野　藤四郎　外九八四名	愛　知	堀部　藤四郎　外一人(却下)

このように、地方の商業資本が商法延期を願ったのは、近代的な商法の厳格な規制を惧れていたからではなかろうか。

(34) この時点における国力の充実が、「一朝東洋に事ある時に臨み我国の向背進退は諸強国相対の勢力を軽重するに足る可きが故に……些々たる法典の延期断行を以て改正談判の成立をトするが如きは外交の大局を知らざる者と云ふべし。」という『時事新報』(明治二十五年六月四日)の指摘が、もっとも状況の本質を見抜いている。

(35) 本節の条約改正経過については、主として山本茂『条約改正史』(昭和十八年)によっている。

(36) 奥平康弘「明治二十年新聞紙条例出版条例についての若干の考察」(『社会科学研究』第一四巻四号)一〇頁。

(37) 「現今の三大問題」、『日本』(明治二十二年六月十一日)。

(38) 花井卓蔵「法典ト条約改正」(『法学新報』第一四号、明治二十五年五月二十五日)。

(39) 遠山茂樹「民法典論争の政治史的考察」(『法学志林』四九巻一号、昭和二十六年)六九頁。

(40) 大井憲太郎「我カ帝国ニ於ケル法典ノ利害如何」(『法治協会雑誌』第二号、明治二十四年八月十二日)。

(41) 「榎本武揚外務大臣の第三帝国議会貴族院(明治二十五年五月二十六日)における演説」(『大日本帝国議会誌』)一六〇六頁。

(42) 白眼道人立案、信岡雄四郎執筆「法典ト条約改正」(『法治協会雑誌』第二号、昭和二十四年九月十五日)。

(43) 米、葡、秘、三国との条約は明治三十二年七月十七日より実施することになって居り、その他の諸国との条約は、それぞれ一カ年前より我が政府より通知を為すことになって居た。この条約実施の通知は、法典の実施せらるるまではこれを為さざる旨を英、独、丁、蘭、伊、露、瑞西、墺、瑞諾の九ヶ国に対しては外交書を以て、又仏国に対しては宣言書を以て約していた。……(山本茂『条約改正史』一〇〇頁)。

(44) 星野通『民法典論争資料集』(法学士会、明治二十二年)一六頁。

(45) 増島六一郎「法典編纂に関する法学協会の講演」(『東京横浜毎日新聞』明治二十二年六月四日)。

(46) 「社説、明治二十二年の法律社会及法理精華」(『法理精華』第五巻第二五号、明治二十三年一月三日)。

(47) 増島六一郎「法学士会ノ意見ヲ論ズ」(『法理精華』第二巻第一一号、明治二十二年六月一日)。星野『資料』一九～二〇頁。

(48) 「社説、新法典概評」(『法理精華』第六巻第三五号、明治二十三年六月一日)。

(49) 同右（第三五号、明治二十三年七月十五日）。
(50) 「社説、新法典の修正は新帝国議会の新職務なり」（『東京日日新聞』明治二十三年四月三十日）。
(51) 花井卓蔵「新法典に対する余の意見」（『法理精華』第六巻第六三号）。
(52) 同右。
(53) 両角彦六「新法ノ発布ニ就テ」（『法政誌叢』第一一号、明治二十三年五月十日）。
(54) 岸本辰雄「法典発布ニ就テ」（『法政誌叢』第一一号、明治二十三年五月十日）。
(55) 大井憲太郎「我カ帝国ニ於ケル法典ノ利害如何」（『法治協会雑誌』第二号、明治二十四年八月二十一日）。
(56) 断行派のナショナリズムは、法制の整備による市民統合を媒介にして、列国と対峙できる水準に上昇することを主張するので、その表現は間接的となる。これに対し、延期派のナショナリズムは、西欧法典の導入による国民の日常生活規範の変革への反発に根ざすので、直接的な表現をとる。
(57) 植木枝盛「如何なる民法を編纂すべき耶」（『国民之友』）。
(58) 穂積八束「民法出デテ忠孝亡ブ」（『法学新報』第五号、明治二十四年）。
(59) 穂積八束「民法出デテ忠孝亡ブ」。
(60) 穂積八束「耶蘇教以前ノ欧洲家制」（『国家学会雑誌』五巻五四号、明治二十四年）。
(61) 同右。
(62) 穂積八束「民法出デテ忠孝亡ブ」。
(63) 同右。
(64) 同右。
(65) 中村雄二郎『近代日本思想論争』（昭和四十四年）一〇〇頁。
(66) 柏謙次郎「法典実施意見」（『明法誌叢』第三号、明治二十五年五月二日）。
(67) 『女学雑誌』二六六号（明治二十五年五月二十三日）。
(68) 榎木枝盛「一夫一婦の建白につきて弁ずる所あり」（『女学雑誌』第一七七号）九〜一一頁。
(69) 金森通倫「家政改良論（上）」（『国民之友』第一二号）二三頁。

(70) 同右、(下)(『国民之友』第一三号)一三〜一九頁。
(71) 「法典と倫理の関係」大日本教育会議室報告(『日本』雑報、明治二十五年九月二十四日)。
(72) 穂積八束「民法及国民経済」(『東京日日』論説、明治二十四年十一月十七日〜十八日)。
(73) 同右。
(74) 親族不和に上る自殺者は、明治十七年の九二人から明治二十三年には二〇五人。(『日本帝国統計年鑑』第五巻および第一一巻)。
(75) 警察に届けられた棄児の員数は、明治十四年の五二八人が、明治十八年には一三六四人、明治二十三年には八四六人。(同右)。
(76) 家内不和親族利益上の争いによる殺人は、明治十五年の六〇人、明治十八年の二一二人、明治二十三年には二五〇人。(同右)。
(77) 離婚率は、明治十九年三・〇六人から漸減して明治二十二年二・六八となるが、その後明治二十六年まで二・八二と漸増した。(同右)。
(78) 穂積八束「民法及国民経済」(『東京日日』社説、明治二十四年十一月十七日)。
(79) 梅謙次郎「法典実施意見」(『明法誌叢』第三号、明治二十五年五月二十一日)。
(補註) 法典論争研究の視座として、なお次のものが考えられる。(1)自由民権運動挫折後、この思想の共同体への回帰と、急進的自由主義化に照応する法思想と官僚的法思想との争克が、結局、体制に統合されて行く過程。(2)富国強兵に象徴される軍国主義と「家」制度を統合して天皇制国家を確立して行く過程。これらの過程が、具体的には帝国議会と法典調査会を中心とした明治民法析出過程と、どのように結びつくかは次の課題である。いずれ、稿を改めて、とりあげることにする。

第二章　民法典論争と明治憲法体制

はじめに

明治二十三年十月七日に民法財産取得編人事編公布から二日たった同年十月九日の反政府系新聞『日本』の社説は、次のような感想を述べている。

人皆言ふ法制の進歩は社会構造の進歩なり、社会の進歩を知らんと欲せば其の法制の粗密を見よと、誠に然らん、然れとも立法者は必ずしも常に社会進歩を目的とするに非らさるなり、外刺に促されて巳むを得す其の意志に反する方向を取ること甚た多し、民法編纂の如きは其の一例にあらすや。蓋し明治の立法者は自動的にあらずして他動的なり、明治の政治家は常に外部の刺撃に促されて巳むを得さるに変革を行ふ、……藩閥占権の志を抱く者は巳むを得すに立憲政体を賛し、人民の軽躁過激を戒むる者は己むを得すに社会的構造を激変すへきの新法典を企尽するに至れり。(1)

今、平成十六年、およそ一世紀を超える日が経ちながら、この新聞『日本』の指摘は不思議な生々しさを感じさせる。それは、明治以来、今日まで本質的には何も変らぬこの国の法と権力のあり方を鋭く衝いているからである。明治の政治家が立憲制を唱え、立法者は天賦人権論を主張しようとも、彼等はそれらの基礎にある民主主義の思想を必要としなかったし、また理解してもいなかった。彼等にとって必要なことは、現実政治の力関係に対応していかに破綻なく政権を維持するかにあった。したがって、法はもっぱら権力を維持するための道具として意識されることはあっても、法が人権の保障のために権力を抑制するという法と権力の緊張関係が意識されることは、まずなかったであろう。そこには、国家の価値に対置される個人の価値は存在しなかった。ひるがえって今日、戦後憲法体制の下で為政者は、果たして本気で「法の支配」を自覚して来ただろうか。また「個人の尊厳」を文字通り「国益」や「公益」に優先させて来ただろうか。戦後半世紀を超える歴史は、われわれに「人権保障の法」ですら、法の担い手によって換骨奪胎され、当初の「法の精神」とは似ても似つかぬ軛として機能していることを再び教えているのである。結局、戦後体制における法と政治の関係もまた、明治体制のそれと同様に根本において人権感覚を欠く為政者によって権力の道具とされたことに変りがない。また、明治においては条約改正、戦後においては占領体制が、それぞれ「外刺」として機能しており、戦後の歴代政府も構想や識見に基づいてではなく現実政治の力学に則って現状に対応し続けて来たことでは、明治時代と異なるところがない。

さて、このような今日的な問題関心に照して明治中期の「法典論争」を考えるならば、「民法典論争」の持つ法思想史的意義を幾らか深められるのではあるまいか。すなわち「法典論争」を、当時の社会的状況総体のなかに位置づけるとともに、政策決定に力のあるグループの行動および輿論形成の状況を法と権力の対抗関係を軸に整序して行くことで、この論争の本質を画き出そうというわけである。もとより「法典論争」は、戦前の平野義太郎、星野通ら先学の業績以来、多数の学者が論じて来た問題である。しかし、これまでは、論争の当事者の主張に則して旧民法の保守性乃至進歩性を検証したり、延期派、断行派の主柱となっている学者の派閥争いに問題を矮小化したり、あるいは条約改正を中心とした外圧から巨視的にのみ説明しようとしたりなど、さまざまな説明がなされて来た。(2) しかし、どの説明もこの論争の全容を描き出すには不充分と考えるのは、あながち筆者だけではないだろう。

そもそも、法典論争は大日本帝国憲法（以下明治憲法と称す。）発布、教育勅語下賜、帝国議会開設、市町村制施行という一連の明治国家体制が、組織されるときに、その基礎にいかなる社会思想や家族思想を置くかについての争いであった。(3) だから、それは明治中期までのイデオロギーの総決算であるとともに、明治中期以降の体制の方向を決定する思想の主導権争いであった。論争の性格が、そうだとするならば、これを分析するには明治国家体制、とくに憲法体制と民・商法典の基礎にある私権の思想を中心に、当時の全社会的状況をトータルに把握することから始めねばならないだろう。そのためには、これまでと異なった視角から、複眼的に全状況を考察する必要がある。よく「樹を見て森を見ず」といわれるが、進歩と反動という図式でのみ史実をみるのは、「森を見て樹を見なかった」ともいえるのではなかろうか。また既成の固定した角度からのみ「森を見た」としても、それは偏った風景にしか過ぎない。もう一つ法典論争にかぎらぬが、あまりに日本的な特殊性の面からのみ考える傾向も強かった。(4) 当時の世界史的発展段階で展開した私法の編纂事業として著名なドイツ民法典編纂とを比較考察するならば、そこに同質性と異質性、共通性と個別性が見出されるのではなかろうか。(5) そもそも日本のこともろくに知らず、翻訳書の孫引きで本当の外国研究ができるわけがないといわれている。しかし、逆に日本のことを調べるのに、対象となる問題だけを調べれば良いというわけではない。法典論争についても、星野通「民法典論争資料集」の孫引きだけでことを論じてはなるまい。

ところで、これまで法史学の研究では、経済的発展段階と法の相対的独自性との関係を軽視したり、体制における国家、市民社会、家族の構造的関係について考察することが少なかった。私は、この三者の関係の前提にある「共同体」的社会からの個人の析出により、幻想的政治社会への参加と、私的利益追求の社会への編入を基本にして考えるべきだと思う。第一章では、市民社会における人権の二重化――私人・公民への分裂――に則って、政治参加の拡大と、私権の拡張の過程に則してこの時期を促えることを主張した。(5) 本章においても、基本的には、この考え方に従って理論を展開することは当然である。しかし第一章では、法典論争についての近代思想のさまざまな在り方を提示したに過ぎなかった。いうまでもなく法典論争は政治問題であり、同時に民・商法に象徴される私権の位置づけの問題であった。前者については、どのような政治的コンテクストにおいて法典論争が行われたか、後者については明治憲法の実定法秩序との関係で、民・商法典にどのような位置づけがなされようとしたのかなどを中心に議論されるべきであろう。そこでは政策主体の思想と行動を中心に、これらの点を追求さるべきだろう。その場合、政策主体として内閣閣僚、官僚のほか、当時の特殊事情としての元勲などの「黒幕」が考えられる。また貴族院・衆議院の議員も入れるべきだし、私としても法典論争に参加した全議員の経歴、出身、年令、選挙区などの資料を作成し、さまざまな角度からの分析を始めたのである。だが、それはそれで余りに膨大なものになるので、本章に収載するには時間も紙数もなく、初期帝国議会と法典論争との関係は、別に稿を改めることにする。本章では、法典論争をめぐる政府内の意見の対立の本質が何であったか、それが明治憲法体制にどのような形で収束させられて行ったかを政府系の新聞論調を中心に分析を試みる。

本章で主として政府系新聞を採り上げたのは、政府サイドから法典論争を追うための資料としてもっとも適当であると考えたからである。もっとも、本章の計画では政府系新聞のほかに、自由党、改進党などの政党系新聞や中立系の新聞なども採り上げて、政府サイド、政党サイド、中立系(これもナショナリズムの色が濃いものや、自由主義の傾向が強いものなどがある。)のサイドと、三つの方向から法典論争を照射して、その交錯点に実体を際立たせるつもりであった。事実そのため、ほぼ十数種類の新聞について関連記事を蒐集したのだが、これまた膨大になり過ぎて今回は政府系新聞以外は、ほんの一部だけを紹介したに過ぎないことになった。機会があれば、非政府系新聞による法典論争の分析を発表したいと考えている。

なお新聞を資料とする場合、一つの情報の流れとしてとらえるべきで、断片的に立論の都合の良いところだけを引用してはなるまい。しかも、各新聞は、それぞれ政治的立場が、かなり明らかな場合が多く、法典問題のような政治問題についてはどのような立場からの発言かということを当然考慮に入れなければなるまい。また、後述するように政治的立場が変ると同じ新聞でも全く異った論調になることもあるので、新聞論調を採り上げる場合でも、対象となる問題の発生から消滅までの期間を継続して追跡しなければならない。また、当該の対象となる記事だけでなく、周辺の関連記事まで含めて多角的に分析するのでなければ、新聞記事を分析の資料とすることに伴う不確実性とか、不安定性などを避けることができない。本章では、政府系新聞と目されるもの六種類を明治二十三年（一八九〇）四月から、明治二十五年（一八九二）十二月まで渉猟の上、関連記事を含めて分析して、できるだけ傾向した結論がでないように努めたつもりである。

一　明治憲法体制と政府系新聞

ここでは、まず明治憲法体制の枠組として国家法秩序をみた場合に、権力分立体制や私権の体系というものの相関関係、家族法のイデオロギー的、憲法的根拠などを検討した上で、政府系新聞をとりあげた意義や目的などにふれることにする。

1　実定法秩序における民・商法の位置

法典論争が行われたのは、明治憲法体制の成立期である。いうまでもなく、これは偶然の一致ではない。民商法典編纂は、ようやく世界資本主義市場の一環に組み込まれつつあった日本資本主義の国内市場における法的準縄を整備する問題であった。(6) 憲法体制の成立は、帝国主義列強の東亜植民地化の一角に加わるために必要な軍事的要請、および国内の自由民権運動に対応する国家機構の構築作業の問題であった。換言すると、明治維新以来二十数年、ようやく旧制度の清算が済み、旧制度の価値観が、ほぼ否定された時期に、新しい価値観に基づき新しい制度の創出が時代の要請となっていた。この時に当たって、前者は新たな市民社会と家族の理念を、どのような基本方向に向かって創出し、どのような制度として定着させるかについての相剋であった。また後者は、天皇を中心とする新たな国民統合理念の創出と、それを国家制度として定着させる機構の整備の問題であった。したがって、両者は内面的な連関構造を有し、同時併存的に、両者の構築および定着作業が行われたのは当然なのである。以上のことを、明治憲法を項点とする実定法秩岸の側面から考察してみよう。

明治憲法は、まがりなりにも議会に立法と予算の協賛権を与え、また法律の留保つきであるが一定の基本権を「臣民の権利」として憲法上で保障せざるを得なかった。そこで、周知のように教育については、これを勅令事項（明治憲法第九条）(7)として、直接行政権の統制の下に置き、議会の立法権が及ばないことにした。そして、大日本帝国憲法発布の前年（明治二十二年）に出された教育勅語に、イデオロギー上の根拠を置くことにしたのである。教育は、統治者＝天皇が被治者＝臣民に統治のイデオロギーを注ぎこむところである。したがって、限定されているとはいえ、民意を代表する議会（とくに衆議院）によってコントロールされるべきではない。これが、政治権力サイドの発想の根底に在ったといってよい。

しかし、視角を変えてみると、そこまで為政者達が見通していたかどうか判らないが、この仕組は大変に巧妙である。教育は政府の専断事項であるから、政府は時勢に応じて国民を統合するイデオロギーを、無制約に教育を通じて国民にたたき込むことが可能である。そして、国民の反応に応じて緩急自在に、行政レベルで国民を統制できる。このような状況に応じたイデオロギーの組織的、継続的投入が、全く政府の自由裁量に属していること自体に、教育の明治憲法体制下における体制の復元装置としての役割を見る思いがするのである。

ところで、民法と商法である。民法の財産法および商法が、明治憲法（二七条）所有権の保障に根拠を置くことは、いうまでもない。ところが、家族法については直接この規定に憲法上の根拠を置くわけに行くまい。それでは、教育と同じように勅令事項すなわち、政府の専断事項となるべきであろうか。これは実際上、法典論争以後も立法事項として取り扱われている。もちろん、憲法に家族条項があるわけではない。ただし、イデオロギー上の根拠は教育勅語の「孝」にある。ちなみに、教育勅語には財産権に触れるものはない。そうすると、家族法はイデオロギー上では教育と同様に取り扱われながら、憲法上の行政専断事項とはされず、立法事項として取り扱われた。ただし、憲法上に根拠規定はないということになる。そもそも家族制度についても、親の価値観を子に世代継承させることによって、国民の内面的、自発的な随順を後代まで期待することができる。家族統合の原理と国家統合の原理とを重ね合わせ、これを「家」制度の枠に結実させて行くならば、これまた明治憲法体制の安定装置として機能する。この場合、家族制度のイデオロギーは教育におけるほど時勢に影響されるものではない。また、国民の日常生活の根底に座った家族制度のイデオロギーは、さまざまな形で国民の内面規範化する。そこで、このようなイデオロギーを国民の眼に見える形で結晶化し、制度の枠として設定した家族法は、容易に変更し難い。まして、その中核にあるイデオロギーは、教育のように、す早く時勢に応じ、国民の反応に対応して絶えず新たな形で投入される必要はない。(9) また、家族法は、それが近代民法典の一部を成す限り、いかに「家」制度を前面に出していても、所有権に基づく商品交換関係を基底に置かざるを得ない。早い話、いかにこの時期に「家」制度を強調しても、究極において個人所有権に属さない、あるいは売買を許さない「家産」などを認めるわけに行かなかった。したがって、基本的には所有権の規定に憲法上の根拠があるともいえよう。しかし、それにもかかわらず、家族法は所有権の原理と身分統制の原理とを併有し、財産法とは異って所有権原理への結びつきも、必ずしもストレートに行かない部分も少なくない。このような家族法の性格を考えると、当然、その実定法体系上での位置づけはあいまいになって来る。それでは、憲法に「家」制度の保障を規定すれば良さそうだが、そうすれば、「家」制度の内容はきわめて固定したものとなる。為政者としては教育ほどでないにしても、イデオロギー的補強を行政レベルで行えるような浮動的状態を常に確保して置くことが望ましい。(10) また、このような可動部分を確保して置くことで、明治憲法体制の硬直化を防ぐに役立ったともいえる。このように見てくると、法典論争は穂積八束の「民法出デテ忠孝亡ブ」式の保守反動思想と近代ブルジョア法思想の対決といった図式が、ことの本質を調べるのに何の役にも立たないことが想像できよう。むしろ明治憲法体制に民法、商法を組込むに際して、どのような政治的判断がなされたか、また差し当たって、どのようなイデオロギーを持込むのが最適と判断したかは、それぞれの政治的立場によって異なり、それが法典論争を政治問題としていたと考えるべきであろう。

2　政治権力と政府系新聞

明治憲法体制は、近代的な立憲政体としてはきわめて不完全なものであった。それにもかかわらず、それ以上の近代革命原理の浸透をおそれて、元老その他の憲法外的装置による内面的統制が考えられた。法典論争が行われた頃には、政策の決定は内閣だけで行われるのではなく、むしろ維新の元勲を中心とした「黒幕」に実権が移っていた。(11)とくに、明治二十四年（一八九一）五月に成立した松方内閣は、間もなく大津事件のために外務、内務、司法、文部の四大臣を更迭した。改造内閣は、第二流の人物で占められ、閣外の黒幕が介入する余地は充分にあった。しかし、有力閣僚である品川弥二郎内務大臣は、このような内閣に対する閣外元勲の政治指導に強く反発していた。だが、他の有力閣僚である陸奥宗光農商務大臣は、当初から元勲（とくに伊藤、井上）の後援を頼みにしていた。このように、閣内において黒幕＝元勲の政治指導をめぐって意見が分裂し、松方首相には両者を統率する政治力が欠けていた。しかも、これには品川の背後には西郷従道、山県有朋があり、陸奥は伊藤博文、井上馨と密接であるといった藩閥首脳内部の対立が尾を引いていた。以下、福地惇「第一次松方内閣の政府系新聞統一問題」（『史学雑誌』八三巻六号、昭和四十九年）にしたがって、「黒幕」と政府系新聞の関係を述べる。

このような内部対立の中で品川の息のかかった政府系新聞の『朝野新聞』は、六月下旬から七月上旬にかけて社説「偽日本」で伊藤を攻撃した。このような部内攻撃は、閣僚間の軋轢を烈しくし、内閣不統一を曝け出すことになった。伊藤は八月に閣内統一と政府内意見の調整、外部の輿論操作などを図るため内閣に特別な機関を設置するように井上、山県と図った。かくて、八月には内閣に政務部が成立し、陸奥宗光が政務部長となった。しかし、品川および内務官僚は、内務省の権限を侵すような政務部の設立を好むわけがなく、これが伊藤、井上の支援で創られたことでさらに反感を増すのみであり、他の閣員も非協力であった。また薩閥の首脳でありながら、政務部創設に相談がなかった黒田清隆も噴満をぶちまけるなど、藩閥内外、閣内外の反対渦巻く中で、九月には陸奥が政務部長を辞任し、政務部は事実上瓦解した。このように閣内統一の目的に反し、政府系新聞の統一は失敗に終り、かえって「内閣に喧嘩のたえ間なし。(12)」の状態となった。

ところで政務部瓦解後も政府系新聞の『朝野新聞』と『国会』は、品川内相の意を迎えて陸奥宗光の攻撃を続けていた。また、伊藤の調停工作も、しばしば攻撃された。

このような状況に対応して、陸奥宗光は同年十二月二十四日に日刊紙『寸鉄』を発行させた。(13) 伊藤も伊東巳代治に命じて同年十、十一月頃には、『東京日日新聞』を完全に支配下に置いたとみられている。(14)

年が明けても、この対立状態が続き、翌二十五年二月の総選挙に対する品川内相の大干渉で頂点に達する。松方首相は伊藤の政治指導にしたがって、三月には品川内相を副島種臣に、陸奥農商務相を河野敏鎌にそれぞれ更迭して、第三回帝国議会に臨んだ。こんなわけで法典論争が最高潮に達する民法・商法延期法案が帝国議会に上程されている時期には、政府系新聞の統一問題は消えていた。しかし、伊藤によって東京日日新聞はオピニオンリーダーの役割を果させられようとしていた。また、第二議会以後井上馨の自治党系に属する村山竜平の『国会』および陸奥宗光の『寸鉄』の意見は、それぞれ伊藤＝井上の政治路線に収斂しつつあった。これに反し、西郷・品川の薩閥系列にあった朝野新聞と中央新聞とは、遠心的に伊藤＝井上の主流路線から遠ざかり、やがて国民協会系の機関紙となるのである。

さて、このような政権と新聞との関係から、政府系新聞を見ると次の三グループに分けられる。

Ⓐオピニオン・リーダーとして政権主流の路線を示す新聞、『東京日日新聞』と『東京新報』。

Ⓑサブ・オピニオン・リーダーとして、政権主流路線の決定を補完する新聞、『寸鉄』と『国会』。

Ⓒ政権内の反主流派で政策決定中枢から遠ざかるグループの意見を示す新聞、『朝野新聞』と『中央新聞』。

以上について、それぞれの特徴を西田長寿『明治時代の新聞と雑誌』（至文堂、昭和三十六年）にしたがって若干、コメントしよう。(15)

Ⓐ「東京日日新聞」は、明治七年（一八七四）に福地桜痴が主宰して以来、伊藤、井上を中心とする長州派の新聞であった。その後、明治十七年（一八八四）の黒田内閣成立後は政府と断絶、福地も辞職し、関直彦が後を継いだ。しかし関社長時代に、井上らとの関係が疎隔し、関は明治二十四年（一八九一）十一月十一日に辞職した。これよりさきに、明治二十一年（一八八八）十二月一日に、山県有朋の意を受けて長閥系新聞である『東京新報』が創刊された。主筆は朝比奈和泉であったが、紙勢は一向に振わなかった。たまたま『東京日日新聞』の関直彦が去ったのを機会に、『東京新報』を明治二十五年（一八九二）十月に廃刊して、朝比奈が『東京日日新聞』の社長となった。しかし、実権は伊東巳代治の握るところであった。『東京日日新聞』も『東京新報』も、法典論争に関しては後述のように明治二十五年頃から、ほぼ同一色で相互に補完し合いながら、伊藤＝井上の路線を具体的に提示する役割を果していたようだ。

Ⓑ『寸鉄』は、前述のように陸奥が政府内の言論統一に失敗した後に、品川らに対抗して後藤象二郎（当時、逓信大臣）が創刊したといわれている。紙名は「寸鉄人を刺す」からとったものである。陸奥は井上、伊藤の意を受けて行動していたが法典論争の激化する明治二十五年（一八九二）四月頃から七月までは政策決定中枢に居らず、八月八日に第二次伊藤内閣に外務大臣として復帰している。『寸鉄』は、このような陸奥の立場を反映してか、後述のように法典論争に対して明治二十五年前半と後半では微妙な喰い違いがあるようだが、同年十二月二日には廃刊になっている。

『国会』は、明治二十二年（一八八九）十一月二十五日、第一回帝国議会開会を期に創刊された。社主は、井上の自治党系に属する村山竜平であった。村山は、『国会』の前身の『東京公論』（明治二十二年創刊）以来、強く条約改正に反対の立場をとっていた。また前述のように『国会』は朝野と共に、明治二十四年頃まで、伊藤らを攻撃していたこともある。それにもかかわらず、『国会』は当時のジャーナリズムにおいて御用新聞と見られていたという。(16)

Ⓒ「朝野新聞」は、明治五年（一八七二）十一月創刊の新聞『公文通誌』の後身で、明治七年（一八七四）九月二十四日から『朝野新聞』に改題し、成島柳北、末弘鉄腸が入社した。たまたま黒田清隆内閣に大隈重信が入閣すると強く大隈の条約改正を支持し、改進党色を濃く示した。しかるに大隈が下野してからは、支持の目標を失っていた。(17)その後、明治二十三年（一八九〇）に、渡辺治が主宰するようになってから薩閥系といわれて前述のように品川の意を迎えて、伊藤、井上らの攻撃をした。明治二十五年（一八九二）に波多野承五郎の手に移ってからは、西郷従道や品川弥三郎の国民協会系の機関紙となった。(18)法典問題についても中枢情報に乏しいこともあって、比較的冷淡であった。その後、社内に内紛たえず、明治二十六年になって廃刊された。

『中央新聞』は薩閥系西郷の新聞と見られていたが、大岡育造の手に移ってもっぱら大成会系の新聞となり、『朝野新聞』なき後の国民協会系新聞となった。

二　法典論争に関する政府系新聞の評価

ここでは、民法・商法公布の明治二十三年（一八九〇）十月から、民法、商法実施延期法案が第三回帝国議会衆議院で可決された明治二十五年（一八九二）六月十日までの政府系新聞に現われた法典論争に関する論調を採り上げる。けだし「議会否決の法典は実施すべからず」(19)のように、延期法案通過後は法典内容如何の問題よりも、議会の議決権と政府の上奏実施の裁量権の較量との問題となって来るからである。

1　オピニオン・リーダーとしての『東京日日新聞』と『東京新報』

まず、オピニオン・リーダーとなったAグループの『東京日日新聞』と『東京新報』を見てみよう。先に述べたように『東京日日新聞』が、伊藤＝伊東の支配下に完全に入ったのは明治二十四年（一八九一）末であった。そこで、法典論争に関する論調も、この前後で異なっている。すなわち、明治二十三年（一八九〇）の社説[20]は民法が、おおむね「我国古来の慣習法を基礎」としているが、なお部分的には「外法に似寄りたる個条もありて一般には解し難く又行ふに不便な個条も程々なきにしもあらず」したがって「実施の期（明治二十六年一月一日）」までに修正して「帝国議会に委託せざるべからず。」と述べている。また同年十二月七日の社説[21]では商法について次のように述べている。「余は必ずしも外国の法を取ること十が十まで悪しと申さず先づ十程のうち五程位は何処の国に行ひても宜しかるべし」、しかしながら「民事上商売上等、従来其国に行はれ来りたる慣習の為に成立つ法律となりしもの」については「我国に行はれざるに付、実業者は能く商法を研究して充分に不便の点を調べ強く其の改正を請はざるべからず」と。要するに、民法も商法もともに基本的な法典編纂の考え方に異論はない。ただし運営上に不便な点や従来の商慣習と法典とのギャップなどの技術的欠陥を実施期日までに修正して、帝国議会の審議に委せれば良いというのである。この論調は翌年十月三日の論説[22]で、さらに明瞭となる。

「延期論者は曰く新法典は外人の草案に基きて外国の法を模倣せるものなるとて非難する」が、「およそ文明国の法律にして其の模倣法たらざるもの果して幾何かある。……我国は欧州諸国と共に羅馬法を採用したるものにして法律の点に於ても亦文明国の仲間入をしたるものと云ふべく毫も塊づべき所あらざるなり」と反駁している。また新法典は、不完全だから修正のために延期すべしとの意見に対しても「不完全の法律も之を行へば行はざるに勝る。」と断言し、「一国法典の実施を延さんとするは果して国家の長計と云ふべきか」とまでいっている。

ところが、明治二十五年（一八九二）に入ると、論調は一変し、正反対の主張をするようになる。明治二十五年三月二十三日の論説は、「政府たるもの苟も議会を尊重すと云ふは第一期議会に於いて商法は如何なる故を以て施行を延期せられたるかを回想せよ」民法施行の期限までに「翻訳商法をして完全なる本邦の商法たらしめ傍ら商法と聯連離るべからざる民法をも修補せられ」るはずが「春過ぎ秋去りても何の聞く所もなかりし……国体人情に適合せざる異域の法典を骨子とし邦文でありながら、邦人理解する能はず専門家も素人も適所に惑ふ如き法典は苟も修正せざるにおいては二年立つも三年経るも同一の不完不備の物たるを免れざればなり……実業社会は完全なる商法を待つや啻に大旱の雨霓のみならさるなり、吾曹も亦之を望む極めて切なりと雖も不完全を知りつつ施行を望むは本心の許さざる所なり」(23)と。この後、『東京日日新聞』は姉妹紙『東京新報』と相補完し合いながら、法典実施延期論をキャンペーンし始める。四月七日(24)には新法典が「編纂に与りたる少数の当局者が行き懸り上より不備欠点なきを主張するの外は世間挙て不備欠点多しとする」にもかかわらず、これを「唯浩瀚なりとして再査を擲ち学派の感情より来る暴論なりと誤想して故らに反抗し又は不備欠点あるも試施すべしと云ふが如き不深切を以て此危険を冒す可らさるものなり」と。また翌八日には「条約法典を混一して論ずべからず(25)」として、「若し法典完全ならんには条約改正の談判上に多少の利便あるべしと雖も不備欠点多きものは無理に施行すべからず況や法典の施行を条約上の抵当物とするは一国の立法権を羈束するの虞あるに於てをや」と戒めている。以上を要約すると法典とくに商法典については実施の必要が迫っている。しかし、法典は、内容的に外国の翻訳を主として不完全を極め、とうてい実用に耐えない。かかる不完全な法典を実施しても条約改正の役に立たないだろうが、いずれにしても法典実施を条約改正の条件とするならば、かえって立法権を羈束されることになるではないか、というわけである。このような主張は、なお法典作成の技術面の拙劣さを衡いているだけであるが、同じ頃四月五日「東京新報」の社説は、[26]法典作成の問題意識が、大日本帝国憲法の思想に抵触することを指摘している点で重要である。「我民法は外国人の起草に係り仏国の民法を模範とし、民主主義と天賦人権主義を以て根抵したるものなれば帝国憲法の本旨とは本来両立せざるものなり、故に斯る法典は修正する能はず改纂すべきのみ。勿論、改纂すればとて其条文の採用すべきは多かるべし。唯だ其組織は根抵より改めざるべからず」とする。

また改纂の作業が、専門家を当てれば三カ年以内で済むこと、商法については急を要するから「最初に方針を一定して、必要部分から漸次修正して実行する」ことを提案している。この『東京新報』の主張と『東京日日新聞』の主張とを併せると、法典を根本から考え直そうする伊藤＝伊東の路線が、明らかになるだろう。この後、『東京日日新聞』は、「民法修正論」と題する社説を明治二十五年四月二十二日から五月三日まで一〇回にわたって、この路線を敷衍している。

まず、第一回（四月二十二日）には、[27]民法編纂の意義を、次のように論じている。

> 我帝国に在て何故に民法の編纂を必要とするかといへば内政上法治の実を挙ぐるに於て私権の干繫確として根拠する所あらしめんがためおよび外交上文明列国の伍伴に入るに於て完備の法章あるを知らしめ外国臣民をして甘じて之に由らしめんが為に外ならざるべし（傍点は、原文）

すなわち、資本主義国内市場の統一に必要な法的準縄としての私権関係の整備と、先進資本主義諸国に伍するための権力体系の完成が目的となる。したがって、条約改正と法典編纂の関係にしても、それをすぐに治外法権の撤去＝国家の独立というナショナルな感情のみで対応しない。条約改正の問題は、あくまでも内政の結果として除々に解決すべき問題として受止めるから、その対応は屈折したものとなる。

『東京日日新聞』は、引き続きいう。(28)「治外法権の撤去を求むるは、内国に於ける外国法の施行を拒絶せんとするものに非ずや、顧みて外国法を直訳輸入し以て全国に施行せんとす、是れ事成るの日は成らざる前に比して却て国権の屈辱を加ふるに非すや。」とする。これは前述の明治二十三年（一八九〇）十月、十一月の社説と比べて見よ。全く正反対の主張ではないか。また第二回目には(29)「民法の規定する所を視れば国法の上別に天法あり、国家の亨有を許したる権利の外別に天賦の権利あるを認むるもの」であって「之れ国体政制の大本に反して決して我憲法と相容るべからざるのみならず人定の憲法は天法を直に筆したる民法の規定に勝つ能はずと云ふが如き妄念を国民に与へ国権行動の大本に付き憲法の趣旨に逆行するの思想を養はしむるの幣なしとせず」と。この指摘は、さきの『東京新報』四月五日の主張よりも一層具体的である。伊藤を中心とした政権の中枢が、もっとも危惧していたのは、このように個人の人権思想の優位が国民に定着することであったことを示すものである。その危惧が如何に大きいかは、「天賦権を法文に認証したる民法を以て、憲法および他の国法より重しとするの念を生ず、是れ殆と国家を破壊するものなり是れ殆と帝国を破壊するものなり」(30)との絶叫から想像されよう。なぜ、それが国家を破壊することになるのかは、『東京日日新聞』自らが引き続き語っている。

「仏国の民法は共和民主の国体に於て固より天賦人権説を容るべし……統治権萬法に通じて其唯一源泉たる我帝国の立法案之を取るに至ては殆ど蘆騒の民約主義を基礎として帝国憲法を編制したるの趣あり」（傍点原文）と。また、その国親主義的国家観からみても「国家と政府とは人民権理自由の保護者たらずして却て其儲敵たるの妄念を養成」することになって、面白くない。もちろんおよそ、断行論者が天賦人権論の持つ意味をどの程度理解していたかは、大いに疑問がある。だが、その理解の程度とは無関係に、民法が天賦人権の論理を前提にして組立てられて居り、一度びこれが施行されれば、この論理が既成事実となって、「法の支配」が貫徹する前提を造ってしまうことになる。

それが明治国家の体制を統合している論理を破綻させると見たのは、さすがに現実政治家としての伊藤らの眼の鋭さであろう。したがってこの問題に比べれば家族制度に関する民法の旧慣違反など、大した問題ではない。事実、『東京日日新聞』は、家族制度に関する民法についての非難には、それほど熱が入っていない。(31)

すなわち、「其家と云ひ戸主と云ふ名目独り存するも所謂国家は祖先を主位として之より流出せる子孫を包括し以て一法人をなせる本邦固有の家に非ず自己を中心とし自己に血縁あるものを正系傍系に追踪して族を成せる耶蘇教俗の家のみ則ち之より推衡したる条章の規定する所は皆我固有の家制を敗隳するものなること固より論を待たず」（傍点原文）と述べている。わずか一年半程前の明治二十三年（一八九〇）十月九日には、(32)民法が「家督相続の如きは長子相続の慣習を用ひ、又婚姻、離婚、養子縁組、親権の如きも概ね古来の慣習に基けるものと云ふて可ならん。」としているのと比べれば、雲泥の相違である。しかも、民法を曲解してまで、なぜ家族制度についてまで非難したのであろうか。すでに世間では民法公布のときまで「人事編および相続法は最も世人の疑懼する所」であったが、蓋をあけてみると「曾て世人の噂せしか如き種々の新奇なる分子は大抵取り除かれたるが如し。」と新聞『日本』が安心して居る。(33)

比較的ナショナルな立場にある新聞『日本』でさえ、このように判断しており、むしろ家族制度に関しては民法にそれほど重大な問題はないと見るのが、各新聞の常識的な見方であったようである。逆に、このような実体であったから、かえって民法を曲解してまで家族制度についての批判を無理に創り出さざるを得なかったのでは、なかろうか。天賦人権の思想が問題だというのでは、いわゆる俗受けせず、ナショナルな感情に火をつけることが出来ない。

「家族制度」が破壊されると宣伝すれば、多くの者は民法の細かい内容など理解できないから、きわめて情緒的に反発するということをねらったのではなかろうか。もっと深い意識の底には天賦人権の論理は私権の主張となり「共同体」から自立した個人を市民として析出することにつながる。それは基本的に私権の論理をふまえた民法の一部である親族編と相続編が、(たとえ表面は旧慣を尊重していても)究極において「家」から個人を解放する方向を示すことになると受止めたのではなかろうか。もし、そうだとすれば民法典の内容よりも、まさに民法典を成立させている思想そのものが、天皇制国家の思想を根底から脅かすものとみたのではなかろうか、[34]これに対して商法は全く技術的な企業取引の法として、民法とは異なるものとみている。五月二十九日の『東京新報』は「余輩は天賦人権説の公権にまれ私権にまれ決して一元首統治の国家に容るべからざるを信ず。」と反感を示しながら、商法については「其中急に実施を要するの条章ありて其瑕瑾亦比較的に僅少」なので、民法と同じ延期では「十把一束の幣を免れざるのみならず経済社会の気勢を萎靡する亦尠しとせず」と嘆じている。[35]

さて、以上のようにⒶグループ二紙は、法典論争をめぐる政治状況を適確に判断しながら、明治国家の中枢意思を示して来た。彼等が、どのような形で、この論争の収束を考えていたかを具体的に示したのは、延期法案が貴族院で可決された直後であった。すなわち、前述の『東京新報』五月二十九日の社説は、引き続き衆議院で延期法案が可決されたとしても、政府が延期法案の不裁可を奏請することには賛成しない。そのときには「必要な延期を是認すると共に政府も議会も皆全力を尽して修正の全功を挙げんことを望む」としている。この時期には、未だ衆議院では断行派有利とさえ見られていたのであるから、驚くべき炯眼といわなければなるまい。

2　傍流政府系新聞における法典問題

さきのⒶグループ二紙が、政府主流路線のスポークスマン的役割を果たすのに対して、政府傍流の声を伝えるⒷ、Ⓒグループがある。そのうち、Ⓑグループについては、主流路線に結局合流して行くのであるが、Ⓒグループは、むしろ政府の主流から遠ざかる傾向がある。

Ⓑグループに属するものとして、『寸鉄』と『国会』を取りあげる。両者共、権力中枢の情報に遠いこともあって、法典論争への対応は錯雑している。『寸鉄』についていえば、支配者である陸奥自身が条約改正との関係から終始、断行論者であったようである。『寸鉄』自体の創刊が明治二十四年（一八九一）末であった関係から、法典問題についての意見が現われるのは、明治二十五年（一八九二）四月九日の社説からである。[36]『寸鉄』は延期論者の法典不完全論に対して「今日、裁判官の下す判決は果して如何なる完全なものなるや。」と反問している。そして、裁判官が各自、習得した英、独、仏などの外国法に準拠して判決を下している現状を指摘し、「今之を統一するに日本法典を以てせば完全の点において長足の進歩を示すもの」と主張した。また延期論が「其の（完全の）標準を示さざる」ことに不満を示し、延期論者がいう数年以内で修正可能の見通しを否定して、期限に法典を施行することを希望している。さらに五月二十六日には、貴族院の延期法案可決で議会を詰問する寄書を掲げている。[37]「（帝国議会は法律案提出権を有するにもかかわらず）法典の修正案は提出せずして慢然其延期を議決しその修正に至っては、之を政府に放任せんとするは抑も何ぞや」と。このように『寸鉄』は、断行派を支持することが明らかである。このころまで陸奥が下野していた関係からか『寸鉄』は、伊藤らの路線でなく莫然とした政府支持の関係で法典断行を主張しているようで、焦点が定まらない感じである。

『国会』は、『寸鉄』より、さらに権力中枢からの情報に乏しかったと考えられる。そのためか、この新聞は法典問題について明治二十五年四月までは政府の動向の観測記事として、断行意見を掲げているのみである。まず四月九日「政府は、法典実施の再延期を拒むべし。」と題し、[38]その理由として政府の「法典の制定を急がれたるは、諸外国が我法律の不完全なるを口実として条約改正に反対するが如きことなからしめんとする次第なれば内閣が法典を実施せんことに熱心なるは、尚ほ条約改正のことに熱心なるに異ならざるべし。」とする。さらに翌日の雑誌で[39]「内閣は依然法典実施主義たり」と伝えている。このあたりが、『国会』の御用新聞といわれるゆえんであろうか。ところが一カ月後の五月十四日の社説は、民法典を評して「仏蘭西社会の民法を根拠とせるものを直ちに拉し来り、断然期日の間に実施せんとするが如きは、人類社会の大経済に逆ふものなり」と述べている。いい方は、大袈裟だ。だが、前述の『東京日日新聞』が「国権と人権」の各国における相違から、天賦人権の思想を拒んだのと軌を一にしている。この時期に、このような論理を、『東京日日新聞』の後を追うようにして組み立てたのは、はたして偶然の一致だろうか。(40)

もう一つ『国会』については、不可解なことがある。それは、急に五月二十八日になって法典断行派の運動および政府の延期派に対する干渉などを、実例を挙げて報道している。そして五月三十一日になって「法典断行派の運動、之を至公至平に批評すれば太だ妥当ならざるもの多し。」(41)と厳しく批判しているのである。政府系新聞は勿論、他のどの新聞にも断行派、延期派の運動における行動や政府の干渉などを実例を挙げて非難した記事は見られなかった。当時の選挙干渉のすさまじさや、選挙の泥試合などに比べれば『国会』が報ずる「法典問題」に関する行き過ぎなど、たとえ事実としても、それほど取り立てていうほどのことがないようである。したがって『国会』だけが、ことさら騒ぎ立てるのは不自然なようだ。それまで『国会』が、品川らの松方内閣強硬派についていたから、伊藤らの黒幕主流派に鞍替えする弁解であると取れないこともない。だが、それは後述の延期法案可決後における「法典問題」収束の方向と照し合せて判断すべきであろう。

Ⓒグループの『朝野新聞』と『中央新聞』は、法典問題に消極的であったようだ。『朝野新聞』の場合は、大隈重信支持の関係上、条約改正を促進させる意味で、民・商法典の断行に好意的であったのではあるまいか。商法典の施行については、第二帝国議会の開会を前にして、次のような進言をしている。(42)

各実業家輿論の定まれる所、各学者研究のおよびたる所に就きてのみ一部づつ修正し、幾分なりとも不都合なりと認むる所を除去し、第二期第三期とも着々多少の修正をなし、延期期限に至るまでには不都合の条項を改め了るの計を為すべし。

また、明治二十五年（一八九二）三月三日の社説は、法典は期日に施行せられると予想している。[43] すなわち、第一回議会で法典延期を主唱した英法学者で総選挙に落選した者多く、かえって断行論者で当選した者が多いこと。議会外での運動が「全く其声を収め、復た之を唱道するの勇気を失ひたるものの如し」などから、「新議会は法典問題に対しては、恐らくは冷淡に遂に明年一月一日より一も修正する所なくして……実施を見る」であろうとする。しかし、そうなると「国民果して之を是認するか将た之を非認するか、是認するにもあらす、否認するにもあらす、曖昧模糊の衷に此の国家の一大問題を附し去らんは吾人の遺憾とする所なり」と。

このことから、基本的に「法典問題」の内容を判断して批判するよりも、これが帝国議会にかけられて国民の判断を求められるかどうかに関心があるのみといえよう。『朝野新聞』は、「法典論争」の状況は帝国議会を中心に、比較的詳細に報導するにもかかわらず、第三回帝国議会での延期案通過まで、このほかに意見らしきものを述べていない。おそらく、確固たる判断がつかなかったのであろう。

『中央新聞』も「法典問題」についてなかなか意見を発表しなかったが、明治二十五年（一八九二）五月二十九日の論説で具体的な延期意見を出している。[44]「吾輩は彼の民法の如きものは、先づ延期して徐々に適当の修正を施すを至当とするなり何となれば……慣習に反し民情国風に非常の激変を与ふるの恐れ」がある。「且つ民法の主義は、我が憲法の主義を齟齬する点あり」。そこで、これに「至当の修正を加へ、我が国情に適切なものとして而して後、徐々に実行すべきのみ」と。

『中央新聞』が、民法が民情国風に反し、「法律を以て社会を改造するが如き主義」と受けとめていることに注目すべきである。これは、民法の個人原理による「共同体」社会の解体志向を惧れたのであろう。また、憲法の原理と衝突することも指摘している。以上の点は前に述べた『東京日日新聞』の方が、より具体的で詳細であるが基本的にはほとんど同じ問題把握のようである。また、『中央新聞』は、取引社会の動向に敏感である。そこで「商法は、之を単行法律として速かにに実行すべし、蓋し今の商業社会の必要は、最も商法の実施を希望すればなり」と具体的な提案までしている。以上のように『朝野新聞』の受動的で、具体性に乏しい意見に比べ、『中央新聞』は積極的かつ具体的な意見を出している。しかも、その内容は、『東京日日新聞』の論調と基本線において、ほぼ一致している。同じ国民協会に合流していった両紙の間に、かなり法典問題に関して姿勢の差が現われている。これは『朝野新聞』には後述のように、「法典は早晩実施せざるべからず」という消極的賛成の姿勢がどこかにあったからであろうか。

三　法典延期法案実施と政府系新聞

明治二十五年（一八九二）六月十日、民法、商法延期法案が可決された。しかし、法律を施行するには憲法第六条に基づき、天皇がこれを裁可しなければならない。そのためには、政府が天皇に上奏して裁可を仰がねばならない。そこで、政府としては、これを上奏しないで法案を握り潰すということも形式的解釈からできないことはない。しかしそうすることは、当然、帝国議会の議決を行政権によって踏みにじることになる。そこで、この問題は法典内容如何とは別に、立憲体制の根本に触れる重大な意味を持って来る。そのため、法典論争の延長上に明治立憲体制をからます議論が燃え上るのである。このときに当たり政府系各新聞が、どのような形で、これを収束させようとしたかを考察しよう。

1　延期法案可決後の政府の動向

延期法案の可決で、内閣は、次の三派にわれて統制がとれなかった。すなわち、

①延期法案の不裁可を奏請し議決を無視して法典を断行する。

②議決どおり、延期法案を上奏し、公布する。

③次の議会まで結論を出さず保留したままで、その間に法典を修正して次の議会にかける。

以上だが、①は榎本外務、田中司法、大木文部の各大臣が主張した。②は閣内の多数派であった。③では次の議会までの修正が時間的に無理があり、また、延期法案公布なくして修正委員を任命するのは手続的にもおかしい。①は、全くの議会無視であるから、それを実行することで影響するところは大きい。そこで結局は、②の延期法案を、そのまま上奏公布になるであろうと『東京日日新聞』は予測している。[45] だが、強硬派には、法典編纂に携わり実務上、民商法典の必要を感じている官僚群の突き上げがあった。[46] 司法省については、法律学校で新しい法学教育を受けた判検事達が裁判実務の必要から、法典の実施を熱心に運動していた。また外務官僚については、条約改正に直接関係ないといっても、民商法が施行されていれば治外法権の撤廃を要求し易くなることが判っているだけに、これまた法典の実施について強硬であった。それだけに、これらの官僚に突き上げられる司法大臣、外務大臣は、閣内において強硬論を唱えざるをえない。文部官僚は、法典編纂にも携わっていないし、民商法典を実務上、さほど必要としない。したがって、文部大臣については文部官僚の突き上げがない。しかし、大木は、江藤新平から引き継いで法典編纂の責任者だったこともあり、行きがかり上強硬になる。[47] 松方首相は、もともと、あまり民商法典施行に熱心でなかったから、議会の決議を無視してまで民商法典を施行する気などはなかった。しかし、田中の背後には山県有朋、榎本には、

黒田清隆という「黒幕」がついて居る。(48)この「黒幕」達はほぼ強硬派であったから、松方としても態度を決めかねた。その間に伊藤のあっせんで、「黒幕」の会議が開催された。そして、おそらく伊藤、井上が山県、黒田を説得したのではあるまいか。松方首相は、六月二日、田中法相の辞任を認め、(49)後任に穏健派の河野敏鎌を据えた。しかし、なお大木、榎本の主張を撤回させ得ず、またそのほかの懸案も実行できないこともあって、ついに八月八日には内閣総辞職となる。後継首相となった伊藤博文は、井上馨、山県有朋、黒田清隆、大山巌と黒幕総出動の「元勲内閣」を組閣した。このとき黒幕で入閣しなかったのは西郷従道ぐらいであった。また、外務大臣には、陸奥宗光、内閣書記官長には伊東巳代治と実務練達の腹臣を据えて、万全の体勢を布いた。

これを見てもわかるように、伊藤らは、それなりに明治立憲体制の危機を感じとって、必死の防衛を考えたようである。もちろん、このような危機感を抱くに至った原因が、法典問題のみにあったわけではない。第三回帝国議会で重大問題となったのは、予算議決権の問題など、少なくない。しかし、法典問題の処理いかんでは、立憲体制の根幹を揺さぶる大問題に発展しかねない。結局、伊藤は慎重にまず法典修正委員を任命して、態度を保留しながら、時機を見て十月十日には、延期法案を上奏可決させた。

2　政府系新聞の延期法案可決後の対応

当然のことながら、このときも『東京日日新聞』が、オピニオン・リーダーの役割をつとめている。すなわち延期法案可決の約一カ月後、七月五日から三回にわたって具体的な収拾策を連載して、この問題解決の基本路線を示した。(50)とくにこの時点で延期法案を公布せざるを得ぬと判断して、具体的に採るべき方法を明示していることに注目すべきであろう。

すなわち、その頃編纂されたイタリー民法典とドイツ民法典の編纂手続を参照にして次のように述べている。(51)①法典が立法体系のなかで統一を保つこと。②専門委員以外の意見を徴すること、③政府委員を加え、これに適当な全権を委すこと、④草案確定後、議会にかける前にこれを刊行して、学者、実務家の論評を求めること。⑤法典編纂の計画を政府や議会に任せず、特殊な委員会を組織し、その委員会の意見を待つことなどである。また「議会は、法律知識の淵叢に非らず」したがって、「議会の不得手の逐条を避け、大体において可決せしめんと欲せば、先づ修正の慎重を要す」と。

さらに「議会に付して通知を許すの難易は、成案を得るまでに費したる勤労の多寡に依るが故に修正の手続に就ては最も尽さざるべからず」と戒めている。とくに特別委員会には、法曹専門の委員、両院議員のほかに商業会議所議員の参加を求めていることに、この時機の産業資本家層の意思を反映している。(52)

ところが、前述のように松方内閣は閣内不統一で、延期法案が公布される気配がない。そこで『東京日日新聞』七月十七日の社説は、政府を詰問している。(53)すなわち「本来、民事商事の規定は、人民各自相互の間に行はるる者なれば政略上の必要よりして国民の公議を徴するの機関たる両院の議決を押切て施行せん筈の者には非ず。したがって速に決断あらんことこそ望ましけれ。」とする。そして、まず延期を決め、修正委員会を組織して一～二年かけて修正すればいずれも賛成するはずだともいっている。ここには強硬派の議会制度無視に対する批判と、松方首相の優柔不断、統率力の欠如を叱る伊藤らの声が聞えるようだ。

しかし、松方内閣は「法典問題」を解決できずに瓦解し、後を引受けた伊藤は自らの手で、この問題を解決しなければ、ならなくなる。かくて『東京日日新聞』も発足したばかりの伊藤内閣に対して、延期法案の公布と法典修正委員会の組織が「今日の急務」だとアッピールしている。(54)ここで、述べられた理由には、次のように注目すべき点がある。「(吾曹が)法典の断行を望むは、むしろ世間並の断行論者よりも切なるものがあり……(断行論者は)条約改正の一点より立言するも吾曹は国民権義の担任のため、将た国家経済の進歩を阻碍するの害毒を社会より除かんため」なので「断行の為に延期法案の速に裁可せられんことを望まざるを碍ず」と述べている。要するに法典はすみやかに実施する必要があるが、それは議会制度の枠内に収めてすみやかに修正の結論を出すべきだというのである。

『寸鉄』も、議会制度の枠内に問題を収めることを提唱している。『寸鉄』のこの問題に対する反応は、『東京日日新聞』より早い。明治二十五年(一八九二)六月二十一日の社説では、[55]松方内閣の着手すべき第一の問題として「内務大臣の新任」、第二の問題に「法典問題」を重視して挙げている(ちなみに第三の問題は、海軍省所管予算の削除)。そして、「法典の賛否を問はず永く後世子孫に伝ふべき法律にして、苟も上下両院挙って否決せしにも拘らず断然之を施行するの策を得た者にあらず。」としている。法典の内容よりも、議会の議決を無視した行動をとることが政策上まずいという主張は、さきの『東京日日』七月十七日の社説が「国民の公議を徴するの機関たる両院」の議決だから、これを押し切るべきでないとの主張よりは、弱い。『寸鉄』はたんなる政策上の利害の問題としてしか、問題をとらえていないからである。だが『寸鉄』は、六月二十六日の社説では、[56]条約改正との関係に触れて、榎本外相の言明にもかかわらず、法典を断行しても外国は「我が要求を容れざるべき」は明らかなので、「内閣は天下の輿論を容れて、延期案を上奏すべき」であるとするこの主張は、さらに七月十七日には、もっと明らかになる。[57]「若し政府にして、議会の議決に反し、国民多数の企望に背き断行意見を貫かんとする時は、少なくとも輿論に反し又議会議権の消長に反することと決して斟しとせざるところなれば大いに省みて然るべし。」と。また、条約改正についても八月十三日の社説で、[58]法典不備の結果、「幸にして条約改正の成るや、国民の売られし利益、失ふたる利便如何せんや。」と拙速を戒めている。これは陸奥の経験からみて、条約改正問題が、早急に片づかないとの見通しが伝わっているのではなかろうか。このように、『寸鉄』の主張は未だ抽象的な延期法案実施支持の政策に過ぎない。

それでは、同じ傍流政府系紙の『国会』を見てみよう。『国会』も『寸鉄』と同じく、六月十二日に反応している。(59)内閣が法典を断行するには「両院の決議に打ち勝つだけの理由を発見してこれを上奏し」なければならない。このとき内閣は「必ずや天皇の大権を以て法典の実施期限を定めたること、法典の実施は条約改正談判に直接の関係あるとの二事を理由」となすであろう。だが、「帝国議会は、政府の提出に係る法律案を議決する権がある」ので議会開会前に公布した法律案の実施期限を改定するのは何ら妨げない。「のみならず新法典は、我人民の権利を保護せんが為に設けたるもの」だから、「其実施が条約改正に便利なり」といって、断行しようとするのは「充分な理由と為すべからず」としている。(60)その後、十月十一日の社説は、(61)法典断行派は、編纂にかかわった官吏の「功名心に駆られて」の主張であって「況んや帝国議会大多数を以て議決したる延期法案を握って、国情に順応せざる法典を断行し、以て国民の実利実益を其の功名心の犠牲に供せんとするにおいてをや。」と非難している。そして今後の方針として「吾輩は、政府が先づ彼の延期法案を公布し、而して速かに法典修正局を設置し、議会の協賛を得て、国情に順応する法典を施行し、而して後国民と共に条約を改正し以て国民と共に維新の浩業を大成せんことを希望するなり」と。

この論調は、議会制度の枠内の解決のほかに、法典修正局の設置を加えているが、もちろん具体的内容はない。このように「国会」は政府に議会の議決を押切るだけの理由がないことを明確に論点を挙げて説明したことで、『東京日日新聞』の議論に対して予想される閣内の反論を押えるに役立ったことと思われる。しかし、それ以外はもちろん『東京日日新聞』に及ぶものでない。

さて、さらに傍流の『朝野新聞』と『中央新聞』に当たって見よう。

まず『朝野新聞』は、六月二十三日に、次のように主張する。(62)「法典は、早晩実施せざるべからず」なぜならば、「法典を実施せざれば人の権利義務明かならず……亦準用する所なきを以て裁判所の異なるに随ひ、……其判決を異にする」こととなる。そこで、「法典修正委員会を組織し、十一月までに修正の業を了へしめ、同月より開会の議会に提出して議了させるのみ」である。この委員会には、学者、議員、代言人が参加するが、委員長には伊藤博文が就任すべきであるとする、これは、非常に異色である。しかも、『東京日日新聞』より早く具体的に取るべきを手段まで提示している。しかし、四カ月で、大方の修正が済むと考えたのは全くの見込違いであったろう。このような『朝野新聞』の具体的な提言に対し『中央新聞』は、松方内閣当時は論評することなかった。しかし伊藤内閣発足とともに(伊藤)新内閣の一大問題として次のように論評している。(63)「法典は疑もなく条約改正と緊密な関係を有する」ので、法典を断行すれば、条約改正の交渉は、はかどるだろう。また行政上その他便利なこともあるだろう。だが、「法典今日の儘にて断行すべからざることは上院に認められ下院に認められ、所謂与論の公証人たる団体に認められ」ている。「天下の多衆既に延期を決せる場合に於ては断じて之を延期すること最も得策なりと信ず。」と。

結局、与論の大勢に逆らってまで、法典を断行するのは政策上、まずいという点では前述の『寸鉄』の場合と同様である。そして議会制度の枠を超えざることを認めている点では、『中央新聞』も例外ではない。

むすび

以上、見て来た限りでも政府系新聞内の論調さえ決して一枚岩的なものでないどころか、同じ新聞でも時期によって正反対の意見さえ示していることがわかる。しかし、それでは全く無統制、無秩序かというとそうでもない。詳細に見ると、ある時期からそこに自ずから一つの大きな流れが、一定の方向に向かっていることに気がつくはずである。もとより、これを厳密に考証するには、非政府系新聞の潮流との対比や、体制の担い手たちの思想や、帝国議会内での論争の方向などともあわせて考えなければ、ならないだろう。ここではその余裕もないので、これまで述べて来たことに寄せて簡単なまとめをして仮の結びとしたい。

まず、政府系各新聞の法典論争に関する論調は、明治二十三年（一八九〇）十月末の民法、商法公布から明治二十五年三月頃まで、ほぼこれが帝国議会を通過して明治二十六年一月一日から、順調に施行されるものと予想し、また施行について積極的に反対するものはなかった。反対意見も、法典の技術的、表面的な欠陥を指摘し、施行期日までの修正を求める程度であったようである。しかし、前述の明治二十五年（一八九二）三月二十三日の『東京日日新聞』が「国体人情に合せざる異域の法典を骨子とし」たことを非難してから流れは大きく変ったようである。その後は、『東京日日』新聞が、オピニオン・リーダーとなって積極的に民法、商法の修正延期を求める方向に世論を誘導しようと努力し続ける。これに、ほぼ同系列で同じような経営の『東京新報』が同調し、『東京日日新聞』を補完する形で随行した。だが『東京日日新聞』は伊藤＝伊東ラインの意を体しているので、民法、商法延期法案が可決され八月七日松方内閣が辞職し伊藤内閣が成立するまでは閣外の「黒幕」の意見を代弁しているわけである。したがって、内閣のオフィシャルな意見でないことはもちろんのこと、閣内に（少なくとも法典問題に関して）同調する意見は顕在しない。内閣の公式な意見は、「法典の無修正、期日に断行」である。したがって政府系新聞でも陸奥の関係で内閣に近い『寸鉄』が、断行論に左担するのも無理はないだろう。これに対し『国会』は、四月九日は「政府は法典実施の再延期を拒むべし」と観測しながら、五月十四日の社説には「仏蘭西社会の民法を根拠とせるものを直に拉し来り」として、

『東京日日新聞』と同じ論拠で修正延期を主張する。『国会』は松方内閣の動向と「黒幕」との間にあって、権力主流の方向についての判断を迷っていたのではなかろうか。もっとも『国会』が延期説を社説に掲げたのは、貴族院に村田保らの民法・商法法典延期法案が上程された五月十九日の直前であったことから見て、この頃には貴族院の雰囲気などから大勢の赴くところを知っていたのかも知れない。

『中央新聞』の場合も、明らかな意思表示は、避けていたが、貴族院で延期法案が可決された（五月二十七日）直後、五月二十九日「民情国風に非常の激変を与ふる」ことを理由に延期を主張した社説を掲げている。

『朝野新聞』は、三月三日に「法典問題の過去、現在、未来」で、民法、商法の延期法案が帝国議会に上程されることなく期日に実施されると判断したが、その後、延期法案可決まで全く意見を表明していない。このことから逆に『朝野新聞』は、すでにこの頃より内閣との関係および「黒暴」との関係が、冷たくなっていたのではあるまいか。

いずれにしても、『東京日日新聞』を先頭に『東京新報』『国会』『中央新聞』が五月末までには、修正延期説を主張する。そして、その根拠が法典形式上の不備と国体、人情に反することを挙げている点で軌を一にしている。しかも、それまで少なくとも法典の形式上の不備はともあれ、内容上については、それほど疑問を持たなかった各紙が急に国体とか慣習とかを持ち出して反対し始めることに作為を感じるではないか。

そこで、この「国体と人情に反する」ことを突きつめて行けば二つある。一つは天賦人権思想を前提にする民法を認めれば、国権に対する民権の優位を認めたことになる。それは天皇の臣民としての国民に国家に対立する個人の価値を認めないとの明治国家の根本理念を否定することになるとの危惧である。二つは、人情風俗に反するとは、国家が上から包摂しようとする「家」と「むら」に対立するところの近代家族と市民社会が想定されることである。市民の私人としての自由平等な立場による契約を媒介にして市民社会が組織され、婚姻による夫婦平等の家族の成立を公認することを、為政者達が危惧したことである。旧民法の内容が家父長的な旧慣に反しないことを知っておりながら、なぜ彼等はこのように危惧したのであろうか。それは、まさに民法の条文がどうなっているかの問題ではなく、フランス民法の前提にある思想に基づいて民法が作られていることにある。明治政府は「家」を制度化したが、「家」が国家に対立する独自の存在であることを許さなかった。また「むら」を町村制によって制度化しながら、「むら」が国家に対立するような地方自治を認めたわけではなかった。そうすると、国家が「むら」も「家」もすべて呑みこんで、その下部機構としてのみ存在を許すところでは、個人が「家」や「むら」から析出され、国家に対抗する市民として自立することは国家体制の崩壊と受け取ったのであろう。

次に延期法案が可決した後に、政府系各紙は、「立法に関する議会議決の優位」と「与論尊重」とを理由にしている。帝国議会の議決を無視してでも、法典を実施すべきであるとの意見は、閣内でも最後まで唱えられた。しかも、それは松方内閣のときの大木文部、榎本外務、田中司法の各閣僚が伊藤内閣で代っても、陸奥外務、山県司法の各閣僚によって最後まで主張された(64)。陸奥、山県ともに、外務省、司法省の官僚層の意見を代弁せざるを得なかったのであろう。それにもかかわらず、政府系新聞がすべて、同じ論拠で、延期法案を実施することを主張したことに意味があるのではなかろうか。

すなわち、議会議決を無視し、天皇の法律実施権を振りかざして民・商法を実施すればどうなるか。議会の立法権を行政権が無視したことになって、限定されているとはいえ三権分立の立憲体制を否定することになる。このような行政権の暴走も、明治国家の基礎を危くすることになる。しかも、限定された選挙制度とはいえ、選挙によって代表された民意の背後にある与論を無視したということになると、たんに民党の勢力を増大させるということに止まらなくなり、国民的な反発を覚悟しなければならず、勢いの赴くところはどうなるか判らないだろう。

しかも、法典の実施は皮肉なことに天賦人権思想を公認すると受取られるわけである。伊藤らは、むしろ議会が逆に民・商法の実施を議決したとしても、これを握りつぶして延期したかったくらいであろう。それゆえ、議会が延期を議決したことは、内心願ってもないことであったろう。

冒頭に述べたように、伊藤以下、明治の政治家達には、人権思想や法の支配の思想が欠落していた。それは口に天賦人権を唱える山田顕義や大木喬任にしても、有司専制、国体の尊厳と矛盾しない程度の認識しかないのであるから他は推して知るべしであろう。しかし、現実の政治的力関係のなかで、いかにバランスをうまく取って行くかについての判断力で伊藤は、松方以下の二流の政治家に比べて、はるかに秀れていた。したがって、法典論争を契機にして明治国家体制の底に押しこめておいた自由民権のエネルギーが噴出し、明治国家体制を根底から揺さぶるような事態になることを惧れたのでは、あるまいか。松方内閣の総辞職後に、伊藤を首班とする内閣が山県、井上、大山、黒田と元勲総出動といわれたのも、彼等の必死の危機感の現われであったろう。そして、この内閣が、まっさきにやることは選挙干渉問題の整理と法典問題であるといわれた。そこに法典問題が、明治立憲体制の根本に触れるという状況認識は、かなり普遍的なものであったと見てよいのではなかろうか。そうだとすると、伊藤らの政府主流は、法典問題の処理を立憲体制の枠内にはめ込むことに努め、そして成功したのではあるまいか。そう考えるならば、旧民法と明治民法とで内容的に大した差があるわけではないのに論争が起きた疑問も、解けて来るだろう。すなわち、もともと法典内容よりも法典を成立させている思想が問題だったのである。したがって、そのような思想に基づかないことを天下に公認して、新しく政府の手で作り直した法典ならば、たとえ結果として内容が酷似していても政治的な意味においては、もはや無害なわけである。

結局、法典論争で学派の対立感情まで持込んだ法学者達は、大きな政治舞台の脇役を大真面目に演じたことになったのではあるまいか。

註

（1）「日本」明治二十三年、十月九日、一面社説「民法完成に感あり」。
（2）最近の文献資料の簡単な紹介は、中村宗雄「法典論争」（小林・水本編『現代日本の法思想』昭和五十年、有斐閣）参照。法思想の整理では、利谷信義「明治民法における『家』と相続」（『社会科学研究』二三巻一号、昭和四十六年）三八頁以下、参照。
（3）依田精一「民法典論争と近代社会思想」（『季刊　社会思想』三巻四号、昭和四十七年）二〇頁。本書第一章、一一頁。
（4）もちろん、そうでない研究もある。たとえば、遠山茂樹「法典論争の政治史的考察」（明治文献資料連絡会『民権論とナショナリズム』昭和三十四年）。
（5）たとえば、ドイツ民法編纂のときに、公表された第一草案に対し、マイヤー（Mayer, Ottovon）は「国家が強化しなければならないのは、社会民主主義やアナキズムを超えた人倫的教育手段であり、人倫的権力である。」（Zusammenstellung der gutachtlichen Außerungen zu dem Entwurf eines Burgerlichen Gesetzbuchs gelertigt im Reichs Justizamt,Band IV.S271－272.）として、離婚法の強化を主張した。
（6）明治二十五年（一八九二）、日本の生糸輸出は、輸出総額の半ばを超えた。しかも、その過半数量が、英米両国への輸出であった。このような形での世界資本主義市場への対応が完成していた。
（7）憲法第九条「天皇ハ法律ヲ執行スル為ニ又ハ公共ノ安寧秩序ヲ保持シ及臣民ノ幸福ヲ増進スル為ニ必要ナル命令ヲ発シ又ハ発セシム但シ命令ヲ以テ法律ヲ変更スルコトヲ得ス」
（8）明治憲法第二七条「日本臣民ハ其ノ所有権ヲ侵サル、コトナシ
②「公益ノ為必要ナル処分ハ法律ノ定ムル所ニ依ル」
（9）もっとも家族制度のイデオロギーも、社会の階級構成が大きく変れば、それに応じた新たなイデオロギーの投入を必要とする。たとえば、大正デモクラシー下の「臨時法制審議会」における親族法、相続法改正の討議をみよ。
（10）この場合、必ずしも復古的な「家」制度の強化をねらうとは限らない。体制秩序の安定化に必要な措置は、さまざまであろう。
（11）当時「黒幕」と目されたのは、伊藤博文、井上馨、黒田清隆、山県有朋、西郷従道、大山巌である。

(12)『中央新聞』明治二十四年十月八日。
(13)もっとも『寸鉄』は「中央新聞は我『寸鉄』を以て陸奥氏の機関新聞と断言す何を証拠に之を云ふや。」(明治二十五年七月五日、二面、「中央新聞の中傷」)と、これを否定している。
(14)福地惇「第一次松方内閣の政府系新聞統一問題」(『史学雑誌』八三巻六号、昭和四十九年)五四頁。
(15)西田長寿『明治時代の新聞と雑誌』(至文堂、昭和三十六年)一六七～一七一頁。
(16)西田長寿『東京日日新聞』(同右)五五頁。
(17)西田、前掲(15)、四七頁。
(18)同右、一七〇頁。
(19)『寸鉄』明治二十五年六月二十一日、一面社説。
(20)『東京日日新聞』明治二十三年十月九日、一面社説「法典公布」。
(21)『東京日日新聞』明治二十三年十二月二十九日、第一面。
(22)同右、明治二十四年十月三日、法学士NM「新法典の実施」。
(23)同右、明治二十五年三月二十三日、二面「新法典」。
(24)同右、明治二十五年四月七日、二面。
(25)同右、明治二十五年四月八日、二面「条約及法典」。
(26)『東京新報』明治二十五年四月五日、一面「法典は改纂を要す」。
(27)『東京日日新聞』明治二十五年四月二十二日、一面「民法修正論(一)」。
(28)もっとも条約改正との関係では、この時点でイギリスが法典施行を条約改正の交渉条件としないことが、わかっていたことも大いに影響していよう。さらに、前述の『東京新報』五月二十九日の社説は、法典の施行によって「幾多の特権を新に外国人に附与する」ことになって「法典実施以前に比して生存競争上、国民は大に不利の地に陥る」との危惧を述べている。このことを併せて考えると、法典実施が、かなり実利的な面からも抑制されていたと考えられる。
(29)『東京日日新聞』明治二十五年四月二十七日、二面「民法修正論(二)」。
(30)同右、明治二十五年四月二十八日、一面、民法修正論(六)。

(31) 同右、明治二十五年四月三十日、一面、民法修正論(八)。
(32) 同右、明治二十三年年十月九日、一面「法典発布」。
(33) 新聞『日本』明治二十三年年十月九日、一面「民法全く成れり」。
(34) このことは、国家と家族の統合論理は各国ごとに異なると指摘していることからもうかがわれる。たとえば前掲(27)、四月二十二日の『東京日日新聞』は「債権債務の干繫の如きは萬国の法、殆と帰する所を一にするが……国権の干繫の如き人事の干繫の如きに至ては国家社会の体系組織により大に相同じきを得ず」と述べている。
(35) 『東京新報』明治二十五年五月二十九日、一面社説「法典延期法案貴族院を通過す」。
(36) 『寸鉄』明治二十五年四月九日、一面論説「非法律実施延期論」海南居士。
(37) 同右、明治二十五年、五月二十六日、一面寄書「法典問題に就き両院議員に質す」本野一郎。
(38) 『国会』明治二十五年四月九日、二面。
(39) 同右、明治二十五年四月十日、一面。
(40) 同右、明治二十五年五月十四日、一面社説。
(41) 同右、明治二十五年五月十四日、一面論説「法典問題」。
(42) 『朝野新聞』明治二十四年九月十九日、一面社説「商法修正は一部分づつなすべし。」。
(43) 同、明治二十五年三月三日、一面社説「法典問題の過去及未来」湘南生。
(44) 『中央新聞』明治二十五年五月二十九日、一面社説「法典の実施期」。
(45) 『東京日日新聞』明治二十五年七月十九日、二面。
(46) 同明治二十五年四月五日、二面「法典問題」。
(47) また、大木喬任は、法典編纂事業の関係から、熱心な断行論者の山田顕義との結びつきが深いことも原因に考えられる。
(48) 山県有朋は、明治二十三年十月、民法・商法公布のときの当面の責任者である司法大臣であったことから、断行論者と推定されていた（『東京日日新聞』明治二十五年八月十一日、一面）。
(49) 田中不二麿司法大臣の辞任は、表面上では「弄花事件」など、司法部内の統制がとれなかったことを挙げている。しかし真因は「法典問題」であるが、それでは外相、文相も同じ責任を問われ内閣が瓦解するので、他の原因を挙げたといわれる（『寸鉄』明治二十五年六月二十三日、一面）。

(50)『東京日日新聞』明治二十五年七月五日（第一回）〜七日（第三回）一面社説「民法修正論」。

(51)同明治二十五年八月十八日、一面社説「法典問題の決は迅速を要す」。

(52)商業会議所を中心とした資本家の法典問題に関する関心の寄せ方については、前掲(3)、一二〇〜一二三頁参照。

(53)『東京日日新聞』明治二十五年七月十七日、一面社説「政府は法典実施延期法案を如何にせんとするや。」。

(54)同右、明治二十五年八月十八日、一面社説「法典問題の決は迅速なるを要す」。

(55)『寸鉄』明治二十五年六月二十一日、一面社説「政界の梅雨、法典問題」。

(56)同右、明治二十五年七月十七日、一面社説「内閣と法典問題」。

(57)同右、明治二十五年七月十七日、一面。

(58)同右、明治二十五年八月十三日、一面社説「新内閣に望む（中）」。

(59)『国会』明治二十五年六月二十一日、三面論説「法典延期に関する処分」。

(60)同右、明治二十五年六月二十一日、一面。

(61)同右、明治二十五年十月十一日、一面社説「条約改正と法典問題」。

(62)『朝野新聞』明治二十五年六月二十三日、二面論説「法典を修正して速に実施の計を為すべし」。

(63)『中央新聞』明治二十五年八月二十八日、二面時事「法典問題断か否か」。

(64)『東京日日新聞』明治二十五年五月二十二日、一面雑報。

補註(1)

註(5)と法典論争の穂積八束の主張「巧に社会の下層の利害を皇室の休戚とし社会の名に於きて優族に当る、封建の豪族破るべきなり、国会の専委制すべきなり」（穂積八束「民法及国民経済」『東京日日新聞』明治二十四年十一月十八日一面）を比較せよ。そこに、国親的思想と社会民主主義思想に対する敵意など、共通のものがうかがえるではないか。

補註(2)

天賦人権論による旧民法が違憲であり、国家を破壊するおそれがあるとの『東京日日新聞』（明治二十五年四月二十二日〜五月三日）の論説に注目して『東京日日新聞』の持つオピニオンリーダー性を指摘した論文「明治民法起草の方針などに関する若干の資料とその検討」（有地亨『法政研究』三七巻一・二号）がある。

補註（3）

『東京日日新聞』は、明治二十四年十一月十七日と十八日に、穂積八束「民法及国民経済」で民商法の実施反対論を連載している。もっとも、これは社説としてではない。

第三章　大正デモクラシーにおける家族思想

はじめに

この時期における体制の動揺を反映して、体制内において家族制度を、社会的安定装置として利用する二つの方向があった。

一つは、明治民法を一層復古的に強化して、家族と国家の統合を一段と強制するイデオロギーを民法典に盛り込むことで、その目的を達成しようとする。他の一つは、大正デモクラシーの潮流に乗って、限定された範囲であるが、家族制度の近代化を図ることによって家族制度を時代の実態に近づける方向で解決しようとするものである。両者は、大正八年（一九一九）の臨時法制審議会で激突するが、結局、大正十四年（一九二五）から昭和二年（一九二七）にかけての答申では、かなり改革派の意向が入ったものとみられている。

この体制内の志向とは別に、民主主義的家族思想から家族制度の根本的批判が行われた。それは、急進的自由主義者、社会主義者、市民法学者達によってであった。

一　大正デモクラシーにおける家族思想の背景

第一次世界大戦（一九一四～一九一七年）は、日本の資本主義に未曾有の好況をもたらした。それも束の間、大戦中のロシヤ革命（一九一七年）の成功は、世界の資本主義を全般的危機の段階に陥し入れ、日本の戦争景気もたちまち終りを告げた。大正九年（一九二〇）、戦後最初の恐慌が襲うと、わずか一年の中間景気だけで大正十一年（一九二二）には、銀行恐慌が起る。これも翌年には恢復し、日本経済も遅ればせながら世界資本主義の相対的安定期に加わるかに見えた。このとき大正十二年（一九二三）、関東大震災が起り、その直後から経済界は大混乱し、震災恐慌となる。その後、震災復興による一時的復興景気があったが、その復興過程とそれを推進した政策の内包する問題から、昭和二年（一九二七）には、金融恐慌に襲われる。そして、昭和四年（一九二九）には、世界的大恐慌に捲き込まれて行った。

このような状況のなかで、日本の社会階級は、表1のように一九二〇年代以降、支配階級の中で資本家階級が地主階級を圧倒した。中間層の絶対数は増加したが、被支配階級とくに労働者階級の絶対数が急増したので、その比率は低下している。中間層のなかで、新中間層とも言うべき独立技能者は急増している。また旧中間層の農民は減り、商工自営の増加が顕著である。(1) 以上のような階級構成から、恐慌の打撃をもっとも直接受けた被支配階級の労働者、小作農民の闘争も激化し、大正七年の米騒動に引きつづき、小作争議、労働争議は尖鋭化、多発化して行った。中間層の多くは、天皇制国家の社会的支柱であった。恐慌によって没落の危険に常に曝らされている商工自営、自作農民の旧中間層は、被支配階級に対し支配階級と一緒になって敵対し、復古的保守的イデオロギーで体制を擁護しようとする。しかし、独立技能者など新中間層の一部の知識人のなかから、民主的革新的思想が現われ、ブルジョア的要求の

表1　階級構成の変化

（単位：千）

	1888（明治21）	1899（明治32）	1909（明治42）	1914（大正3）	1920（大正9）	1925（大正14）	1930（昭和5）	1935（昭和10）	
[Ⅰ] 支配階級	(85)	(135)	(422)	(427)	(553)	(558)	(650)	(799)	
(A) 政治的存在(人)	26	30	34	38	40	44	46	49	天皇・皇族・貴族・勅奏任官
(B) 寄生地主(人)	45	50	169	167	173	166	163	160	5町歩以上所有者
(C) 資本家(人)	13	49	193	196	306	307	384	525	資本金10万円以上・5人以上雇用資本家
(D) 恩給生活者(人)	1	6	20	26	34	41	57	65	奏任官以上
[Ⅱ] 中間層	(2,328)	(3,142)	(3,291)	(3,313)	(3,451)	(4,116)	(3,989)	(4,371)	
(A) 政治的存在(人)	81	72	94	110	141	186	109	209	判定官
(B) 農民(戸)	1,439	1,882	1,660	1,562	1,509	1,567	1,630	1,699	5町歩以下・自作農
(C) 漁民(戸)	179	190	230	252	266	290	310	236	営業税納税者
(D) 商工自営(戸)	233	436	618	639	643	1,118	858	1,122	〃　〃
(E) 独立技能者(人)	414	550	631	671	797	847	889	972	医者・教員・技師・神官・僧侶・自由業
(F) 恩給生活者(人)		12	58	78	95	108	127	134	旧判任官
[Ⅲ] 被支配階級	(3,878)	(5,665)	(6,518)	(7,820)	(9,899)	(12,650)	(13,650)	(14,298)	
(A) 貧農(戸)	2,955	3,524	3,068	3,725	3,802	3,826	3,857	3,879	小作・自小作
(B) 自営業(戸)	721	612	701	631	911	461	442	398	営業税免税者
(C) 労働者(人)	136	1,426	2,440	3,079	4,666	7,271	8,575	9,175	
(D) 下級公務員(人)	65	103	152	385	520	581	776	846	雇以下
計	6,291	8,912	10,231	11,560	13,903	16,813	19,289	19,468	[Ⅰ]+[Ⅱ]+[Ⅲ]

大橋隆憲編『日本の階級構成』（岩波新書、昭和46年）26～27頁。

運動として台頭する。吉野作造の民本主義は、新中間層のみならず、農村にも浸透した。しかし、民本主義は、市民的自由と切り離された政治的自由を唱えていた。また民主主義の原則を、制度の運用面にのみ限定することによって「天皇制国家の法原理を根底において支えていた伝統的道徳思想との対決を回避したばかりか、逆にそれをみずからの理論の中に取り込むことになる」(2)。このような態度は、当時の臨時法制審議会の改革派の人々にもみられる。

このような民本主義と並んでもっぱらブルジョア的立場から、地主階級に対する批判をして来た急進的自由主義者達も、政治参加の途を閉ざされていた。また、圧倒的多数の被支配階級である労働者と農民も政治から締出されていた。政治の実権は、支配層のごく一部に握られ、近代国家の基本である普通選挙さえ行われていなかった。

このような状況で起きた慢性的恐慌の繰り返しは、農村の共同体的生活を破綻させ、中小商工業者の共同体的経営家族主義をも破壊して行った。明治以来、日本の資本主義を支えて来た低賃金労働と不況時の扶養の機能を果たして来た「家」制度的共同体は、時代に適応し難くなる。これまで、共同体的ヴエールで対立が包まれていた労使関係、小作関係、借家関係は、しだいに利害対立を激化させて行き漸次、市民的な権利関係に転化せざるを得なくなる。

このように、社会的レベルでの共同体的秩序の解体の進行と併行して、現実の家族生活における「家」制度も、都市における労働者や新中間層の大量出現によって変わってくる。かくて、現状を変革しようとする者にとって家族、社会、国家を伝統的論理で一貫して統合する「家」制度が、それぞれのレベルで廃止さるべき対象として映るようになる。急進的自由主義者、社会主義者、婦人運動家などからも「家族制度改革」の声が挙がるようになる。しかし、「家」制度の究極的解体は、支配階級の社会的基盤を根底から覆すことになる。したがって「家」制度廃止は、支配階級にとって危険思想であり、これを抑圧しながら、上から新たな共同体的秩序を再編しようと図るのである。

二　臨時法制審議会における家族思想

先に述べた資本主義の矛盾から生じた社会体制の動揺を静めるために、権力層は、一方では徹底した治安対策によって、反体制運動を封じる。他方では、国家統合の価値体系を国民にたたき込んで、国民の内面的自発的な体制支持を得ようとする。そのために、利用されたのが教育制度と家族制度である。大正期に入って帝国議会には、これらに関する建議案、法案が続々と提出されている。(3)

すなわち、大正二年（一九一三）の「教育調査機関ノ設置ニ関スル建議案」、大正三年の相続税法改正案、大正四年の華族世襲財産改正案など。そして、大正六年、寺内内閣は、臨時教育会議を設置する。軍人、官僚、財閥、国会議員、教育者の保守層を中心とした、この会議は、はじめから復古的な国家主義、家族主義に親しみ、「個人主義ノ刑法・民法」に敵意をもっていた。会議は、大正七年十月に「人心ノ帰嚮ヲ一ニ統一スルニ関スル建議案」を提出し、翌八年の総会で「教育ノ効果ヲ完カラシムヘキ一般施設ニ関スル建議」と名称変更して可決された。このなかで、欧米文物制度の移入により国民思想の変調を来し、本邦固有の美風良俗が頽廃したので、これを改めるには国民思想の帰嚮を一にしなければならない。そのための具体策の一つに「我国固有ノ淳風美俗ヲ維持シ法律制度ノ之ニ副ハサルモノヲ改正スルコト」として、民法改正が持ち出された。(4)すなわち、「教育ニ於テハ家族制度ヲ尊重シ立法ニアリテ之ヲ軽視スルガ如キハ撞着ノ甚シキモノト云ハザルベカラズ、当局者ハ速ニ調査機関ヲ設ケ我国俗ニ適ハザル法規ノ改正ニ着手セラレムコトヲ望ム」(5)とする。これを受けて、政府は大正八年（一九一九）七月に臨時法制審議会を設けた。審議その諮問第一号は、「現行民法中我国古来ノ淳風美俗ニ副ハザルモノアリト認ム其改正ノ要領如何」であった。審議会は、第一回の大正八年七月十六日から、大正十四年（一九二五）五月十九日の第二七回総会まで討議を続けた。そして大正十四年（一九二五）に「民法親族編中改正の要綱」三四項目を、昭和二年（一九二七）に「民法相続編中改正の要綱」一七項目を決議発表した。両者を合せて、世に臨時法制審議会の民法改正要綱と称せられる。

臨時教育会議の家族思想

そもそも「淳風美俗」とは何を指すかについて、臨時教育会議は次のように述べる。(6)

長老ヲ尊敬シ上下ノ秩序ヲ維持シ礼儀ヲ尚フノ精神忠孝節義ヲ重ンスルノ風ヲ培養スルカ如キ皆我国固有ノ淳風美俗ヲ維持スル所以ニアラサルハナシ又廉潔ヲ重ンシ質実倹素剛健ノ風ヲ尚ヒ貴賤貧富互ニ義理ト情誼トヲ重ンシ相親シムコト一家族ニ於ケルカ如クナル亦古来我国淳美ノ国風ナリトス。

かように、臨時教育会議の主張は、縦の秩序を復古的思想で維持する。さらにそれは、次のような主張によってそれが国家神道と祖先祭祀と家族制度を結合させた伝統的国粋主義に基づくものであることを明らかにする。

敬神崇祖ハ実ニ我万世不易ノ国体ト須臾モ離ルヘカラサルノ関係ニアリ又我千載ノ国俗タル家族制度ト密接ノ関係ヲ有シ……。(7)

これに対し、政府当局を代表する司法次官、鈴木喜三郎は、臨時法制審議会の諮問第一号の説明のなかで、次のように述べている。(8)

此淳風　美俗ト申シノマスルノハ、他ノ言葉デ申シマスレバ、所謂父母ニ孝ニ、兄弟ニ友ニ、夫婦相和スルト云フコトノ主義ニ外ナラヌノデゴザイマシテ、古来我国ノ家族制度ニ於キマシテ、唯今申上ゲマシタル所ノ主義方針ヲ馴致シ来ツタノデゴザイマスル、所デ我国古来ノ家族制度ニ於キマシテモ、其時適当ト思ヒシモノモ今日ノ状勢ニ適応セザルモノモアリマスル、即チ昔アツタ事柄悉クヲ今ニ於テ復古セシムルト云フ趣意デハナイノデゴサイマスサレドモ、唯今申上ゲマシタヤウナ趣意ニ添ハナイ現行民法ノ規定モアルヤウニ思ヒマスルカラシテ、此主義ニ背イテ居ルモノハ直シ、又及バザルモノハ補フ、斯ウ云フ政府ノ考デアルノデゴザイマスル。

政府の見解は、教育勅語を基準としながら、新たな状況に対応した家族制度に再編しようとするにあるので、単なる復古的反動ではない。それは、法制度上の「家」を社会的実体としての家族に近づけることによって、組織としての強化を図る方向をとる。

今日、家ト云フモノガドウ云フ工合ニ民法上ナツテ居ルカト申シマスルト云フト、御承知ノ通リ実質ト云フヨリハ寧ロ形式デ家ト云フ観念ガ出来テ居ルヤウニ思ヘルノデアリマス。即チ戸主権行使ノ範囲トシテ論ズベキ家ト云フモノガ、或ハ広ク或ハ狭ク、如何ニモ内容ニ於キマシテ堅実ヲ欠イテ居ルヤウニ思フノデゴザイマスカラ、其家ノ組織ト云フモノヲ堅実ニスル、サウシテ父子兄弟ノ間ニ一家団欒ノ幸福ヲ得セシムルト云フ建前ニ立法スル方ガ適当デハアルマイカ。(9)

と政府は趣旨説明する。これに対して、審議会内部の意見はわかれた。まず、教育会議の趣旨に全面的に賛成して、「我国ノ純良ナル風俗ト云フモノヲ基本ト致シマシテ、改正スベキ点ハ余程多クアルコトデアラウ」(10)と鵜沢総明は、述べている。

そもそも、復古的意見の背景には、家族の実態に対する危機意識——それは、体制崩壊の危機意識でもある——がある。しかし、これを市民社会的視角からみるならば、何も危機感を抱く理由がない。磯部四郎は、「私ハ現在ノ有様ニ於テ、一家団欒ヲ欠イテ居ルトモ見マセヌシ、又夫婦ノ間甚ダ悪クナツテ居ルトモ見ナイノデゴザイマス」(11)と述べている。またこの頃大正デモクラシーを経験し、近代市民社会化の急速な進行を限前に見ていることから、次のような横田国臣の発言もでてくる。

唯此淳風美俗ト云フコトダケデハ、西洋ノデハ淳風美俗デハナイ、サウ云フコトハ云ハレナイ。西洋デモ淳風美俗ハ幾ラモアリマス、ソレニ付キマシテハ、私ハ此案ヲ調ベルニ付テモ其心ヲ以テ調ベテ貰ヒタイ、……ヤア「デモクラシー」ト云ツテ、ソレニ又直シテ仕舞フ、モウ「デモクラシー」ノ事ハ今日云ハナクテモ昔カラアル、分リ切ツテ居ル、又亜米利加辺デ「デモクラシー」ヲ云フノハ当然ノ話デアルモノニ依ツテハソレハ考ヘマス、ドウゾ其辺デ私ハ議セラレンコトヲ望ム訳デゴザイマス……。

さらに横田は、明治以来の欧化によって「日本モ是ダケニ進ンダ」としながら「ソレダカラト云ツテ、本ヲ壊ハスト云フ訳ニハ行カナイ、本ヲ壊ハシテハ纏マラヌヤウニナツテ仕舞フ、……」[12]と述べている。このことが、根本において、復古流と一致する点である。結局、横田によると淳風美俗と言うことは、国民統合の思想であると考えられる。すなわち、「此淳風美俗ト云フコトハ西洋デ云フ『ナショナリティー』ノ事デハナイカト思フ、ソレニ従ツテ国ハ持タナケレバ持ツ訳ニ行カヌト云フ所ガ根本ニナツテ居リハセヌカ」であり、「ソレニ依ルヨリ外ニ、思想ヲ統一スルトカ、此国ノ人心ヲ纏メルト云フコトハ先ツ思ハザルノ甚シキモノト云フテ宜カラウト思フ……」[13]である。

およそ、国家の秩序を維持するには、国民の内面的自発性に支えられた法規範の存在を必要とする。さらに、その源泉となるものは、横田のいう「ソレニ従ツテ国ハ持タナケレバ持ツ訳ニ行カヌト云フ所」が示すように、支配者側の国民統合の基本原理となるものであろう。それが国民の内面的自発性に支えられるためには、どこかで国民の日常生活の原理と交錯するものでなければならない。ところが、国民の日常生活の原理は、時代と社会の変遷にしたがって変化する。

そこで、政府は従来の教育勅語を補完して、国民の日常生活の指導原理を共同体の視角から隣保扶助と勤倹力行で示した戊申詔書が出されて、この時代の国民的統合を日常生活の次元から図ったのである。

三　民法改正要綱の家族思想

1　「家」制度と一夫一婦制

民法改正要綱では「家」制度を近代的婚姻の原則である一夫一婦制度の優劣をめぐって激論がかわされた。改正要綱第三は、「庶子ハ父ニ配偶者アル場合ニ於テハ其同意アルニ非ザレバ父ノ家ニ入ルコトヲ得ザルモノトスルコト」を定めている。認知された婚外子が居るとき、父の「家」に入るには、父の妻の同意を得なければならないとするのである。

花井卓蔵は、「皇庶子ノ皇室ノ系譜ニ掲ゲラレル場合ハ、……皇后ノ同意ヲ要スルトハ（皇室典範に）書イテイナイ」から、「皇室ハ宗家デアル」以上「淳風美俗ニハ二様ハナイ」、したがって、「此案ノ通過ハ……淳風美俗ヲ保ツ所以デハナイ、家族制度ヲ確立スル所以デハナイ」と主張した。(14) 美濃部達吉は、「少クトモ親族法上ノ関係ニ於キマシテハ、皇室法ト普通民法トハドウシテモ同一ナルコトヲ得ナイト思ヒマス」として、養子や、離婚の例を挙げて説明し、

庶子ヲ生マセルト云フコトハ法律上之ハ無効ト見做スト云フコトヲ、私ハドウシテモ原則トシナケレバナラヌト固ク信ズルノデアリマス、此一夫一婦ノ制度ヲ出来ル丈ケ維持スルコトガ、日本ノ国情トシテ之ハ是非シナケレバナラヌ大切ナ問題デアリマス、而モ其夫ト他ノ婦トノ間ニ生レタ庶子ヲ配偶者ノ同意ナクシテ家ニ入レルト云フコトハ、極メテ不都合ナコトデアル、少クトモ此点ニ付テハ配偶者ノ権利ヲ認メナケレバナラヌト存ズルノ

デアリマス(15)

と結論づけている。かくて、議論は一夫一婦制の原則と「家」制度の原則との優劣の問題に、しぼられて行く。花井卓蔵は、「血統、父ノ血統、家ノ主人ノ血統、之ガ血統デアリマス、妻ハ決シテ血統者デハナイ(16)」と断言する。この前提に立つと「苟クモ此血統ニ向ツテ他家カラ入リタル女ガ云為スル権利ヲ有スルノミナラズ、血統ノ者ヲ家ニ入ル、コトヲ拒ムノ権利ヲ授ケルト云フコトハ、ドウシテモ許ス可ラザルコト、」となる。のみならず「之ハ実ニ日本ノ国史国体ノ上ニ於テ、法律観念ノ上ニ、此改正ト云フモノハ一大革命デアツテ、一種ノ日本ノ制度ノ破壊ナリト云フコトヲ申シテ宜シイ(17)」とまで言い切る。

一見、論理の飛躍のようであるが、それは穂積八束以来の国体論と家族制度論の一体化の理論を踏まえている。すなわち、花井卓蔵は、「穂積（八束）先生ノ御意見ハ親族関係、殊ニ家ト云フ関係ニ於キマシテハ、之ハ上下同ジヤウナ関係ヲ以テ立ツベキ日本ノ国体デアルト云フコトヲ明白ニ説カレタ、而シテ此観念ハ、血族ヲ尊ブト云フ理由ニ依リテ始メテ成就セラレ貫徹セラレルモノト説カレテ居ル(18)」という。それゆえ、父系血統の永続による家によって国家が成立し、血統を媒介にして天皇制は国民の家制度を支配できる。これに対し一夫一婦制は、つまるところ契約思想を前提にして血統の尊重よりも、婚姻当事者の意思による結合が優先する。したがって、美濃部が目指すものは、婚姻家族であって「家」ではない。美濃部は、いう。

血統ト婚姻ト何レヲ重シトスベキカ。私ハ、臣下ノ間ニ於テ、血統ハ無論大切デアル、ソレト同時ニ、婚姻ハ一層ソレヨリ大切デアルト云フコトヲ強ク信ズルノデアリマス(19)

結局それは、法典論争以来争われて来た社会の基礎を個人におくか、「家」に置くかの問題に帰着する。しかし、時代は法典論争の行われた明治中期とは異なる。この時期、まがりなりにも市民社会の形と思想は普及し、個人の自由と平等の観念は浸透しつつあった。そこで、この原案は出席者の半数九名の賛成に議長の賛成で辛うじて採用されたが、花井案は、わずか四名の賛成で否決されることになった。

2　婚姻統制における国家と「家」

(a)　子の婚姻と父母の同意

要綱第一〇は、子の婚姻には年齢の如何にかかわらず父母の同意（父母がいなければ祖父母の同意）を必要とした。しかし、この同意を欠いても、成年の子の場合は、これを取消原因とせず、未成年の場合に限って、これを取消原因とした。ただし、成年、未成年を問わず、親の同意なき婚姻を為した者には相当の制裁を科すこととしたので論議を呼んだ。

もともと明治民法では、父母の同意をえない婚姻は、成年者（男三〇歳、女二五歳まで）の場合でも取消せることになっている。したがって、軽い制裁、たとえば「遺留分ヲ侵シテモ致方ガナイ」[20]程度ならば、従来の規定を、むしろ弛めたとも言える。だが、花井卓蔵は「之ハ制裁ナシト雖も道徳的ニ行ハレテ来ツタ所デアルカラ、法律ノ規定モ要ラナイ程ノモノデ例ヘハ唯道徳的観念ヲ字ニ現ハス丈デアル、即チ制裁ナドハ要ラナイ」[21]と反対する。また、穂積重遠も花井に賛成して「親ノ権威ヲ保タントスル法律ガ、却ツテ親子ノ間ノ人情ヲ傷ケルコトニナルノヲ恐レマスカラ、今暫ク之ハ現行法ノ儘ニ止メテ置キタイト思フ」[22]とする。もっとも穂積の本心は「現行法ニ満足スルモノデハナイ、現行法ノ年齢制限ハ撤廃シテ然ルベキデアル、若シ必要ナラバ、極ク弱年者ヲ保護スル規定デアルベキデアル、親ノ権威ヲ法律ニ依ツテ保証スルノデハナクシテ、寧ロ弱年者ノ無分別ニ多少ノコントロールヲ与ヘルト云フ位ノ程度ニ止ムベキデハアルマイカ」[23]にある。穂積が指摘するように、この改正は、民事上の効果に触れないかわりに、制裁という強制手段で親の権威を法律によって保証することになる。その根底には、起草委員松本烝治の「家族制度維持ト云フコトガ最モ重イ点デアツタ(24)」ことに共通の地盤を見出せよう。

(b)　儀式婚の採用

改正要綱第一一は、婚姻は慣習上認められた儀式を挙げる場合に成立するとし、儀式のない場合には届出で成立することとした。これは、従来慣習上の婚姻があっても届出がなければ、法律上の婚姻として認めない法律婚主義を緩和したと言える。

しかし、それならば儀式婚にこだわらず、明治民法成立前のように「戸籍上ニ登録ガナクテモ親族近隣ニ於テ之ヲ夫婦ト認メ、又其家ニアルコトヲ認メルトキハ婚姻ハ成立セルモノ(25)」として事実婚を認めるべきで、「ソレガ出来ナイ以上ハ現行法通リデ事実婚デハイケナイ、届出ニ依ラナケレバナラナイト云フコトデ、其方ノ慣習ヲ益々強ク養ハシメル道ヲ立テタラ宜クハアルマイカ(26)」という強硬な反対意見も生じた。反対論は儀式を挙げられない貧乏人に不公平となることを前提としている。だが本心は、社会的レベルでの共同体を想定して、そこでの承認があれば良しと考えたのではあるまいか。

(c)　離婚法の改正

改正要綱第一四は、協議離婚について父母又は祖父母の同意が、満二五歳以上の者についても必要とする。これは改正要綱第一〇で、父母又は祖父母の同意が、子の年齢如何を問わず必要とされたことに合わせたものである。他方、父母、祖父母の同意を得られなかった場合でも、家事審判所の審判を受けられる。これは、正当の理由ある同意の拒絶に対しても、審判を受けて離婚できる途を残している。

このことは、「家」の意思を象徴する父母、祖父の同意も、結局、国家の意思を代行する家事審判所の裁量に服さねばならないことを物語る。

家事審判所の裁量の範囲が広いことは、国家権力の家族に対する干渉が強いことを意味する。そこに、親族の統制を形骸化させながら、これに代る国家による家族統制の強化の方向が見出されるのである。

このことは改正要綱第一五で一見、破綻主義を採用したかのごとくでありながら、法定原因に該当しても家事審判所が、婚姻の継承を相当と認めれば離婚できないことにも現われていよう。

離婚原因についての議論は、改正要綱第一五で、妻の不貞行為と夫の著しき不行跡との並立について行われた。原案に反対する美濃部達吉は、「夫ハ不品行ノ行為ガアッテモソレハ社会道徳ニ反シナイ、法律ガ之ヲ放任スルヤウナコトガアッテハナラナイ」(27)。夫の姦通も離婚原因となるとした。しかし、家族制度を重視し、「家」の血統が絶えることを嫌って、「側室ヲ設ケルト云フコトハ、敢テ不貞ノ行為ト従来認メテ居ラヌ」(28)という強い反対に会う。穂積重遠は近代的な婚姻観から破綻主義をもって美濃部の修正案を支持した。


今迄ノ我国ノ考ヘ方ハ暫ク措キマシテ、将来ノ問題トシマシテ、夫婦ノ間ノ誠実義務ト云フモノニ一方ガ反シタルトキニ、法律ハ何モ強ヒテ、ソレナラ必ズ離婚シナケレバナラヌト云ツテ、夫婦ノ一方ヲケシ掛ケテ離婚ヲサセル態度ヲ執ル必要ハナイガ、ドウシテモ共ニ居ラレナイ、斯ウ感ズル者ガアツタナラバ、強ヒテ法律ノ鎖デ之ヲ結ビツケテ置クト云フコトモ、甚ダ其当人ニ取ツテモ苦痛デアリ、又一般ノ社会ノ空気ノ上カラモ、却ツテ宜クナイコトデハナイカ(29)

と述べている。だが、原案作成者である松本烝治は「夫ガ著シク不行跡ナルトキ」というのは、必ずしも男女の関係のみを指すのではない。しかし、妻については、「苟クモ不貞ノ行為アル以上ハ、血統ノ事モアリ家ノ関係モアリ、之ハ離婚ノ原因ト見ナケレバナラヌ、……併シ夫ニ付テハ、単ニ不行跡ト云フ漠然タル言葉デ、之ヲ以テ離婚ノ原因トスルコトハ重大ナル関係ガアルト考ヘマス」(30)と強硬に原案を主張している。ここに、政府主流の夫権強調の家族制度思想が、象徴されている。

3　小括

以上のような臨時法制審議会の討議から、美濃部達吉や穂積重遠が、近代的婚姻観を有していたことは、美濃部のいう婚姻が「夫婦タルベキ者ノ自由意思ニ依ツテ行ハレル」(31)と述べていることからも明らかであろう。しかし、美濃部が別に氏・戸主合わせて、「日本ノ家ハ一種ノ法人デアル」(32)と述べているように、その思想は、決して従来の淳風美俗とされた伝統的倫理と対決するものではなかった。

臨時法制審議会の改革派と言われた人々は、一夫一婦制の原理を通して現実の家族生活に「家」制度を適応させるのみで、「家」制度の本質と対決するようなことはなかった。そのことは、家事審判所のとらえ方についても現われている。たとえば、花井卓蔵は裁判離婚において、家事審判所の役割を「淳風美俗ヲ破リタリト雖モソレヲ保護スル」機関として把握する(33)このように離婚を倫理的悪と考え、国権の介入を家事審判というマイルドな国親的発想で示すのに対して、改革派も賛意を表しているのである。また別に、家事審判所が、一面では親族関係の事件を共同体レベルから市民レベルの問題にしながらも、実質的には、これを権利義務の対抗関係とはとらえず、また「共同体、名望家層の支配を国家の制度としてたてる」(34)ことに重点があったことは否めない。このようにみてくると、改革派の果した役割は、結局、時代遅れとなった「家」制度をなるべく近代法体系に近づけようとはした。しかし、それは国家に個人を対置し、家族を「家」から自由にすると言うことではなかったといえよう。

四　民主主義的家族思想の展開

民主主義的家族思想は、自立せる個人の自由な意思による婚姻を考える。そして、それが、職業を持ち、経済的に自立した男女の平等な立場から行われるべきことを把握する。そのような眼でみるならば、「家」制度は、個人の自由を束縛する桎梏であり、「家」からの解放は、政治的自由の要求と並んで、重要な意味を持つ。そこで、この頃、体制改革を志す者は、現在の家族制度が金権に汚れたものであることを認識し、「家」制度の廃止を唱える。しかも、それが制度と道徳とを一体としてとらえ、これと対決する姿勢を示していることは、注目すべきであろう。

1　急進的自由主義者の家族思想

大正デモクラシーの時期において、徹底した民主主義を体系的に主張した急進的自由主義者達は、家族をどうみていたか。まず、彼らは、この時代がすでに社会は家を中心として組織されるのでなく、個人を中心として組織されているると把握した。すなわち、

家を本位とせる社会制度は維新革命と共に亡びて終った。而して世の中は各人が銘々の力で生活を維持する外に何等の保証なき個人本位の世の中となったのである。同時に家を中心とせる旧習慣、旧道徳は生命がない。従って家長としての父兄の権威も亦衰滅せざるを得ない。(35)

さらに、このような社会では、個人がすべての組織の中心となり、「国家の目的は、個人の自由、個人の発展、個人

の幸福でなければならぬ」。したがって、個人は国家に埋没するものではない。すなわち、「個人が発達すれば家族をなし、進んで社会をなし、国家をなすに到るので、其の理想は、国家と個人を結合して、茲に組織的生活を営み其の発展を図るに在る」(36)。

それでは、現実の婚姻や家族生活をどうみるか。「現代日本の家庭くらい形式的にして内容的でないものは、外に其の類を見ぬであろう。……市役所の戸籍簿に従ってのみ結合されて居る家庭から、自殺者の一人は愚か百人出したとて決して奇蹟ではなく当然である」(37)として、その形骸化を指摘する。では、この現状に対する改革は、何であるか。それは、旧来の家制度イデオロギーを廃止し、婦人の地位を高めることである。たとえば、従来の良妻賢母主義の教育に対しても、まず「人としての大切なる覚悟を教ゆることを怠るに於ては、良妻賢母主義の教育は、却て悪妻悪母を作るの結果をもたらすに相違ない」(38)ときめつける。

このように家族制度の民主化は、まず「家」から妻を解放することであったが、それだけでは、男女の自由、平等が達成されるわけではない。そのためには、経済的に独立した男女の自由な結合による夫婦の形成が理想とされる(39)。だが、これを一般化するには、家族があらゆる桎梏から解放されることが必要である。しかも、個人が基礎となって、家族、社会、国家が組織されている以上、家族の解放は、個人の政治的解放の一環として捉えられる。すなわち、急進的自由主義者の家族制度改革運動も、まず普選獲得に収斂して行く。たとえば「女性を完全に発揮するには、教育、職業および法律等は男子と同様に其自由を有せざる可らざるのみならず、参政権の獲得は要するに一の目的に達する手段方法に過ぎないものであって、其獲得により更に女性を完成しなければならない」(40)とする。

以上のように急進的自由主義者の家族思想は、きわめてラジカルなものであった。しかも注目すべきは、彼らが「家」からの解放を市民的自由の要求としてとらえ、さらに政治的自由の要求と結合して提起していたことである。

すなわち、「家」の廃止は、婦人の解放、徴兵制や植民地経営の廃止[41]、普通選挙の実施の要求と並んで重要な目標であった。したがって、急進的自由主義者の主張は、社会主義者の主張と一致するところが多く、家族思想についても同様であった。否、むしろ社会主義者の初期の家族思想より進んでいたとさえ考えられる。そこに、大正デモクラシーの民主的潮流が体制の外に流れていたことを知るであろう。

2　社会主義者の家族思想

社会主義者の家族思想は、初期の頃と大正デモクラシーの時期とでは、ニュアンスが異る。

堺利彦は明治三十四年に「今後の社会は、家族を単位とせずして個人を単位とする。家は夫婦によって成り立つ[42]」として、個人主義社会における夫婦家族を措定するが、日本では「表面だけの一夫一婦と云わねばならぬ[43]」とする。ところが、夫婦は貞操義務のみ平等だが、「夫婦は同権であるけれども、家長と主婦とは決して同権ではない」。では、なぜ男が家長になるかについては、「男の方が才知も多し、気象も強し、からだも丈夫で全体において女にまさっているからであろう[44]」と答えている。このような考え方では、戸主の支配する家を否定しても、新たな夫の支配に妻を服させることになる。他方で「今の世の中は、一にも二にも金という有様で、せっかく芽を吹きかけた家庭にもやはり金の勢力が及んで来た[45]」と言いながら、その矛盾に気がつかない。それでは男女の自由平等を実現する具体的な要求とならず、理想の彼岸に、社会主義の家庭を夢想する。すなわち、「社会主義より見るときは、夫婦は平等にして、相愛し相助け、真の共同生活をなすのが家族の理想である。家庭は、すなわちその理想を現わすべき場所である[46]」となる。

また、良妻賢母主義を批判して「女子を家庭に押しこめて、男子の奴婢とする主義である[47]」と述べる。しかし、妻が外で働くことは、「主婦としての事務を尽して、なお余力余暇のある細君は、便宜に従い種々の内職をして多少一家の収入の助けをする」(48)としか考えていない。

結局、堺利彦は封建的家父長的家族を否定しながら、(49)夫権的支配の貫徹するブルジョア家族像を描き出したわけである。だが、これが書かれた時代が明治三十四年（一九〇一）という時代の限界があることを考えねばならない。

わずか三年後の明治三十七年の平民新聞は、伝統的「家」制度の倫理そのものを批判する。

家長、血統、祭祀の継続が極めて重大視せられて子なきを以て恥辱となし、而して其責任は常に婦人に科せられる社会に於ては子なき婦人は、常に絶大の不幸を感ぜざるを得ず、かつ又婦人に経済上の自立なくして、其良人に服従し其舅姑に隷属して身既に他人の厄介たるの位置に在りて、其近親の厄介を生ぜんには更に無限の苦痛を忍ばざるべからず、今日経済制度と家族制度とは多数の婦人をして日々斯る不幸と苦痛に陥らしめつつあるなり。(50)

このような「家」制度の根本的理念を、「経済制度と家族制度」とを結びつけて、徹底的に批判する態度は、後に「不孝の子たるも同胞に対して不仁たるべからず」として「孝」に優る「自由」の価値観を正面から提起して発禁処分を受ける。(51)

また、安部磯雄も同じ頃「女子は分業の結果多く家庭といふ小天地に蟄居」することを承認しながらも、「家政を治むるに必要なる知識を授くるのが女学校の目的ならば、今日の女学校は体裁の善い下女養成所である」(52)と良妻賢母主義の教育を批判している。以上のように、明治末期の社会主義者の家族思想には、性的分業論と夫権支配論の影響が強い。だが大正デモクラシーの最盛期には、このような影響を脱して、明確な理論を提示した婦人の社会主義者山川菊栄が現われる。山川は大正七年に、「(性的区別を誇張し)社会の単位は家庭である。夫婦が其家庭を健全にするために努力すれば、それだけで努めずとも社会に貢献する所は多い。……今後の婦人問題は男女の同等を主張するのではなく、如何にして男女の調和を計るかにある」という山田わかの理論は、「婦人を裏切る婦人論」(53)だと、きめつけている。山川によると、「男女の同棲も家庭生活も、共に人間生活の一方便であって、決してそれ自身に於て目的ではない」(54)。また「女子の独立とは婚否に関はらず、女子が自己の意思に基いて行動し得る自由と実力とを所有するの謂であり、男女同等乃至同権とは性の別に依て社会的地位の優劣を附せざるの意味である」(55)と明確に定義する。そして今日の家庭の荒廃に対しては、家庭の安定を脅す経済組織に反抗することが必要であるとする。したがって「男子を妻子扶養の具たる運命より解放すると共に、女子を家庭より解放し、男女相携へて、各々自己の適する社会労働にも従へば、子女の養育にも任じじ得る社会の実現を希望する」(56)として、女の家庭からの解放が、男の社会的解放と不可分なことを指摘している。また、山川は、論文「母性保護と経済的独立」の中で、婦人運動における女権運動と母性保護運動の二大潮流を指摘し、前者による与謝野晶子と後者に立つ平塚らいてうの主張が、両立し得ることを述べている。ただし、これまでの運動が、「現在の経済関係といふ禍の大本に斧鉞を下さうとしない」(57)、ことに共通の誤りがあると指摘する。さらに「婦人の家庭労働に経済的評価を加へ」(58)ることが、欧米の女権論で勢力を得て来て居り、それが婦人の経済的独立と矛盾しないと述べている。このように見て来ると、大正七年（一九一八）の時点で、今日の家族論、婦人論の問題点を山川がすでに把握していることに驚かされる。しかし、この後も戦前の社会主義者に山川の水準を抜く家族論、婦人論の理論家が出なかったことは、どうしたことであろうか。

3　婦人運動家と市民法学者

ここでは婦人運動家のうち、青踏を中心としたグループをとりあげる。平塚らいてうは、明治民法の規定に関連して、次のように言う。

婦人の隷属的精神の廃除は家族制度即ち戸主権制度の廃止から、はじめなければ根本的でありません。さうして先づ純然たる個人制度となった上で、更に今日の夫権なるものが廃止され、支配権としては只親権のみそれも子に対する親の義務としての——が存立するやうになつてはじめて徹底するのでありませう。(59)

この家族制度に対する明快な、近代法感覚は、見事というほかはない。

他方で青踏グループの与謝野晶子は、「男女相互の経済上の独立を顧慮しない結婚は不備な結婚」であると正しい指摘をしながらも、「妊娠分娩の時期にある婦人が、国家に向つて経済上の特殊な保護を要求」することを否定する。そして、「貧困にして母の職能を尽し得ない婦人の不幸は、私達の主張するように経済的に独立する自覚と努力さへあれば」、避けられるという非現実的な結論を抽き出している。(60)与謝野は、この解決を婦人参政権に求め、平塚は国家の立法に期待する。ここに、このグループの一面的な発想の限界を感じるのである。

ところで「家」制度に対する制度論的批判は、リベラルな思想を持つ法学者から明治末頃より挙げられていた。岡村司は、「我が親族は家族制度より個人制度に維移する過渡の時代に属するが故に成るべく其の進歩を促成し速に家族制度を去りて個人制度に就かしむべし……」(61)とし、具体的に戸主制度、家督相続制度について改革を提案している。すなわち、戸主制度については、公法上で戸主制度がほとんど否定されていること、戸主権と親権は同種なので一方が完全なれば他は不要である。(62)また相続については、戸主の身分は長子の単独相続とし、財産は均分相続とする。ただし、長子の家名継続と祭祀承継の負担を考えて、長子に「多少の利益を与え」ても可とする。(63)

むすび

大正末期の河田嗣郎の論説は、家長制が、現代文明の成熟のなかで存立基盤を失い、現状は「家長的旧思想と個人主義的又は社会主義的の新思想とは、家庭生活の上に於ても随所に衝突して[64]」いたと把握する。そして、「家長制の崩壊の理由として、……個人主義の漸侵と之に伴ふ民主主義的傾向の伝播」を挙げ、「(女権の伸張が行はれ、)女子独立の気風も男子独立の気風と並び進み行くこととなつて、旧来の家長的家族制は之を維持せんにも到底維持し得らるべきものではなくなってしまふ[65]」とする。河田が把握した現状は、体制維持の保守的価値観と、現状改革の保守的価値感が、家族制度に仮託して次の時代の主導権を争っていることを暗示しよう。ただし、河田が言うように文明の進歩が家長制の存立基盤を失わせたのは事実だが、崩壊して行く家族制度を、どのように再編統合して行くかは別の問題である。一つは、家族制度にかかわる「淳風美俗」の解釈の範囲を、現状適応的に改めることで、既存の家族制度に若干の修正を加えることであった。臨時法制審議会の改革派の意見は、実はこの域を一歩も出なかった。これと対決しようとするならば、旧来の「淳風美俗」に対する根本的な批判、したがって旧来の家族制度の担う価値観の否定から出発しなければならぬ。末弘厳太郎は、「(明治以来、)法律を以て、夫婦の関係を詳細に規定し、従来の家族秩序の維持を淳風美俗とする」ことを批判する。末弘によると、これは、「『法律万能也』の仮面に隠れ『淳風美俗』乃至『温情主義』の美名をかざしつつ、実は弱者の不合理なる屈従を基礎とした旧来の制度法律を今後に向つて長く保持せむとするものに外ならぬ。……不良なる夫の暴虐を堪へ忍ばしむることは決して『淳風美俗』ではない」ときめつけている。しかも、末弘は自由・平等の原理の実質化の問題提起さえしている。すなわち、「強者と弱者との間に自由競争を許するとき弱者は常に強者の強制の下に立たねばならぬ。……妻が一度不幸にして不良の夫を持つた場合の手段、又彼女が不幸にして夫に先立たれた場合の保護手段が法律によつて適当に講ぜられない限り、彼女に向つて『良妻賢母』を要求することは濫りに人の『生命』を蔑視するものである」(66)と。このときの末弘の批判は、家族制度民主化の視点から提起されたものとして高く評価されるべきであろう。

大正デモクラシーは、民本主義と天皇機関説に象徴されるように、天皇制国家の本質である国体に触れないかぎりでの思想の自由であった。したがって、国体と表裏をなす家族制度も、その本質的な批判は、許されないことであった。家族制度の民主化も国体の否定と関連づけないかぎりでのみ論ずることが許された。しかし、このような限定づきであっても、大正デモクラシーが「国家的価値に対する非国家的価値の自立性を主張することで自由主義の基礎をつくった」(67)ことは、家族思想にも現われている。それは、旧来の淳風美俗の否定と、「家」の価値観に個人の価値観を対置すること、家庭内の夫婦同権を超えて、婦人の政治への参加と、経済的自立と言う社会的関連での婦人解放が主張されたことなどからうかがえよう。だが、このような家族制度民主化の基礎は、昭和の戦時期に入って自由主義の要素が切り落されると、たちまち「家」と「国体」を統合した家族思想以外は許されなくなった。個人は再び「家」に押しこめられたのである。しかしながら、国家総力戦には生産力増強から都市における家族経営の近代化や、婦人の動員などを伴い、農村においては、寄生地主的経営の改革を必要ならしめる。したがって、指導層の非合理な「家」イデオロギー注入の努力にもかかわらず、「家」制度の社会的基礎は、日々、崩壊させられて行ったのである。このことが、巧まずして戦後家族制度改革の社会的条件を準備したといえる。戦後民主主義において、再び自由主義が復権すると、個人も「家」から解放されるようになる。

註

(1) 大橋隆憲編『日本の階級構成』(岩波新書、昭和四十六年)二八〜二九頁。

(2) 松本三之介「民本主義の思想的性格」(橋川・松本編『近代日本政治思想史Ⅱ』有斐閣、昭和四十四年)一六二頁。

(3) この内容と経過については、磯野誠一「民法改正」(鵜飼・福島・川島・辻編『講座日本近代法発達史2』勁草書房、昭和三十三年、二六三〜二七〇頁)に詳しい。

(4) 磯野、前掲(3)、二七〇〜二七三頁。

(5) 『臨時教育会議速記録』六頁。

(6) 臨時教育会議「人心ノ帰嚮統一ニ関スル建議」。

(7) 臨時教育会議。川島武宜『イデオロギーとしての家族制度』(岩波書店、昭和三十二年)一一三頁。

(8) 『臨時法制審議会総会第一回速記録』(大正八年十月二十四日。以下、『審議会』と略称)三頁。

(9) 「審議会」四頁。鈴木喜三郎。

(10) 同右、五頁。

(11) 同右。

(12) 同右、八頁。

(13) 同右、八頁。

(14) 『第二三回審議会』二二七貫、大正十四年五月二日。

(15) 同右、二二九頁。

(16) 同右、二四五頁。

(17) 同右、二三五頁。

(18) 同右。

(19) 同右、二三九頁。

(20) 『第二四回審議会』松本蒸治、大正十四年五月六日、二八九頁。

(21) 同右、二九〇頁。

(22) 同右、二九三頁。
(23) 同右、二九三頁。
(24) 『第一九回審議会』大正十四年一月十六日、二九三頁。
(25) 『第二〇回審議会』牧野菊之助、大正十四年一月十九日、一二二頁。
(26) 同、花井卓蔵、一二一頁。
(27) 『第二六回審議会』大正十四年五月十五日、三三三頁。
(28) 同右、阪谷芳郎。
(29) 同右、三三五～三三六頁。
(30) 同右、三三八～三三九頁。
(31) 『第二三回審議会』大正十四年四月三十日、一八八頁。
(32) 『第一八回審議会』大正十四年一月十四日、五二頁。
(33) 『第二六回審議会』大正十四年五月十五日、三四六頁。
(34) 磯野前掲(3)「民法改正」二八〇～二八一頁。なお、川島武宜「臨時法制審議会における家族制度論争の一断面」(同、前掲『イデオロギーとしての家族制度』)では、穂積重遠の市民的家族観を高く評価している。
(35) 社説「父兄の権威衰ふ」(『東洋時論』六二号、明治四十二年一月一日)一五頁。
(36) 浮田和民「国家主義と個人主義」(『第三帝国』七三号、大正五年十月十五日)一六頁。
(37) 「社会生活時論」(『新理想主義』六八号、大正五年五月二十日)一八頁。
(38) 社論「現代婦人の立場を論ず」(『東洋時論』、明治四十二年二月二日)八頁。
(39) この時期に、「家」制度廃止の声は市民のなかからも挙がっていた。『第三帝国』、『東洋時論』の投書に、「家」制度廃止がうたわれて発売禁止処分になっている。松尾尊兊『大正デモクラシー』(岩波書店、昭和四十九年)一三五頁。
(40) 高野重三「婦人問題の根本義」(『第三帝国』七三号、大正五年十月十五日)四四頁。
(41) 『東洋時論』、明治四十四年八月一日、一頁。
(42) 堺利彦「家庭の組織」、明治三十四年八月(『堺利彦全集』法律文化社、昭和四十五年)二七頁。

(43) 同右、一四頁。
(44) 同右、一七頁。
(45) 堺「我輩の根本思想」(『全集』) 一七五頁。
(46) 堺「家庭の組織」(『全集』) 一七頁。
(47) 堺「我輩の根本思想」(『全集』) 一七五頁。
(48) 堺「我輩の根本思想」(『全集』) 六二頁。
(49) 堺『全集』二三四頁。堺利彦も長子単独相続を認めている。
(50) 「今の家族制度の罪」(『平民新聞』二七号、明治三十七年五月一日)。
(51) 山口孤劔「父母を蹴れ」(『平民新聞』五九号、明治四十年三月二十七日)。
(52) 安部磯雄「誤れる女子教育主義」(『新紀元』明治三十九年九号) 一三頁。
(53) 山川菊栄「婦人を裏切る婦人論」(同『現代生活と婦人』中央公論社、大正七年) 一四三頁。
(54) 同右、一四四頁。
(55) 同右、一三九頁。
(56) 同右、一五二頁。
(57) 山川「母性保護と経済的独立」(同『現代生活と婦人』) 一九四頁。
(58) 同右、一九五頁。
(59) 平塚らいてう「女として生活する上に於て我が現行法に対して感じたこと」(『女性改造』創刊号、一九二二年) 二〇頁。
(60) 与謝野晶子「粘土自像」(『太陽』大正七年六月号) 四二～四四頁。
(61) 岡村司『民法と社会主義』(大正元年、京都弘文堂) 三三二頁。
(62) 同右、四二五頁。
(63) 同右、四七七頁。
(64) 河田嗣郎『家族制度と婦人問題』(改造社、大正十三年) 一二四頁。
(65) 同右、一二九～一三〇頁。

(66) 末弘厳太郎「婚姻に関する法律と女子職業問題」(『女性改造』創刊号、大正十一年)六・一二頁。
(67) 三谷太一郎『大正デモクラシー論』(中央公論社、昭和四十九年)二九一頁。

第四章　民法における家族の「一体性」概念

はじめに

民法における「一体としての家族」の意義は、これを二つに解釈することができる。その一つは、家事事件を取り扱うに際して家族をワンセットの単位として見ることである。[1] その二つは、近代社会で析出された個人の結合した家族が、国家・社会の一単位として統合されている貌を、民法典とのかかわりでどう見るかということである。前者は、今のところ、主として家事事件の実務の問題を出ないので、取りあげない。後者は、まさに本章の主題であるが、これを取りあげるにあたっては、所与の歴史社会における国家・社会との相関関係で論じなければならない。言いかえるとそれは、国家を中心に、国家・社会・家族を貫く論理の構成を呈示することから始めねばならない。

国家が家族や市民社会にたいして「外的必然性」だからである。そのことは、「家族や市民社会の『利害関係』だけではなく、それらの『法律』、それらの『本質的諸規定』もまた、国家に『依存して』おり、これに『従属して』いる」ことを意味する。したがって、「家族や社会の『法律』や『利害関係』が、衝突する場合には、国家の『法律』や『利害関係』に譲歩しなければならず、それに従属しており、それらの現存は国家の現存に依存しており、あるいはまた国家の意志や国家の法律が、家族や市民社会の『意思』や『法律』にとっては一つの必然性

としてあらわれる。(2)

すなわち、日本資本主義の発展にともなって、各階級の家族の個別利害が多元化し衝突し、しだいに国家的統合を喪失し始める。この場合、これを究極において国家の普遍的利害に収斂させ、支配階級の利害を貫徹し、国家の意思を国家法として表現することによって、再び国家的統合が回復される。したがって、それぞれの時期における日本社会の階級構成の変動によって国家法である民法の家族概念を支える「利害関係」は大きく変わる。(3) それゆえ国家的統合の回復には、国民の日常生活のイデオロギーを体制内に取り込みそれを内面規範化することが必要となってくる。しかも、この国民の日常生活のイデオロギーは、それぞれの時期における国内の階級構造によって主に規定されるが、国際的なイデオロギーの影響も受けており、制度的な枠組としてこれが結晶化させられた民法においても例外ではない。(4)

そこで、具体的分析に入るにあたってわれわれは、Ⓐ社会的実態としての家族、Ⓑ民法典の家族、Ⓒ理念としての家族、の三面関係の意識距離をふまえて考えたい。

当然のことだが、この三者の関係は時代とともに変動する。とくに、Ⓐ—Ⓑ間の関係は、戦前において明治民法制定以後、距離が開くばかりであった。また、Ⓐ—Ⓒ間の距離も、家国一体の家族理念が固守される間は、開くのみであった。したがって、Ⓑ—Ⓒ間の関係も、本来なら一致していなければならないのが、徐々に違和感を生じさせるようになってきたのである。このような状況において、問題の根本的解決は、Ⓑ・ⒸをⒶに接近させ一致させることである。つまり、現実に合わせて理念を変え、民法典を抜本的に改正することである。ところが、戦前の日本において、それはできなかった。それは、戦後改革のときですら家族制度が「民間的国体」(5) と呼ばれたように、天皇制家族国家の基礎であったからである。したがって、根本的な結合原理の変更による改革は、国家体制の崩壊につながると考えられたのである。
そこで、このような三面関係における乖離は、常に学説によって架橋された。学説は、それらの相互に矛盾した関係を補完し、国民の体制への随順を誘導する役割を果たしたのである。本章では、この過程を追求することにしたい。

一 「家国一体体制」における「家」と家族

1 明治国家体制における「家」の成立

「家国一体」の基礎となる「家」が、国家法で創出されたのは、明治四年（一八七一）戸籍法による。ここで設けられた戸主は、一家の長（家長）であるとともに、国家行政組織の最末端である戸長を介して、国家権力の最下層に系列化される。これによって「家」は、通常の血縁的生活共同体（いわゆる家族）の性格と、家長＝戸主対家族という権力関係に立つ権力団体の性格を併有することになる。かくて『家』の観念を媒介にして、本来、権力団体であるところの国家と、本来、親族団体であるところの家族という異質な両者の間に親和と互換の関係が生れる」(6)。

さらに、この「家」の持つ祖先崇拝を中心とした血統の連続性・同一性を強調することで、よこに国家構成の単位が「家」であり、たてに皇室を頂点とする父母を同じくする家族、同一始祖より出た民族という構造がもくろまれる。たとえば、明治の民法典論争（明治二十二年～二十五年）にあたって、穂積八束は、「我国ハ祖先教ノ国ナリ家制ノ郷ナリ権力ト法トハ家ニ生レタリ」とし、さらに、皇室の臣民に対する、家父長の家族に対するは「皆其権力ノ源ヲ一にし、「之ヲ統一シテ全カラシムルハ祖先教ノ国風」であるのに、民法は、「個人本位ノ法制ヲ迎へ、……祖先教ヲ撲滅」するから延期すべしと主張している。延期派の勝利は、「家国一体」の体制を明治憲法（明治二十二年）の枠組で構成し、教育勅語（明治二十三年）によって精神的活力を与えたことと、深くかかわっている。けだし、このような体制を完結するには、国家と国民を一つにまとめる結び目としての「家」を国民の眼に見える形で制度化し、制度の枠内に国民の精神をとらえておかねばならない。このために、民法典に「家」が必要となったのである。(7)だが、この体制の中核精神である祖先崇拝は、農を主生業とした静止定住の生活を基礎とする。ところが、法典論争後、明治民法公布（明治三十一年）までの一〇年近く、日本の資本主義の発展はめざましい。たとえば、明治二十一年から三十二年までに、労働者数は実に一〇倍以上に激増し、商工自営業者も二倍近く増加している。このような階級構成の急激な変動は、明治民法典の編纂を具体的に審議する法典調査会の審議に影響せざるを得ない。(8)もちろん、それでも、「親権ト戸主権トハ全ク同ジモノ」として、「家」が団体性を持ち、現実の家族集団と一致すべきものと考える、起草委員、穂積八束の極論もあった。しかし、起草委員会の大勢は社会状勢を反映して、穂積と対照的な起草委員、梅謙次郎の考えに傾く。すなわち、梅はまず「事実上ノ生活」と「名義上ノ『家』」とを区別する。そして、前者については、親権・夫権を中心に現実的・具体的な家族生活に対応した規定を考える。後者については、親権は戸主権に優先し、戸主は戸籍を媒介に「家」への出入を監視する権限を有するが、現実の家族生活にはかかわらせない。このような梅の考えを基礎にした明治民法の家は、法人格もなく、家産も持たず、きわめて観念的なものとなる。しかし、戸主の統制権は、戸籍の出入に対する同意権・許可権に保障され、その限りでは旧法以上に強化された。

そして現実の国民の家族生活の多くは、明治民法の婚姻と親子の家族関係を中心とした概念に対応する個人の権利義務の体系を規定した部分によって処理されることになる。(9)

だが、このような相矛盾した理念に基づく「家」と家族の併存を認めた明治民法は、時が経つとともに、社会の現実からの乖離が大きくなる。

この法典と現実との間を、判例がしばらく架橋する。すなわち、判例も最初（明治三十三年）は戸主の居所指定権の絶対性を認めた。しかし、すぐ翌年には、それを「絶対無限ニ行使スヘキ権利」ではなく、「家政ノ整理ニ必要ナル範囲内」にとどまることを示した。また、別の判例は権利濫用理論から、「戸主自ラ不法ノ行為ヲ施シ以テ其家族ヲシテ同居ニ堪ヘサラシメタル」場合は、もはや権利の行使として認められないことを明言した。さらに、一連の判例は、戸主が軍人の遺族たる家族を始めから離籍する目的で居所指定権を行使した場合が、いずれも「戸主権ノ正当ナル行使ノ範囲ヲ逸脱セルモノ」として権利濫用にあたるものとする。

学説も最初は、「戸主と家族との同居的生活が、ほとんど一般的な自明なこと」とする。そこから、戸主の個人的利益に重点を置いて、一家整理上、一家統治の必要上、戸主の居所指定権を認めた。しかし、判例の推移の中で学説も、これが「相当ノ理由アルコト」が必要であるとする。

しかし、時代の推移とともに法典と現実との乖離は大きくなり、国家の統合力も弱化する。(10) もはや、法解釈技術的な判例や学説では、これを弥縫できなくなったとき、時代に即応した体制の建直しのために、再び家族制度が問われることになる。

2 「家」にかわる「統体」＝家族

第一次世界大戦後の大正九（一九二〇）年には、労働者階級を中心とする被支配階級の人口は一〇〇〇万に近づき（七二％）、そのうちの労働者階級は四六六万を超えた（自営業者は九一万）。さらに、注目すべきことには、医師、教員、自由業などの新中間層の人口も、八〇万に達した（第三章表1参照）。このことは、これらの階級の家族が激増し、都市における小市民的生活者およびこれを目ざす者が急増したことでもある。またこれは、国家安定の基盤の中核である中産層のなかに、「家」になじまない都市の小市民層が激増したことになる。したがって、これまでの「家国一体」の家族観のみで国民を統合していくことは困難である。加えて、この時期、米騒動に象徴される大衆の窮乏化、世界的な民主主義の潮流やロシア革命に象徴される国際的インパクトなど国内外の要因によって国家体制の動揺は激しくなる。そこで、国家的統合の回復を図って、社会的規制力を低下しつつある共同体原理の徹底が図られる。すなわち、「国体ノ本義」「我国固有ノ淳風美俗」が強調され、「法律制度ノ之ニ副ハサルモノヲ改正」することが企てられる。これを受けて、翌年、臨時法制審議会が設けられた。(11)その諮問第一号は「現行民法中我国古来ノ淳風美俗ニ副ハザルモノアリト認ム其改正ノ要領如何」であった。ここでも、花井卓蔵のように、穂積八束以来の「家国一体」の血統の原理を一層徹底した「父ノ血統、家ノ主人ノ血統、之ガ血統デアリマス、妻ハ決シテ血統者デハナイ」(12)という主張が現われる。そこで、庶子の入家に妻の同意が必要であるとの改正は、「此血統ニ向ツテ他家カラ入リタル女ガ云為スル権利ヲ有スル」こととなり、「一種ノ日本ノ制度ノ破壊ナリ」と極論する。この問題について明らかに近代婚姻家族の優先を前提に美濃部達吉は、「婚姻ハ一層ソレ（血統）ヨリ大切デアル」として、「此一夫一婦制度ヲ出来ル丈ケ維持スルコトガ、日本ノ国情トシテ之ハ是非シナケレバナラヌ大切ナ問題」(13)と主張する。また穂積重遠も、「今ノヤウナ制度デ妻ノ意思如何ハ顧ミナクテ宜イト云フコトニ法律ガ表カラ認メ」ることは、「家庭ノ円満平和ト云フ上カラ面白クナイ」(14)とした。結局昭和二年の民法改正要綱第三は、原案通りとなり、一夫一婦制の原則が確認された。さらに、要綱第一七は、戸主の家族に対する居所指定権（明治民法七四九条三項）の廃止をも規定した。このことと併せると、臨時法制審議会設置の趣旨とは反対に、現実の法典改正では、戸主の統制権を弱め、一夫一婦制を中心とした家族が、中核になっているから、わが国の親族法的問題は、諸外国に比し、二重の困難と複雑さをもっているとの、現状認識が妥当であろう。

かくて、この複雑な現状を欧米先進国モデルを下敷にして整合的な理論化が考えられる。これは当然に、実証的であるよりも、観念的な理論構成に向かう。しかも、この時期には、家族の現実的生活と、法典上の家族と、理念上の「家」との乖離が著しくなっている。理念上の「家」と近代家族とを止揚して、新たな理念上の家族を設定することにより、これらの三面関係の乖離を縮めようとして、ここに「家」に代わる新たな「一体としての家族」＝「統体としての家族態」が中川善之助によって考え出される。(15) すなわち、「家族態は一統体をなしており、その中の人は家長にしろ族員にしろ、家のために隷属する不自由人である。親子にしても同様である。……夫婦もそうである。……かかる身分的統体が常に身分法の規律対象なのである」(16) とする。そして、身分関係の社会結合は、「自然的・自生的であり、……人間が有機体としての本質上必然的に結合する関係である」。また、それは、全人格的な結合であり、「成員の個体的存在がそのまま全部的に全一体の存在の中に溶け込んで、全体の生命が個体の核心となり、彼此の間に何等の空隙を余さない結合である。成員の凡ゆる感情が、初めより、また常に全体の構成分子としてのみ働くが如き関係である」(17) とする。それゆえに、身分法は、「法律上予定された正統統体組織の法」であるとする。たとえば、「社会は、従って法律は、その多数関係（夫婦の一方と外部の第三者との関係）が、特定の組合せに於て複合して居る場合だけを取り上げて、之を正統婚姻と見る。そしてこの正統婚姻のみが法律上婚姻と呼ばれる」(18) とする。

しかし、たとえ、身分関係が「自然的かつ自生的であり、従ってまた必然的結合」(19) たる本質社会結合であるとしても、なぜ、「特定の組合せ」の婚姻関係・親子関係・親族関係・家族関係だけに正統性が与えられ、法律に規定されることになるのかについては説明がない（それまでの「家国一体論」ならば、国家が決めた法律に規定されていること自体が、正統性の根拠を示した）。しかも、家族員は、家長もふくめて、統体としての家族に埋没して、個人としての存在を認められていない。したがって、これは近代家族ではない。

二　「統体法論」における「社会」と「国家」

大正デモクラシーの所産である「統体法」論では、「社会従って法律」と言うように、法律の正統性の究極的な根拠は国家ではなく社会にあったようである。そこで、一旦成立した強行法規的な統体法は、常に社会の現実に合うように修正されなければならない。すなわち、本質社会結合関係の本質社会的特性からみて「正統統体組織法のなかに取り込まれるべき関係、または、成法たる統体法をその適用することから生ずる不当な結果を避けるため[20]」に、既成の法規に対する「事実の先行性」が唱えられる（たとえば、内縁、事実上の養子など）。このように、「事実の先行性」を法解釈体系の基本概念に据えることによって「統体法」論は、一面では、国家に対する社会の視座からの一定の批判を留保したが、同時に、成文法＝統体法を社会の現実に架橋するとともに理念を社会の現実に合わせて再構成する役割を果たしたと言えよう。

ところで「統体法」論は、「身分法関係は常に組織ある統体の規律である。……特定の身分に入り込むこと（即ち本質社会結合を得ること）に依り、当然一定の権利義務が付与せられる……この状態の構造は法規がこれを定型化して示す所に懸り、個人的恣意の改組変造を絶対に許さない。……この（統体法の）支配的性質は常に厳格な統体法的制約に服し、支配者自身をも拘束する如き支配、即ち本質社会的意義に於いての支配である[21]」とする。そこで、たとえば、「夫は妻に対し居所指定を独断専行する」が、「自らそこに居住して婚姻生活のために妻を迎へ入れるべき義務を負はせられる結果となるのである[22]」。

この考えは、当時の天皇機関説に影響されているところがあるようだ。周知のごとく天皇機関説は、明治憲法の近代法的解釈によって天皇をも帝国議会と同じく憲法上の直接機関と解することで、統治権者である天皇も憲法の制限下に置き、君民同治の政体を目ざすものであった。「統体法」論で統体の支配者である戸主や夫も、戸主権や夫権を絶対無制限に行使できるのではない。「正当な統体組織」を維持するために必要な範囲で支配権は行使され、支配者自身をも拘束することになる。その限りで、専制的な支配権の行使を制限する民主的な意図が窺われる。だが、その反面、「統体法」論は、「統体」としての家族内部においては、「個」人の存在を許さず、「個」人の権利義務の対抗関係を中心に身分関係を構成することをしない。また、「統体」内部においては、支配的性質が浸透し、基本的には戸主や夫は支配者の地位にある。その意味では、明治民法における「家」・戸主権・夫権の支配の基本的性格を否定していない。このことは、「現実的・一世代的家族態」の連鎖が、「抽象的・超世代的家族態」＝「家」とみなすことにより、国民の祖先崇拝感情にも繋りを持っていることとも相挨って、「家」制度を現実に合せて修正するものとして通用することになる。それゆえに、「統体法」論は理念と現実とを乖離させない理論でもあり得たのである。

もともと「統体法」論では、「『身分法関係』といふ場合の関係も個人と個人との間に引かれた連繋そのものを示すのであって、社会全体の身分法的もしくは財産法的の関係の型を云ふのではない[23]」としている。そして「婚姻関係、親子関係の発生消滅は常に感情的・自生的であり、本来的には非目的的なるが、特に之を自然的なりとも呼び得ることとなる[24]」とする。

これからただちにわかることは、身分関係を、それが置かれている歴史社会から切り離して、きわめて抽象的・観念的な個々の人間関係に矮小化していること、もともと血縁を基礎にして生ずる家族団体における親子・夫婦などの結合関係は、それ自体孤立した無色透明の存在ではなく、必ず全体社会との繋りにおいて、それぞれの社会の色彩を帯びて存在するものであることが忘れられていること、さらに、「統体法」論のどこにも国家と家族の結合原理に触れていないことを併せて考えると、「統体法」論は、結局、家族・社会を国家に統合する理論であることを避けていたようである。(25)

だが、他方ではテンニエスのゲマインシャフトとゲゼルシャフトを下敷にして、社会における個人の結合を目的社会的結合と本質社会的結合に分けて説明している。したがって、「統体法」論は個人と家族・社会との結合関係を説いているが、家族生活の延長上に社会や国家をとらえることはない。

これに対してテンニエスは、ゲマインシャフトの原型を家の共同生活と考え、その延長上に村落や小都市の共同生活をとらえる。(26)また、家族生活の主体は民族であり、村落生活では自治共同体、小都市生活では教会である。そしてそれぞれにおける集団の意思は、家族において和合、村落生活で慣習、小都市生活で宗教である。「統体法」論では、家族生活の集団意思を和合とするも、その主体は民族ではなく抽象的・一般的な「統体」としての社会となっている。もし主体を国家とすれば「家国一体」理論に収束するから、避けねばならない。さりとて民族とすることは、「家」を媒介としない個人の血縁の共同性を承認することで、日本人になじまない。また、家族生活の延長に村落生活を考えることも、「家」・「村」を媒介にしない限り考えられず、さらに小都市生活まで視野に入れるには、それぞれが共同自治の精神と宗教を共有していなければならない。中央集権が徹底して、地域社会の共同自治の精神が圧服させられている日本において、その可能性はない。それゆえ「統体法」論は家族生活の地域的拡大の理論になりえなかった。また、それだから、当時の国家体制と正面衝突することもなかったと言えるだろう。

他方で、「統体法」論は、国家論不在にもかかわらず、「立法の誘導政策的立場」を強調する。すなわち、それは、「立法が今日の生活規範を記述的に法律化するに止まらず、さらに進んで明日の生活規範を用意しなければならない使命を有つと共に、その未来的規範定立は……現在の社会自体から出発して之をその趨く所に従ひつつ誘導しなければならぬ立場を指す」[27]。このことは、国家的統合における国民の随順を操作する必要性を説くものである。この点から見ても「統体法」論は、国家の強制機構を補完し、柔軟な社会体制の整備に力のあった理論となったことが、わかるであろう。

むすび

昭和十二年（一九三七）の日中戦争勃発から昭和十五年の国家総動員法を経て昭和二十年（一九四五）の第二次世界大戦敗戦までの期間、「統体法」論の活躍する余地は少なかった。ことここに至っては、まがりなりにも個人の存在を主張し、社会から国家への批判を留保している「統体法」論など、戦争の狂気には障害物だったかも知れない[28]。むしろ、この時期には、共同体を媒介にして個人の権利を論証する末弘厳太郎「家団論」[29]が、全体主義的国家体制を合理的に弁証するものとして勢を得ている。

ともあれ、敗戦は「家」制度の精神的・物質的基盤に大打撃を与えた。そして占領政策との絡み合いで戦後改革が行われ、その一環として戦後家族制度改革が、民法改正を中心に進められた[30]。この過程で「統体法」論は、創始者の中川善之助の活躍とともに、華々しく再登場してくる。すなわち、

㋐「統体法」論は、明治民法を欧米の個人の権利義務に純化した戦後民法[31]への過渡期の民法とみなす余地があった。また、「統体法」論は、明治民法の「家」と近代小家族の二面を止揚したところから出発しているのだから、「家」を切り落した戦後民法にも対応できた。

④「統体法」論が、「事実の先行性」によって法の正統性の基準を社会に求めていたことは、戦後民法における家族生活の実態とのズレを修正する場合に抵抗のない解釈原理として受け容れられた。もっとも、戦後は、むしろ「法の先行法」ともいうべき状態であり、民法を破綻なく実施していくには、民法周辺に、家庭裁判所の調停制度などが安全弁として機能する必要があったくらいだから、戦後改革の衝撃を緩和する役割を果たしていたともいえよう。(32)

⑤身分法の「本質社会的特質」から超成文法的な慣習については、正統な統体組織法に、政策上必要な限りで組み込むことを得た。したがって、民法典上から「家」が廃止されても、国民の習俗上・道義上の「家」は残る、という立法政策上の使いわけも可能である。(33)

しかし、家族制度の民主化を徹底するために、「民法上の『家』の廃止は、必然に国民の伝統的な『家』の観念を払拭することを要求」(34)されねばならない。そのことは、具体的には、「『協同体的』な家族（すなわち、個人の上に位する何らかの権威をになう人間がいるところの）を解体し、家族を主体的な個人と個人との関係とすることを要求する」(35)ことになる。

「三統体」としての家族は、もともと主体的な個人の権利義務の対抗関係によって構成されている団体ではない。したがって、民主化が徹底して、家族内において「個人化」が露わになってくれば、到底これに対応できる理論ではなかった。しかし、戦後改革の時期においては、国民の四割以上が農林漁業人口であり、かつ改正民法で「家」の廃止の反対者が世論調査（毎日新聞）で三七・四％もいる状況であった。(36)それゆえ「統体法」論が現実を改正法と民主化理念に架橋する理論として説得的な力を有したと見てよい。それゆえに一九六〇年代の高度成長期に入って農林漁業人口が三割を割り急減し始め、人口の可動性が急速に高まるとともに、「統体法」論が急速に説得力を失っていったのも当然であろう。そして、この頃から急激に普及して来た大衆社会状況のなかで小家族の存立自体が危殆に瀕することに対応して「一体としての家族」概念を再構成するには、時代は沼正也「私的保護法」(37)理論以下の登場を必要としたのである。しかし、その後、「家族崩壊」の危機感から、家族を国家の重要な政策対象とすることが、世界各国で行なわれ出した。にもかかわらず、われわれは、「一体としての家族」を国家・社会に包摂する巨視的理論を未だどこにも持ち得ない現状にある。

註

（1） この点の指摘は、「〈座談会〉中川先生の学問をめぐって」（島津一郎発言）（『中川善之助――人と学問』法セミ臨時増刊、昭和五十一年）一〇二頁参照。

（2） マルクス（平林康之＝土居保男訳）「ヘーゲル法哲学批判」（『マルクス・エンゲルス全集』第二巻、大月書店、昭和三十五年）一二三・一二三頁。

（3） 階級によって家族の日常生活の内容・利害が異なり、したがって家族に対する価値観も異なる。日本では、一方の極に家父長的な「家」の規範、他方の極に、個人主義的な婚姻中心の近代家族の規範（その間に無数のバリエーションがあって）を、それぞれ支持する階級が存在する。

（4） 民法の「家族制度」をこのように把握すると、戦前の明治民法と戦後の民法との間に歴史的な断絶と連続を見なければならぬ。依田精一「戦後家族制度改革の歴史的性格」『家族――政策と法1』（東大出版会、昭和五十一年）二一七頁～二二〇頁。本書第七章。

（5） 第九〇回帝国議会の貴族院帝国憲法改正案特別委員会第一九回（昭和二十一年九月十八日）における沢田牛麿委員発言。

（6） 松本三之助「家族国家観の構造と本質」（『講座　家族』第八巻、弘文堂、昭和四十九年）六五頁。

（7） 本書第一章参照。

（8） 本書第三章参照。

（9） 有地亨「明治民法と『家』の再編成」（『講座　家族』第八巻）は法典調査会の議論を詳しく紹介している。

(10) 青山道夫「戸主権論」日本家族制度論（岩松堂、昭和二十三年）五二〜六〇頁。
(11) 磯野誠一「民法改正」（『講座　日本近代法発達史』2、頸草書房、昭和三十三年）は「審議会」の速記録原文の引用が詳しい。
(12) 臨時法制審議会第二三回速記録（大正十四年五月二日）二四五頁。
(13) 同右、二三七頁。
(14) 同右、二四二頁。
(15) 「統体法」論は、一九二〇年代末から一九三〇年代にかけて完成した。中川善之助『略説身分法学』（岩波書店、昭和五年）、同『親族法』（日本評論社、昭和十二年）、同『身分法の基礎理論』（河出書房、昭和十四年）、同『身分法の総則的課題』（岩波書店、昭和十六年）。
(16) 中川善之助『親族法』一四頁。
(17) 中川善之助『身分法の基礎理論』三一頁。
(18) 同右、一九一頁。
(19) 同右、三一頁。
(20) 加藤永一「身分法学の体系について—いわゆる中川理論についての覚書—」（『未来』一〇号、昭和五十一年）四頁。なお、この論文は、「中川理論を『本質社会結合』、『統体法』、『事実の先行性』、『発展図式』の四つの基本概念を核にして組立られた体系」（一頁）、と把握して、その精神を簡潔に要約している。私も、この論文に教示されるところ多く、またこの要約の大筋には異論がないので、この四つの基本概念との関連で「統体法」論批判を行っている。
(21) 中川善之助『身分法の基礎理論』二二〇頁。
(22) 同右、二一九頁。
(23) 同右、八四頁。
(24) 同右、八五頁。
(25) だが、「社会は、徒って法律」（『身分法の基礎理論』一九四頁）と述べているように、社会と国家との峻別の理論であることが、かえって国家による社会、家族の総括に抵抗する理論たりえなかったともいえるのではなかろうか。
(26) テンニエス（杉之原寿一訳）『ゲマインシャフトとゲゼルシャフト（上）』（岩波書店、昭和三十二年）六七頁〜七六頁。

(27) 中川善之助『身分法の基礎理論』一六七頁。
(28) 中川善之助は、この時期にしばしば痛烈に民法改正案を批判し、私生子法の改善について、「どんな非常時にでも等閑に付し得ない常時問題のあることを忘れてはならない」といっている（昭和九年十二月―『妻妾論』中央公論社、昭和十一年）二九一頁。このことから、リベラリスト中川の信念とともに「統体法」論のこの時代における不遇の予兆も感じられる。
(29) 末弘厳太郎「私法関係の当事者としての家団」（『民法雑考』日本評論社、昭和七年）九〇頁。
(30) 依田精一「占領政策における家族制度改革」（『思想の科学研究会編・日本占領軍―その光と影（上）』徳間書店、昭和五十三年）。本書補章参照。なお、民法改正については、我妻栄『民法改正の経過』（日本評論社、昭和三十一年）本書第七章参照。
(31) 川島武宜『民法（三）』（有斐閣、昭和二十六年）二八頁。
(32) 松本三之助「現代家族法学の課題と反省」（『法律時報』三九巻一二号、昭和四十二年）一四頁。
(33) 中川善之助「民法改正の応急的措置」（『法律新報』七三七号、昭和二十二年）三頁。
(34) 青山道夫「『家』の廃止について」（昭和二十三年）、『日本家族制度論』（九州大学出版会、昭和五十三年）九一頁。
(35) 川島武宜「家族制度」（『国家学会雑誌』六〇巻一〇号、昭和三十二年）一一三頁。
(36) 依田精一「戦後家族制度改革と新家族観の成立」『戦後改革4』（東京大学出版会、昭和五十年）三〇八頁。本書第七章。
(37) 利谷信義は、次のように指摘している。「一九六〇年代から近代小家族（実質上の中核は労働者家族）が、広汎な解体傾向にあり、それを阻止するための公的保護が広汎な展開をみせている。公的保護法に従属した形で『私的保護法』理論が位置づけられる。」（「現代家族法理論の一考察」『法時』三九巻一二号、七頁、昭和四十二年）。

第五章　超国家主義の家族思想

はじめに

まず、次の発言を考えて頂きたい。

① 日本人は、独善である。

「日本人同士の間では、礼儀がやかましいが異民族に対する礼儀には欠けている。……（中国人）に対して独善的なところがあり、彼等をよく理解した上でやって行くと云ふ態度が足りない。」（三木清）

その反面、西洋人に対しては「自分が卑屈になる人がいるかと思ふと、今度はその逆に西洋人などは頭から毛唐呼ばはりをして相手にしない人達がある。……これからの日本が、国際的な大きな地位を作って行く（ときに、）……こんなことではどうも通用しない。」（小松清）

「独善と非常に反対のようだが……他の文明とか、他の民族の長所とかを取入れて行くことも、日本人の場合中途半端な点が多いんじゃないか。……例へば、……本当の意味の個人主義とか自由主義とかいふことが、よく咀嚼してそれを取り入れていたかと云へば、必ずしもそうでもなくて、非常に上つ面なところだけ取入れていたのじゃないか。それが今度反対に、全体主義と云ふやうなことを云ふと、……何か一つの合言葉のやうな形で全

体主義全体主義といふことが流行をなしている。」（津久井龍雄）

②日本人の独善と模倣は、歴史的条件に由来する。

「（日本人が）モデルを絶えず持つていたといふことは、善いことと悪いことの両面があると思ふ。一面に於て日本人個有の性格を失つて行く。……西洋が個人主義で怪しからんと云ひながら、西洋では（バスや電車に）秩序正しく乗つて行くのに、しかも日本では先を争つて乗る。…………それはどこから来るかといへば、やはり個人の完成といふことが十分でなかつた。歴史的条件でいへば、市民の社会的完成が十分でなかつた。」（永田清）

③日本人は、生活を楽しまない。

「ロシヤ人や満人なんかと違つて、日本人には生活を楽しくやつて行くといふ態度がないから、やることが生活から離れたものになつている。従つて長い間其処で落着くには欠陥を生じる。」（三木清）

「社会生活の規範といふようなものでも、日本人においては、（上からの）命令でなければ道徳の強制となる。」（津久井龍雄）

④日本人は、自主性がない。

「（中国人は）外の人が、ぜいたくしたり道楽したりしても、あの人は働きがあつてやるのだから、あの真似は出来ない、俺達は違うと諦めて居る。西洋人は西洋人で個人主義ではつきりしている。併し日本では誰かが悪いことをすると、皆それに倣つて悪いことをし合う。また悪いことをする人も、自分が悪いことをすると、人にも一緒にするように仕向けて行く。」（津久井龍雄）

以上は、今日の外国人による日本人批判ではない。今を去る六〇年前の戦時中のオピニオンリーダーたちの日本人批判なのである（中央公論社主催「国民性の改造検討会」〈座談会〉、『中央公論』十二月号、昭和十七年。出席者は、橘樸、三木清、永田清、小松清、津久井龍雄、菅井準一である。）

われわれは、戦中、戦後の苦労を経て、しかも戦後は占領の大きなインパクトがあって、戦後民主主義を、あれほど声高く唱和したはずだ。それが、これでは、何も変わっていないのではないか、とさえ思いたくなるほどである。少なくとも、日本人の本質的部分の欠陥が改まっていないということになれば、再び「個」が「全体」の犠牲にされることが、何とも思われぬ時代がきたとき、これに反抗する力が、日本人にあるだろうか、という危惧さえ感じるのである。

そこで、この戦時体制のときも今も変わらぬ日本人の本質的性格の核に在るものを、取り出して考える必要は、今日においてもあるだろう。それは、日本人的な「共同体」の原型である「家」の精神である。それをさらに抽象化すると「個」と「全体」の帰属集団ごとのあり方と、「全体」を統合する普遍的意思の国家・社会・家族における貫徹の状況である。

約六〇年前に指摘されたことは、「（日本人は、ヨーロッパ人の宗教、教会のような）究極の生活の拠り所を持っていないのではないか。」（三木清）であった。また、「個人の改造完成、国家の完成には、少なくとも、西洋人の取ったコースを日本人は飛躍した」（橘樸）との認識があった。

そうであるならば、「団体の中での個人の完成という風なゲマインシャフトの原理に進んで行くことが、東洋人としては可能な道」（橘樸）であることになる。（以上、同前）

つまり、個人主義を基礎にした国家の統合は、長い歴史を経て完成に至るのに、すでに日本人は、この歴史を短縮して表面的には、ヨーロッパと同じ平面に立つ。したがって、今さら個人主義に立って進むのでなく、国家・社会を「共同体」とみなし、この「共同体」の中で個人を完成して行くと考えた。(1)

個人主義の徹底による国家的統合には、長い歴史による熟成が必要である。その時間を縮めて西欧社会に追いつくことが短期間では無理だとすれば、個人主義の対極に団体主義を置き、団体主義の下での国家的統合の完成を願うことになる。ここに、ファシズム時代のイデオローグたちが「共同体」主義から、「個」の否定へと落ち込んで行った道筋が察せられるのである。

そこで、われわれが、この時代を省察して、今日におけるその意義を問うためには、日本の国家、社会、家族を統合するイデオロギーとされてきた「家」の意義から見直さねばなるまい。その際に「家」をさらに抽象化、一般化した概念としての「共同体」と、道具概念としての「全体」と「個」を使って、歴史を再構成し、戦前、戦後を通じて、日本人の国民的性格に不変なものを析出することが、さし当って本章の目的となるだろう。

一　共同体思想の急進化

ファシズムの一般的特性として、共同体思想の急進化が指摘されている。(2) すなわち、共同体内部においては、異端の存在を許さず、これを徹底的に排除しようとすること。この異端の「敵」から、共同体を防衛するために、「全体」の立場を絶対化し、「個人」の立場の徹底的放棄が求められる。これが、歴史の変革期において、共同体が、崩壊の危機にさらされるときの自己防衛的な意識に衝き動かされて現われてくるものであることは、容易に想像されよう。

また、この共同体が、現実に社会の生産構造に根ざした実在である必要は、必ずしもない。否、むしろ、ファシズムが登場する、高度に産業の発達した国家では、部分的にはあり得るとしても、全社会的規模で、そのような生産的共同体が実在するということは、あり得ない。

そうだとすると、この共同体は、それぞれの国民の抽象的で、しかも、主観的なものとなるだろう。実際に、ナチス・ドイツの共同体は、「血の神話」に彩られた「民族共同体」であり、日本は、祖孫一体的な「家」を基礎にした家族共同体である「国体」であった。

そして、これらの「共同体」の存在をば、それぞれの国民の民族的優越性の証として、絶対的に信仰することが強制されたのである。もとより、これらの「共同体」信仰が、荒唐無稽な「神話」や伝承に基づいていることから、今日われわれはその非科学性を嘲り、ファシズム復活の可能性を否定するのは、容易だろう。しかし、ファシズムの本質を考えるとき、「共同体」内の異端の排撃においては、かつての、「反共」や、「反自由主義」や、「フハイ・ダラクの資本家や指導者」といった政治的標的の有無は、それほど問題ではない。いわば、これらは、ファシズム運動の煽動のスローガンだから、国民の多数の俳他的敵愾心を煽れるものなら、何でもよいのである。それよりも、国家を一つの「共同体」に仮装し、「国家の意思」を国民全体の普遍的意思に擬制し、そのために「国家意思」に反対する意思の存在を許さない。さらに国家内の反対意思を有する組織、集団を徹底的に解体し、社会を思想的に均質化することを強制して行くことにこそ、ファシズムの本質を求めうるとしよう。その際、独善で排他的で自主制がなく個人主義が弱く、私生活を尊重しない（したがって「公」とのけじめがない）日本人の国民的性格は、これに順応し易いのではなかろうか。

そこで、この問題の本質を、「個」と「全体」の対立における、個の全体への統合という視角から考えて見よう。もともと、「個」は、それぞれ多様な価値観を担い、それぞれ個別の利害を有している。したがって、これらの「個」の自己主張が、予定調和的に「全体」への統合に至るということは、あり得ない。そこで全体への「個」の統合には、「個」の利害が、「全体」の利害に一致するというフィクションが必要となる。このフィクションが、どう創られるかは、それぞれの国民の有する歴史に拘束された特質によると考えて良いだろう。これを帰属集団との関係で眺めて見よう。

(A)血縁帰属集団として戦前の日本では「家」があった。ここでは、「家」の成員である「個」は、「全体」である「家」に埋没していた。

(B)地縁集団としての「部落」は、心理的閉鎖集団であった。(3)「部落」は、「個」の猛烈な「利害」の葛藤を内包しつつも、外に対しては「部落」の「共同利害」を擬制することによって、排他的で強固な団結を示した。たとえば、〝隣の貧乏、鴨の味〟を唱えながら、ヨソモノに対する露骨な競争心と、敵愾心を誇示した。したがって、「個」は、ここでも、「全体」に埋没しているが、主観的には、「個」の利害は、「部落」の利害に化体していると、各成員は思い込んでいる。それゆえ、「全体」としての「部落」の利害は、「個」の利害の積分されたものとして意識されるから、もっとも排外的で強烈なバイタリティを生じることになる。

(C)利益集団としての企業などの就業組識も、終身雇用と年功序列による忠誠心の確保が行われている閉鎖的集団であった。そこにおいても、社員である「個」の利害は、会社である「全体」の利害に収束させられている。したがって、「会社は不滅」で、社員の私生活まで、挙げて会社に奉仕する「愛社精神」が強調された。もちろん、ここでは、「部落」以上に社内における「個」の利害の葛藤は烈しい。だが、これを内包する「全体」としての「わが社」は、この葛藤が烈しいほど、外に対しては、ますます排他的で、競争のバイタリティを示すのである。

(D)政治的帰属集団である国家は、建前上は、天皇を頂点とする「家」のヒニラルキーとして示されていた。すなわち、〝人集って「家」をなし、「家」集って国を成す〟であった。しかし、実質的には、「部落」と同じく、国民は、国民各自の個別利害を、国家の「共同利害」にオーバー・ラップさせることで、国家の他国に対する排外的、侵略的政策を支持したのである。しかも、明治以来の対外戦争では、昭和二十年（一九四五）の惨たんたる敗戦降伏まで、敗戦を知らず、征戦は勝利のたびに領土の拡大と、他国の富の収奪をもたらしてきた。したがって、国民のホンネである「個別利益」の追求が、国家主義の下で、ある程度、実現していった。

そのために、「個」の主観的な利害の積分的総和は、戦争の勝利のたびに、加速度的に巨大になった。したがって、これらの「個」の利害の集積の上に立つ「全体意思」も、急速に強大となった。そして、これまで、「全体」のなかに「個」の存在を、あいまいな形ではあるが認めていたものを、強大な「全体」意思の下に押し潰すことになる。もっとも、このとき理論上は、「個」と「全体」の対立は、もともと存在しないのが、日本的特徴であるとする。これは、全く、「部落」の場合と、同じ考え方である。しかも、このような血縁擬制的な「共同体」に国家をなぞらえる手法は、対外的には第二次大戦中に占領したアジア諸国への侵略を合理化することにも使われた。すなわち、「八紘一宇」「大東亜共栄圏」がそうである。つまり、日本を太陽になぞらえ、アジア人種の血縁の親近性を強調して、太陽たる宗主国日本へのアジア諸国の忠誠を要求するものである。このように見てくると、日本においては、もともと「全体」のなかにおける「個」の意識は、どの帰属集団のレベルにおいても薄弱だったゆえに、かんたんに圧伏させられたと言えるだろう。したがって、帰属集団のなかでも血縁擬制により「個」が埋没して、「全体」としてもっとも具体的な形で支配の意思が制度化されている「家」に国家が擬制されることが、日本ファシズムのイデオロギーの特質となったのであろう。

では、この「家」イデオロギーによる国家的統合とは、何であったかを、次に論じてみよう。

二 「国体」思想の生成と破綻

1 「国体」思想の生成と展開

「家」イデオロギーによる「国家的統合」が、いわゆる「国体」思想として明治憲法体制の発足以来の公権的イデオロギーであったことは、周知のとおりである。

このことを、もっとも早く明確な形で示したのは、あの法典論争における穂積八束の論文「民法出デテ忠孝亡ブ」（明治二十三年〈一八九〇〉）である。この論文は、当時の保守派の心情を、うまく掴んで論争の勝敗を決する力があった。それだけでなく、その後も長く、いわゆる「国体」論の理論的支柱として信奉され続け、ファシズムの盛んな時代においても、「国体」を家族制度の側面から論証し続けてきたのである。「民法出デテ忠孝亡ブ」は、たんに狂信的な国粋主義のデマゴーグに尽きるものではない。それなりに、国際的比較（正しいかどうかは別として）と、国家、社会、家族を統合する総括的な論理構造を有している。それゆえ、日本のファシズム家族思想の源流として、ここに紹介しても良いであろう。穂積八束は、明治十七〜二十三年（一八八四〜一八八九）に、ヨーロッパに留学した。世紀末のヨーロッパ社会では、個人主義と社会主義によって王権を中心とした旧社会体制が解体の危機に瀕していると、彼の眼には映ったらしい。さらにこれを日本社会の現状にオーバー・ラップすると、日本にも類似の危険性を感じる。このとき、たまたまフュステル・ド・クーランジュの『古代社会』をひもといた彼は、そこに描かれたローマの家族制度に、日本の「家」と同質であると感じる。そこから、彼はヨーロッパの家族の原型であったローマの「家」が、なぜ、今

（十九世紀末）のような個人主義的な家族になってしまったのか。また、個人主義的な家族となったから、国家は統合力を失ってしまったのではないか。日本が、このような状態になっては大変だというところから、彼は独自の理論を展開する。(4)

すなわち、「我国ハ祖先教ノ国ナリ家制ノ郷ナリ権力ト法トハ家ニ生レタリ」として、祖先の霊を代表する家長の家父長権が、「家」に基礎を置くこと。そして「氏族ト云ヒ国家ト云フモ家制ヲ拡大シタルモノニ過ギズ」として、「家」の原理が国家を組織していること。しかも「皇室ノ臣籍ニ臨ミ、氏族首長ノ其族類ニ於ケル、家父ノ家族ヲ制スル、皆其権力ノ源ヲ一ニス。而シテ之ヲ統一シテ全カラシムルハ祖先教ノ国風ニシテ」として、天皇と臣民、家父長と家族の権力関係を、同一の根源（祖先教）とする。このことは、天皇が政治権力の総括者であるとともに、国民の宗教（祖先教）的信仰の対象となることも意味する（第一章参照）。

ついで、キリスト教以前のヨーロッパの国家も、祖孫一体的なローマの「家」制度を拡大したものであったとする。しかし、キリスト教は、神のみが個人と直接に結びつき、また、神の前では、家長も家族員も平等であるから、家長の権力は弱まり、父子の秩序は弛緩して、「家」は衰亡したとする。そして、「家制衰ヘテヨリ、近代国制ノ基礎ヲ固フスルニ至ルノ間、欧洲ノ社会権力相関ノ中心ヲ失フコト久シ、是レ法度弛緩シ豪族割拠優者専恣ノ世トス、僅ニ其社会ヲ救フタルモノハ耶蘇数ノ力多シトス」とし、ヨーロッパで近代国家の基礎が固まるまで、社会権力の中心がなくなり、無秩序になったのを救ったのは、キリスト教であると認識する。

しかるに、そのキリスト教の「家」は、どうか。「一男一女情愛ニ由リテ其居ヲ同フス之ヲ耶蘇教以後ノ家トス。」しかも、これは個人主義に立ち、契約を基礎とするから、利害相反による不安定を伴う。それゆえ、キリスト教の「家」が中心となったヨーロッパの国家、社会も、常に利害の相反、実力支配の反覆で絶えず動揺を重ねる。かように、キリスト教の個人主義では、国家はしっかりと国民を統合できない。すなわち、「耶蘇教ノ希望スル個人ヲ本位トシ世界ヲ合同スルハ欧土尚ホ之ヲ実践スル能ハズ家制ヲ脱シ族制ニ還リ、方今ハ国家ヲ以テ相依リ相携フノ根拠トセリ」と。したがって、「家族主義既ニ及バズトスルモ国家主義ヲ以テ法制ノ本ト為スベキナリトス。」このような状況であるのに、民法は、「個人本位ノ法制ヲ迎ヘ……祖先教ヲ撲滅シ又新教ヲ容レズ」だから民法は日本の国家、社会をヨーロッパ風の個人主義原理で組織し直すことになり、これまで、「家族国家」日本を統合してきた原理を根本から否定することになる。したがって、「民法出デテ忠孝亡ブ」は、亡国の危機の警鐘であると言わんばかりである。

かくて彼は、理論上、これまで莫としていた「国家」と「家族」との関係を「祖先教」を媒介とすることにより同一の論理で結合することに成功した。それは、ただちに明治憲法と教育勅語を一体としてイデオロギー的に具現化したことにもなる。この結果、日本独自の「国体」観念は不動の理論的基礎を与えられ、国民の日常生活の倫理と一体化して、国民の内面的自発性によって支持されることになったのである。

別の言い方をすれば、このときから、「公」の建前としての天皇制国家――部落共同体――家父長制家族制度が「家」を中心として成立したのである。

しかし、この体制の中核精神である祖先教崇拝は、「農を主生業とした静止定住の生活」(5)を基礎とする（第三章　表1参照）。しかるに、法典論争後、明治民法公布（明治三十一年）までの一〇年ほどを見ても、日本資本主義の発展はめざましく、労働者数は一〇倍以上に激増し、農村青年の向都離村傾向は毎年促進された。このような、階級構成の変動と都市化の進展は、「家」制度の現実的基盤である「私」生活が、建前としての「公」と一致しようのない家族を大量に創出させることにもなる。(6)しかも、明治国家が日清・日露の大戦争に勝利して富国強兵の目的を達したにもかかわらず、相変らず国民の「私」生活は貧しかった。かくて、国家にかけた国民の幻想は、しだいに薄らぎ、国民の「国体」観は動揺し始める。

今や、旧来の教育勅語の精神のみでは、国民の思想を国家幻想のなかに閉じこめておくことが難しくなる。ここに改めて、国民の「共同体」精神を掘り起こし、国家につなぎ止めることが必要となる。

かくて、明治四十一年（一九〇八）の戊申詔書では、あらたに国民生活の建前として上下一致の共同体精神と勤勉倹約の勤労主義が説かれる。

この線に沿って、企業においては経営家族主義が唱えられ、農村においては地方改良運動が推進された。さらに、本格的な階級社会の形成に伴う社会主義思想の浸透と個人の自覚に対しては、体制＝社会的階層の階段を細分化して立身出世を制度化することによって、抑圧されている大衆の不満を屈折分散させることで対抗した。しかし、いかなる手段を講じても、独占大企業の成立は、これまでの家父長的経営組織をいたるところで解体し、農村では地主を頂点とする村落の共同体秩序を動揺させて行く。いまや、「国体」に象徴される旧体制の危機は露わになった。

とくに第一次大戦後は、世界的不況の襲来と、ロシア革命に触発された労働運動の激化、米騒動（大正七年〈一九一八〉）に見られる全国的民衆暴動など、体制の危機は一段と深刻化した。このときに当たり、国家体制の弛緩を引き締めようとすれば、「公」の建前としての国家の共同体＝「国体」の強化から、進んで「家」イデオロギーの強調とならざるを得ない。けだし、「国体」においては、国家の基本的関係が「家」であり、家父長制家族制度がその中核に据えられてあったからである。

このため、大正六年（一九一七）、政府は臨時教育会議を設ける。(7) この会議の趣旨は、翌々年（大正八年）、欧米文物制度の移入により国民思想の変調をきたし、本邦固有の美風良俗が頽廃したので、これを改めるには、国民思想の帰属を一にしなければならない。しかるに、「教育ニ於テハ家族制度ヲ尊重シ立法ニアリテ之ヲ軽視スルガ如キハ撞着ノ甚シキモノト云ハザルベカラズ。」（「臨時教育会議速記録」六頁）として、民法改正を持ち出すに至る。これを受けて政府は、大正八年、臨時法制審議会を設けた。その諮問第一号は、「現行民法中我国古来ノ淳風美俗ニ副ハザルモノアリト認ム、其改正ノ要領如何」であった。臨時教育会議の見解によると「長老ヲ尊敬シ上下ノ秩序ヲ維持シ礼儀ヲ尚フノ精神、忠孝節義ヲ重ンスルノ風ヲ培養スルカ如キ皆我国固有ノ淳風美俗ヲ維持スル所以ニアラサルハナシ」となる。また「国体」についても、「敬神崇祖ハ実ニ我万世不易ノ国体ト須臾モ離ルヘカラサルノ関係ニアリ又我千載ノ国俗タル家族制度ト密接ノ関係ヲ有シ」と、再確認している。

このような復古的、国粋的理念が、現実の政策に具現するはずがない。政府も、その辺りは心得て、時勢に対応して、むしろ法制度上の「家」を社会的実態上の家族に近づけようとする。そして、理念上の最終的倫理基準となる淳風美俗も「西洋デ云フ『ナショナリティー』ノ事」だと割り切る考えも出て来る。

結局、現実の民法典改正では、政府は一夫一婦制原則の確認、戸主の家族に対する居所指定権の廃止などを決めた民法改正要綱を、昭和二年（一九二七）に公表した。もともと、臨時法制審議会は、国家的統合力の強化を、秩序維持の思想の徹底と現実対応の法改正で達成しようとしたのである。したがって、「家」を解体して個人主義に基づく近代家族制度にするほどのことはないが、その代り「（家を）少シ小サクシテ其代リニ固クシタイ」（富井政章の発言）方向で収斂したのだから、これは現実的解決と言えよう。そして、体制の政治基盤を拡大するためには、大正十四年（一九二五）に大衆の政治参加を認める普通選挙制度を採用する（「家」制度を破壊すると言う保守層の反対を押し切って）。また、急激な近代化のなかで、「家」の扶養的機能などの低下を補う対策としての社会立法の展開など、いずれも、現実の対策は「家」制度の維持より、家族の近代化を志向した。

しかし、これと、裏腹に、思想の面では「家」イデオロギーを中心とした「国体」思想は、ますます非現実的かつ復古的な傾向を示す。このときに当たり、穂積八束の「民法出デテ忠孝亡ブ」の思想も再び登場し、より尖鋭な形に純化されて行く。また、秩序維持のための弾圧立法である治安維持法（大正十四年）も、「国体」思想に基づく思想取締りを強化していった。このようにして、日本ファシズムの体制整備につれて、「家」イデオロギーは第二次大戦に入る前に建前として、ますます徹底化の方向にあった。さらに第二次大戦時中には、「家」イデオロギーは「国家」観と一体となって拡大強化されて行った。

2　『国体の本義』の「家」思想

ファシズム時代の家族主義イデオロギーを、「家国一体」の純化、徹底として公権的に明確化し、教育を通じて、国民の意識の深奥にまで到達せんとしたのが、昭和十二年（一九三七）に出版された『国体の本義』（文部省・思想局）であった。『国体の本義』は、国民生活の基本が「家長」に率いられ、親子関係から祖先に遡る立体的な関係の「家」にあるとする。「我が国民生活の基本は、……家である。（家の生活）の根幹となるものは、親子の立体的関係である。この親子の関係を本として近親相寄り相扶けて一団となり、我が国体に則って家長の下に渾然融合したものが、即ち我が国の家である。」そして、この「家」は「すべての人が、先づその生れ落ちると共に一切の運命を託する」運命共同体であるとともに「現在の家の生活は、過去と未来とをつなぐものであって、祖先の志を継承発展させると同時に、これを子供に伝える。」として、その無限連続性を示す。

また、国家と「家」との関係を、天皇に対する忠誠と親に対する孝行の一致という倫理によって説明する。「我が国は一大家族国家であつて、皇室は住民の宗家にましまし、国家生活の中心であらせられる。臣民は祖先に対する敬慕の情を以て、宗家たる皇室を崇敬し奉り、天皇は臣民を赤子として愛み給ふのである。……我等の祖先は歴代天皇の天業恢弘を翼賛し奉つたのであるから、我等が天皇に忠節の誠を致すことは、即ち祖先の遺風を顕すものであつて、これ、やがて父祖に孝なる所以である。我が国に於ては忠を離れて孝は存せず、孝は忠をその根本としてゐる。」とする。

さらに、国家と国民の関係を、天皇と臣民の君臣関係に置き換えてそれが、ヨーロッパ流の合理主義的、個人主義的な支配服従・権利義務といった対立関係でなく、君民一体の根源的関係とする。「（天皇と臣民の関係は、）合理的義務関係よりも更に根本的な本質関係であつて、ここに忠の道の生ずる根拠がある。個人主義的人格関係からいへば、我が国の君臣の関係は、没人格的の関係と見えるだろう。併しそれは個人を至上とし、個人の思考を中心とした考、個人的抽象意識より生ずる誤に外ならぬ。」

さらに重要なのは、「個」と「全体」としての国家との関係で、「個」が基本でなく「全体」と未分離の一体をなし、「全体」がまず、前提されていることである。「個人は、その発生の根本たる国家・歴史に連なる存在であつて、本来それと一体をなしてゐる。然るにこの一体より個人のみを抽象し、この抽象せられた個人を基本として、逆に国家を考へ又道徳を立てても、それは所詮本源を失った抽象論に終るの外はない。」そして、「個人主義は、結局、万人の万人に対する闘争となり、歴史は、すべて階級闘争の歴史となろうとする。」したがって「このような社会形態・政治組織およびその理論的表現たる社会学説・政治学説・国家学説等は、和を以て根本とする我が国のそれとは本質的に相違する。」として、独自の概念として、和を提唱する。それは、「わが国の和は、理性から出発し、互に独立した平等な個人の機械的な協調ではなく、全体の中に分を以て存在し、この分に応ずる行を通じてよく一体を保つところの大和である。従つてそこには相互のものの間に敬愛従順・愛撫掬育が行ぜられる。これは単なる機械的・同質的なものの妥協調和ではなく、各々その特性をもちつつ、互に相違しながら、而もその特性即ち分を通じてよく本質を現わし、以て一如の世界に和するのである。」とする。

結局、和とは、本質的な「個」の利害対立を陰蔽し、「個」の利害の葛藤を帰属集団の「共同利害」に擬制化するための外被概念として機能する。したがって、和は、すべての帰属集団において実現されねばならない。

まず、「家は、親子関係による縦の和と、夫婦兄弟による横の和と相合したる、渾然たる一如一体の和の栄えるところである。」と。利益社会の集団でも同様に「この和は、如何なる集団生活の間にも実現せられねばならない。役所に勤めるもの、会社に働くもの、皆共々に和の道に従はねばならぬ。夫々の集団には、上に立つものがあり、下に働くものがある。それら各々が分を守ることによつて集団の和は得られる。分を守ることは、夫々の有する位置に於て、定まつた職分を最も忠実につとめることであつて、それによつて上は下に扶けられ、下は上に愛せられ、又同業互に相和して、そこに美しき和が現れ、創造が行はれる。」と。

「国家に於ても同様である。国の和が実現せられるためには、国民各各がその分を竭くし、分を発揚するより外はない。身分の高いもの、低いもの、富んだもの、貧しいもの、朝野・公私その他農工商等、相互に自己に執着して対立をこととせず、一に和を以て本とすべきである。」と。

以上からわかるように、和とは「個」相互の利害の対立を認めず、上下の身分、階級の相違などの不平等は、分に応じた職務への忠誠に解決を求めている。そこにあるのは、「部落」における擬制「共同体」の発想である。すなわち、「部落」内の階層的秩序は、そのまま肯定した上で、同じ階層内での平準化志向＝「分に応じた生活」をふまえて、なお「個」の利害の葛藤を「部落」全体の利害に照らして解決するという妥協の手法を、そのまま全社会的規模に拡大する。その場合、国家は、この巨大化し、全社会的規模で普遍化した共同利害を、統合した幻想の共同体として聳え立たされねばならない。したがって、ファシズム体制が強化されればされるほど仮想の共同体は、ますます、非現実的で、幻想的なものとならざるを得ない。『国体の本義』が公刊されてから直ちに、日中戦争は全面的な総力戦段階に突入し、昭和十五年（一九四〇）の国家総動員法施行を経て、第二次大戦参加とともに急速に軍事的独裁的強制体制が確立して行った。その間に、国家の幻想は、ついに「神国日本」にまで上昇してしまう。しかし、このような幻想と裏腹に、総力戦体制の進行には、「家」や「部落」の論理が、いたるところでその桎梏と化しつつあることの現実を露呈させて行く。この幻想と現実の乖離をみてみよう。

3　経済統制にみる「国体」思想の現実的破綻

「国体の本義」で明示された日本的統合原理である「和」は、総力戦体制下の産業実践の場で、どのように扱われたか。昭和十五年（一九四〇）に創設の大日本産業報告会の綱領は、次のようにいう。

一、我等ハ国体ノ本義ニ徹シ全産業一体報国ノ実ヲ挙ゲ以テ皇運ヲ扶翼シ奉ラムコトヲ期ス
一、我等ハ産業ノ使命ヲ体シ事業一家職分奉公ノ誠ヲ致シ以テ皇国産業ノ興隆ニ総力ヲ竭サムコトヲ期ス
一、我等ハ勤労ノ真義ニ生キ剛健明朗ナル生活ヲ建設シ以テ国力ノ根底ヲ培ハムコトヲ期ス

ここでは「事業一家」と「職分奉公」という言葉に、「家族的共同体」と、分に応じた「全体」への「個」の帰属が、もっとも良く示されている。問題なのは、実は企業組織の根底に労資の利害の対立が存在するにもかかわらず、それが「事業一家」という、凝似共同体の利害にすりかえられている。しかも、それすら、国家の利害に奉仕すること（「奉公」・「報国」）で、達成されることになっている。このような思想が、表面上、神がかった狂信的修飾語で鋳られているにもかかわらず、その原型が、ギールケのゲノッセンシャフトの思想にあることが、指摘されよう。しかしこれが、ゲノッセンシャフトの域を超えて「個」の存在を無視した団体であることは、疑いない。すなわち、ギールケによれ

ば、個人は全体のなかで、独立の存在であるとともに、全体のための部分としての存在でもある。また、団体は、組織的単一体であるが、超個人的価値のある存在でもある。しかも、団体は団体の各構成員の集合体としての二面性を認めるのである。

これに対して、日本ファシズム下の国体思想は、「滅私奉公」の語に象徴されるように、最終的に「個」の全否定が予定されていることである。すなわち当時の論説は「滅私奉公といふことは、頭から『我』意を否定することでもなければ、厖大な全体のユナニミティの中に手もなく『個』が呑み込まれるのを見ていることではない。『私』がそのすべての機能を発揮しつつ、己がポストの中で死にゆくのを打眺め、これをよしとする心境をいふのである。(8)」と説明している。

かように無償の奉仕を無限に求めることを、国家の名において求める精神主義は、結局、労資紛争の中心問題である労働条件を、労資の自由契約に委せず、国家がこれを決定して行くことの正当性を蔽う外被の論理にすぎなかったのである。

他方、国家総動員法（昭和十五年）体制下の物資の統制についても、資本主義経済の営利性を排除して、公益（「全体」＝国民）を「個」の利益に優先させる建前がとられた。しかし、資本主義体制を維持しながらの経済の全体的統制と計画化は、しょせん、独占体制の強化と、経済構造における一層の資本主義的合理化を推進したことにすぎない。しかも、経済統制の進行につれ、「家族主義はこれをそのままに放任して置けば家族的利己主義」となり、「今日のやうな国家非常時にあつてさへ売りおしみ、買ひためをなし、更に闇取引が横行した」は、「決して単なる西洋的個人主義のみによつて然るのではなく、むしろその家族主義的精神の固定化による(9)」状況が噴出した。

また、経済統制法違反の取締りは、「共同体」的意識による反抗に、たえず、ぶつかることになる。物質の統制を行っても、国民は血縁や地縁の帰属集団とのつながりによっては、物質を横流しすることに罪の意識は薄い。摘発されても「親族や、義理ある人が困っているのに、助けないわけには行かない。」と「家」の論理を、逆手にとって反論して来るので、取締り機関は、摘発し難い。さらに戦時体制が進行すると、企業や官庁などの「公」の組織も、閉鎖的な「部落」意識を丸出しにして、物資の抱え込みを行う始末となり、近代的一元的な国家統制の貫徹は、ますます困難となる事態を招来した。このような、経済統制の破綻が、自由主義経済の個人主義的倫理に根ざすものという精神主義的発想に立てば、経済活動に全体主義的価値観の徹底は不可能ということになろう。

大河内一男は「新しい経済倫理が、営利性の否定をその性格とする。」から、「戦時統制下における生産活動の遂行を個人の営利的本能としてでなく、経済生活全体の生産力発揮のための意識的計画的活動として理解する人間、この強力な国家意思実現のための全体的統制の一分肢としての自己の社会的職能に対する客観的判断と自覚を持つ人間でなければならない。」とする。難解な言い廻しで飾っているが、要するに「個人的な経済活動と社会経済秩序の形成との不可分な繋りを意識しこれを日常的に理解してゐることを以て足りるのである。」[10]とする。

ここで、「全体」の一部分である「個」は、経済人としての、営利性の追求を否定されれば、「個」の自立を認められないと同様である。また、戦時体制下で、民間の一個人が国家全体の経済体制における自己の客観的位置など、わかるわけがない。したがって、強いて自由経済における等価交換の倫理以上のものを国民に求めるとすれば、それは国家による力の秩序を国民の人格の内面的精神の秩序に強制的に押し込むことにほかならない[11]。すなわち、法による形式的で外面的な服従の強制にほかならない。だが、このようなことが完全に通用するのは、「横の関係」で結合せる契約社会においてではなく、「縦の関係」で結合せる義理と人情の前近代的社会でなければならない。

ところが、この時期において総力戦体制を遂行するための計画経済の導入は、個別的な労資関係への国家権力の大規模な介入を必然ならしめた。たとえば、国民徴用令は、就業における国家の労資に対する強制介入であり、賃金統制令と相俟って、労働条件の均質化、画一化の方向で、家族経営的労使関係の解体を促進するのに大きな影響を及ぼした。また、従来、家族的雇用関係を象徴するものだった賞与が、多くの企業で一般俸給のなかにくり込まれ、退職手当が法制化されるなど、社会関係を権利義務の関係として、再編して行く過程が、進行しつつあったのである。したがって、家族主義的イデオロギーを強調し、非理性的な習俗の支配を導入して国家的統制を強化しようとしても、かえって、このような総力戦体制下での経済合理性の進行を妨げることにしかならなかったのである。

三　「共同体」としての「家」と家族

1　「家」の倫理とゲノッセンシャフト

すでに述べたように、『国体の本義』に象徴される「家」イデオロギーは、きわめて幻想的で現実離れしており、建前としては、ともかく、実際に制度を運用できる原理に転化できるものではない。そこで「家」の論理構造を明らかにし、これを普遍的な概念で再構成し直すことが必要となる。そうなると、やはり、明治以来のヨーロッパの論理と概念を使わざるを得ない。

たとえば、高山岩男は(12)「家」の倫理的構造とは「親が子を育て指導するという風な意味で、人倫の倫理の最も根本的な原型をなしてゐる。」とし、これを、社会制度としての家族から区別して「家の精神」と称する。この「家の精神」は、国家、社会の中に生きている。たとえば、「のれんわけ」のように「家の精神の拡大の傾向が日本の町人社会にあった。」

かくのごとく、「『家』以外のいろいろな団体の中に恒常係数のように『家』の精神が貫通している。」それは、「人倫の基礎となる事実的なもの」であり「同時にそれは日本の社会的理想」でもある。そして「家」は、「親子といふジェネレーションの違つたものから出来上る。」

また兄弟、男女、夫婦と「おのおの違つた機能、職分、天分で違つた能力が与へられていて、……違ったものが結びつきながら補足しあつて一つの調和ある全体をつくつて行く。」そして、とくに「家」においては、「少なくとも自分と平等の人格に育てることが親の責任だ。……そういう面に於てはゲノッセンシャフトの理念に合うかも知れないが、そこを更にもう一歩突込めば、親子と同時に親子関係をも超えた『実現』的な関係さへ見られる。」「だから今日八紘一宇といつたところで安易に考へられるように仲よくしようとか、たんに家族的な関係をそのまま連続的に増強するというようなことではなくして親が責任をもつて子を一人前の人間に育てるということの外に、更に男と男との誓いと云ふやうな実存的関係の一面がなければならない。」とする。

高山の説示は、①「家」の精神が、国家、社会、家族に共通するエートスであること。②「家」は、親子、兄弟、夫婦の機能的結合であること。③とくに親子関係が基礎的関係であること。④その親子関係は、教導関係を基礎にした実存的な関係であること。⑤日本の東洋諸民族に対する関係も、教導関係を基礎にした上で、平等な機能的結合という実存的関係が必要であることである。

すぐ判るように、この一連の考え方の下敷きは、高山も明言するギールケのゲノッセンシャフトの考え方である。すなわち「『家』の構成から、親子、夫婦だのを取り去つて見ると、ギールケの『ゲノッセンシャフト』のようなものが出現してくる。……『家』にもギールケの云ふゲノッセンシャフト的な要素があると考へるので、『家』の構成員は凡て一方で『一人』で、独立の人格といふ面をもつている。この点で、『家』の構成は非常に複雑といふか、豊富なもので、所謂個人主義とか全体主義とかいふものでは尽くせない深さがある。」

ところで、ギールケによると、人の結合体を支配的団体と組合的団体に分け、この二つの根源的結合を「家」の中に見出す。すなわち、祖父母・親子・孫の縦の親等関係にある家族は支配的団体であり、兄弟姉妹の横の親等関係にある家族は、組合的団体である。この縦と横の親等の交叉点に「家」が位置する。しかし、ギールケにあっては、個人の存在が「共同体」の中に溶解するものではない。「人間は、自己自身の存在があり、目的がある。したがつて、その範囲内に於て各人が根源的なものとして国家に対立する。[13]」国家的共同生活と個人生活は、互いに補完し合っているが、国家的存在と個人的存在とは二つの独立した生活域であろうとする。

以上のように、ギールケにおける国家と個人の関係は、日本の「家」の精神のように個人が国家と根源的に対立せず、いつの間にか国家の一部に個人がなって、個人の私的領域がなくなってしまうのとは、わけが違う。また、ギールケは国家の形成が国民の共同意思に基礎を置くとするから、日本の家族国家とは異なる。さらに、日本の「家」の中心が、親子関係であるとすることは、「家」における縦の秩序が基本であることを示す。

それにもかかわらず、ギールケ理論を高山たちが借用したのはなぜか。それは、ギールケ理論における団体の超個人的実在性、それから生じる団体の普遍的意思と、支配的団体原理と組合的団体原理による共同体組織論から「個」の独自性を抜けば、日本の「国体」論を補強するのに、なじみ易かったからであろう。だが、「個」の独自的存在を前提にしなければ、少なくとも国家に対する個人の権利、義務を法規範との関係で理論化するのは難しい。これを家族法規範に関して、民法学理論の対応を見よう。

2　家族法理論と「家」

穂積重遠は、「人の人たるゆえんは、人と人との結合に在り」（ギールケ『ドイツ団体法』の序言）を、自分の主著『親族法』の冒頭に掲げ、かつ座右の銘としたほど、ギールケに私淑した。それゆえ、穂積重遠の家族法学が、ギールケの「個」と「全体」についての思想を摂取しているのも当然である。

まず穂積重遠は、(14)「個人なるものは、一人一人として大切なものである。しかし一方から云ふと、一人一人では個人も存在し得ない。個人は先づ第一に家を作っている。そこで家に重きをおくといふことが考へられる。これが家族主義であります。」として、まず、個人の存在を前提にする。

しかし（日本の現実は）「従来、とかく家のために個人が縛られて個人が十分に発展することが出来ない気味があつた。そこで個人主義と家族主義が矛盾し衝突することになつて来たけれども、これは本当のことではない。」家と個人の関係では、「（家を）を組立る一人一人の個人が充実しなければならず、個人は又家の隆盛によつて自己を発展させることが出来る」とする。

次に、個人と社会の関係では、「一方に於て、我ここに在りといふ個人的自覚をもつと同時に、我人と共に在りとした社会的自覚によつて一人一人の個人が集つて人格の相互的尊重の下に共同生活をしてをるところに人間の値打がある。」とする。さらに敷衍して「人類の共同生活を立派にするためには、一つ一つの粒がよくなければならぬ。而して、一つ一つの粒を良くするには、全体の共同生活がよくならなければならない。その両方面の相伴つたことが、人類が今まで発展し得た所以である。即ち『人の人たる所以は、人と人との結合に在り』と云ふことになる」とする。

われわれは、ここにギールケの個人と団体の相互関係が、平易に説明されているのを見るのである。しかし、穂積重遠が「人と人との」結合と訳したのは、ドイツ語の適確な訳語としては統合となるのではなかろうか。すなわち、ギールケの本旨は、個人は「個」の独自性を自覚するとともに「全体」の部分として自己を自覚する。したがって、個人が一定の民族、国家、教会、職業団体、家族などいかなる団体にも帰属しなかったなら、自己を自覚することが難しいことになる。すなわち、この場合の人と人との結合とは、契約の場合のように利害を中心に抽象化された人間の結び付きとは異なる。自己の存在を帰属団体との相互関係のなかで自覚するゆえんは、人と人とを統合して団体化するということにあろう。その意味では、ギールケを、より個人主義的に理解していたと言えないだろうか。すなわち、穂積重遠は「最大限度に個人を充実発展させるのが個人主義である。今日の世界および日本が、これだけの進歩をしたのは個人主義のお蔭である。」とまで、言い切っている。

このような視野の下に、民法では、(15)「親族団体に二種の形式があり得る。一は、家長戸主を中心とする家族団体であり、他は夫婦と其保護の下に在る未成年の子との共同生活である。前者は即ち家族制度であり、後者は所謂個人制度である。」とする。しかし(16)「今日、我国の制度は此大家族、小家族の中等位にあるやうになつて居ります（が、）……実際上の共同生活と民法が認めて居る家とは、必ず一致するものでない。民法の家と云ふのは、……戸籍の一枚の紙に書いてあるだけが家で、謂ば紙の家であります。」とする。結局重遠は、「家を家族の共同生活」と考えるから、「道徳上の関係、或は法律上、其人に無暗に権力を有たしては一家が円満に行くべきものでない。」ことになる。以上から、穂積重遠は、民法の戸主権を中心とした「家」制度には、かなり批判的なことがわかる。それだけでなく、個人の完成が、社会の充実という、西欧型市民社会の発展を、理想とすることもわかる。当然のことながら、「個」の存在を「全体」の前提にせず、「共同体」の中で異端の考えを排撃するファシズムには、反感を有する。穂積重遠は「全体主義といふ名前をつけて一切それに割当ててしまい、一つの主義が正しくて他の主義が間違でもあるとする考へ方は本当でないと思ひます……」と断言している。[17]

だが、重遠の学説には、①共同体社会の原型の団体としての家族と、利益社会および国家との理論的統合がない。②ギールケにおける縦と横の親等関係の交叉点にある「家」を、日本の現実に合わせて再構成していない。③そのことは、日本の「家」も個人より組織されるとして、民法上存在する戸主権中心の権力的、団体主義的「家」に対する現実的解決の理論を用意できなかったことにも通じよう。

われわれは、これらの問題を、穂積重遠の戦前における正統な後継者・中川善之助の「統体法」論に問うてみよう（第四章参照）。

中川善之助も、大正末期にヨーロッパに留学し、穂積八束、穂積重遠と同じく、フエステル・ド・クーランジュ著『古代家族』に描かれた古代ローマ家族と、日本の「家」との親近性に感銘を受けた。しかし、八束と異なり、彼は、これを過去の歴史上の所産とし、現代の西欧近代家族は、その後、家族制度が、歴史的発展を遂げた結果として、とらえた。したがって、日本の「家」制度も、この西欧近代家族へ発展の、過渡期的存在として考える。他方で、ギールケの「家」の発想と併せて独自の理論構成をとる[18]（ここに、同じ古典から摂取する思想であっても異なる世代の学者では受け止め方がまったく異なることがわかる）。

それは、まず家族の発展を、氏族制の歴史以来、抽象的・超世代的家族態＝大家族＝「家」から、現実的・一世代的家族態＝小家族＝婚姻協同体への推移ととらえる。そして、日本の「家」は、具体的・「現実的家族態」である婚姻協同体の「一連鎖としての抽象的存続」である。しかし、それは「尚ほ未だ宗教的および心理的方面に於いて抽象的家族制度（「家」）を明らかに保存して居るが故に、現在の生活規律を主題とする法律に於いてもまた斯る国民感情の事実を無視することが許されない」から、民法に戸主制度の規定があるとする。そして、身分法について西洋諸国では、親族・親子・婚姻関係の三次元構成で、親子法と婚姻法は同列である。これが日本では、家族法が加わる四次元構成の上に、「家族法が首位に立って他の身分関係を規制してゐるかに見える。」しかし、「現代日本の実生活が種々の点について西洋諸国と大差なき」状態にあるから、法典上の「家」と、現実の家族生活との乖離を縮めるために、ここに「家」に代る家族概念として「統体としての家族態」が考え出される。

すなわち、「家族態は一統体をなしており、その中の人は家長にしろ族員にしろ、（親子や夫婦も）家のために隷属する不自由人である。」ので、これが身分法の規律対象であるとする。ここで、人間の身分関係の社会結合は、「自然的・自生的で……人間が有機体としての本質上必然的に結合する関係」である。また、それは人間の全人格的な結合であり、「成員の個体的存在が、そのまま全部的に全一体の存在の中に溶け込んで、全体の生命が個体の核心となり、……成員の凡ゆる感情が、初めより、また常に全体の構成分子としてのみ働く関係である。」とする。

この考えは、「全体」の単一的存在を認めるとともに、「個」人の独立性を否認せずに、「個」人の有機的結合の集合体としての「全体」を承認するギールケの団体法論に忠実である。だから、「統体法」論は、「統体としての家族態」の構成員である「個」人の独立性を否認はしない。しかし、その「個」人は（家長といえども）「全体」である「統体としての家族態」の部分であり、「全体」の意思に服する不自由人である。けだし、ここにおいても「全体」の意思は「個」の意思を統合した普遍的意思となっているからである。したがって、戸主や夫は、この「統体」の普遍的意思として、「正当な統体組織を維持するためにのみ」その権限（戸主権、夫権）を行使することができる。[19]しかし、「この状態の構造は法規がこれを定型化して示す所に懸り、個人的悪意の改竄変造を絶対に許さない。」また、その行使の結果は「「統体」支配は、支配者自身をも拘束するが如き支配」だから、戸主や夫も拘束することになる。

このように、中川「統体」法は、従来の「家国一体」論のような「全体」の中で「個」の存在が否定される理論には、ついになり得なかった。

他方で、中川「統体」法論は、テンニエスのゲマインシャフトとゲゼルシャフトを下敷きにして、前者を本質的社会結合（たとえば、家族）とし後者を目的社会結合（たとえば企業）として説明する。したがって、個人と家族・社会との結合関係を説くが、家族生活の延長上に、社会や国家を捉えることもない。すなわち、家族共同生活の精神を共有する部分社会や、「共同体」としての国家を考えていない。だから、「統体」法論が、家族生活の集団意思を和合とするにもかかわらず、これが国家・社会を「家」の精神で統合した「家国一体」論のような組織論にもなり得なかったのである。

むすび

「国体明徴」を合言葉に、国民が、非合理な情念に衝き動かされていた時代を象徴するかのように、昭和十五年（一九四〇）十二月六日、政府は戸主選挙制度案を閣議で決定した。「家以て国を為す」の「家国一体」論を現実化しようとしたわけである。しかし、いざ具体的施策に着手しようとすれば、現実の「家」は形骸化しており、「家」と世帯の区別が不可能なこと、したがって、世帯主と戸主とを識別できないこと、なによりも、分家が届書一本ですむのだから、選挙めあての分家続出で「家」制度の分割を促進するという逆効果さえ予想されることに当局者は思い至ったようである。

この法案について、中川善之助は反対意見を述べた際に、日本に二つの家族観があると批評した。(20)

すなわち、一方に由緒正しい家系の名家名門である上層の「家」を基準に考える者と、他方に戸主も家族も働いて共同生活を完うしている庶民の「家」を基準に考える者とである。歴史に現れるのは上層の「家」であるから、前者をもって「日本古来の美俗」の「家」として、その他の家族生活を異端と考える国粋主義にも符節が合う。けれども、後者は、百姓、商人、労働者である国民の大多数の現実の家族生活を基準にして考える。したがって、後者が法制を考えるときには、「国粋的な情感よりも社会的理智を先に」したがる。とする。

また、現実の国民の大多数は「国勢調査の示す如く、平均五人強の世帯に於て生活している。……「家」の数は世帯の数より遥かに少い」、「かくの如く小さい世帯が、四方へ交通しつつ生活してゐる社会では、「家」の血統継続といふ方面より、その経済的安定といふことの方が余計に問題となってくる。」したがって「「家」の法律は……国民をして先づその現実の家族生活に不安なからしめたる上、継続せる祖先の祭祀はこれを絶やさないだけの用心をするといふ態度が好ましい。」とする。

中川の指摘するように、このような二つの家族観の対立は、法典論争（明治二十二～二十五年）以来の「家」の理念と現実との乖離をふまえたものであった。のみならず、それは「家国一体」論として、家族生活に関する法律の正統性の究極的な根拠を法律に求める立場と、「統体法」論として、それを社会に求める立場との対立でもあった。けだし、「事実の先行性」を法解釈体系の基本概念に据える「統体法」論は、「社会従って法律」というように、いったん、成立した法律も常に社会の現実に沿うように修正されなければならないとするからである。したがって、たえず社会の現実に根ざす中川「統体法」論では、幻想の共同体である「国家」が、現実の存在である「個」人を無視して「全体」意思としての法律を定立するようなことを受けつけられない。ここに、戦時中の「国体」論に、背を向けていた中川家族論の一つの理由が、見出されよう。

しかし、中川「統体法」論としても、究極的に「個」人の存在が、国家に対立するものであるとの認識はなかった。

かように、「国体」論に対するもっとも批判的な家族法理論でさえ、「家」制度の本質的批判者ではなかった。そのことは、戦後の家族制度改革において、われわれが「家」制度から解放された個人が、果てしなく「私」利を追求し、私的欲望の体系の下に個人の人権を圧殺して行くことを止める理論をついに持ち得なかったことにも通じるであろう。けだし、本章の冒頭で論じたように、もともと「家」のイデオロギーとしてあるのは、日本人の本質の、タテマエである。ホンネである「個」の利害が「全体」の利害と一致すると主観的に思い込み、「個」の利害の積分されたものを「共同体」の利害に擬制するからこそ、猛烈な集団的競争力と、排他的敵愾心を生じるのである。戦前においては、このようなホンネを表に出すことは、タブーだった。このホンネは、常に「家」イデオロギーで武装されて現れざるを得なかったのである。

戦後改革は、この「家」イデオロギーの武装解除を行ったから、これまでホンネであった「個」の利益追求が表に出てしまった。ここで戦前と論理は逆転して、「個」の利益追求のためには、帰属集団の共同利益が追求されねばならない。帰属集団の共同利害の最大なものは国益だから、個人の利益追求は究極において国益追求と一致することになる。単純化して言うと、個人の私利追求は、ホンネもタテマエも承認される。しかし、私利を得るために、企業や国家の存在価値を認める。少数の「個」の利害が、多数の「全体」利害と対立したならば、「全体」利害が実力で少数を支配する構造も用意されたのである。

最後に「個」の存在が強く主張されると、家族制度そのものが解体する傾向に向かうことは、すでに戦前から恐られていた。ドイツのナチズムでは、このような家族の解体を恐れず、かえって強大な国家権力が、家族を解体して、直接、個人を把握することに向かう傾向さえあった。強大な国家権力によって最後に解体される社会組織は、家族制度だからである。この点、日本の「家」制度は、国家権力と未分離であり、この問題が露わに出なかった。しかし、強力な国家権力による管理社会化の進行が現実化しつつあるときに、われわれは、家族解体による「個」人の国家的統合の問題を深く考えざるを得ないだろう。

註

（1）この点、戦後改革が、個人主義に立って、ひたすら日本的特質を前近代的なものとして切り捨てながら、西欧モデルを追いつづけたのとは対照的である。その結果、それは国民の「私」的欲望の体系を解放して、資本主義的合理性の貫徹を急速に進めることにはなった。しかし、それが個人の完成とは、ほど遠いものであることは、今日、われわれが見る通りである。
（2）山口定『ファシズム』（有斐閣、昭和五十四年）一二六〜一二八頁。
（3）玉城哲『むら社会と現代』（毎日新聞社、昭和五十四年）四七〜五七頁。
（4）穂積八束「民法出デテ忠孝亡ブ」（『法学新報』五号、明治二十五年）。
（5）松本三之介「家族国家観の構造と特質」（『講座家族』第八巻、弘文堂、昭和四十九年）七七頁。
（6）依田精一「民法における家族の『一体性』概念」（『現代家族法大系1』有斐閣、昭和五十五年）一八七〜一八九頁。本書第四章。
（7）依田精一「戦後家族制度改革の歴史的性格」『家族・政策と法Ⅰ』（東京大学出版会、昭和五十二年）二二七〜二三九頁。本書第六章。
（8）河上徹太郎「『個』の運命」（『中央公論』昭和十六年十月号）。
（9）柳田謙十郎「家族結合と国民結合」（『中央公論』昭和十七年八月号）。
（10）大河内一男「『経済人』の終焉」（『中央公論』昭和十七年六月号）。
（11）川島武宜「経済統制における法と倫理」（『法律時報』昭和十七年一月〜二月号）。
（12）高山岩男「東亜共栄圏の倫理性と歴史性」座談会、出席者、高坂正顕、鈴木成高、西谷啓治、高山岩男（『中央公論』昭和十七年四月号）。
（13）石田文次郎『ギールケの法学』（三省堂、昭和十九年）七六〜七七頁。
（14）穂積重遠『婚姻制度と現代思潮』（南予文化協会、大正十三年）一〇九〜一一〇頁。
（15）穂積重遠『親族法』（岩波書店、昭和八年）一〇頁。

(16) 穂積重遠「親族法講話」『共同生活観念の確立』(教化団体連合会、大正十四年)三四～三五頁。
(17) 穂積重遠『婚姻制度と現代思潮』四三頁。
(18) 中川善之助『略説身分法』(岩波書店、昭和五年)なお、中川『統体法』に関しては依田精一前掲(6)参照。
(19) 中川善之助『身分法の基礎理論』(河出書房、昭和十四年)。
(20) 中川善之助「『家』の性格」(『中央公論』昭和十六年二月号)。

第六章　戦後家族制度改革と新家族観の成立

はじめに

1　戦後体制における家族の地位

戦後家族制度改革は、民主化と近代化の二つの側面を持ちながら開始され、民主化の側面が脱落して行くなかで、漸次、戦後家族制度として定着した。それは、家族が、戦前体制の解体、再編統合の一環として出発し、結局戦後体制の安定装置の一つとして組み込まれるまでの過程でもある。

それゆえ、これを戦後日本の資本主義経済過程と併進する国家、市民社会、家族の構造的関係に照らして考察する必要がある。

すなわち、戦後日本は、私的欲望の体系としての市民社会の純化を推進し、個人の私利追求を全面的に解放した。私化・個人化の論理は、家族関係にも貫徹した。戦前の天皇制家族国家における、家族統合の論理である「孝」の延長に、国家統合の論理である「忠」を重ねることは廃止された。だが、市民社会による家族の総括は、家族解体の不安を絶えずもたらし、ひいては、家族における体制イデオロギーの再生産を不可能にしかねない。そこで、戦前の

「家」イデオロギーに代わる、戦後の新たな家族観を創出することによって、家族の統合を図り、それによって家族を体制にビルト・インする必要が生じる。このような家族観が、体制の一方的押しつけでできるわけはない。体制内の諸権力集団の家族観と、国民の各階層の家族観とは、複雑に交錯し、それが支配者側の上からの「民主化」・近代化と、被支配者側の民主化運動との相克・対抗関係のなかで、漸次、一定の形を成したのである。

2　戦後政策と戦後家族観

そこで、具体的には、第一に体制側のさまざまな戦後政策のなかで、家族が、どのように扱われ、どのような家族観を基礎にして処理されたかを問題にしなければならない。それには、戦後改革が、一応安定する時期とみられる講和会議締結の年である昭和二十七年（一九五二）までの政策総体のなかで、直接間接、家族にかかわり合いを持った立法を抽出して、その立法過程において、いかなるコンテクストの下に、家族に議論をかかわらせたかを検討しなければならない。

第二に、戦後民主主義を推進した国内の諸勢力の家族観を析出し、それを家族に直接間接かかわりのある運動の側面から照射しなければならない。そこには、明治以来の市民社会的な自由主義の価値観を担う都市エリート層の思想に主導される個人主義的・市民社会的家族観と、労働者層に代表される階級的家族観とが含まれていた。前者は、進歩的・自由主義的学者によって主導され、戦後民主主義的家族観を代表するかに見えた。このことは、戦後体制も資本主義体制であり、市民社会として純化してゆく志向を示すかぎり、体制の主流が遅かれ早かれとりあげざるを得ない家族観である。その意味で、この家族観は、憲法改正以後、急速に体制内に収束されてゆく。そして、階級的家族観は排除され、戦後民主主義の家族観は、階級的基盤を失い、みるみるうちに生彩を失っていった。

第三に、国内の諸勢力の担う家族観が、議会の場でつき合わされる。その結果、旧体制の解体と新体制への統合を立法化し、民主的家族観を体制内に収束化したとき、その形骸化が生じる。

第四に、形骸化した民主主義的家族観による立法が、現実の家族に適用された場合、行政の恣意的バイアスによって、さらに大きく歪曲される。したがって、行政実務における家族観は立法段階におけるよりも、さらに非民主的権力的家族観となるであろう。その意味で、行政実務における家族観との対比が必要である。

第五に、裁判所において、権力機関内部のさまざまな価値観と、その時点における国民の側のさまざまな価値観とが、最終的につき合わされる。そのなかから、多くの場合、体制側からみて最大公約数的・現状維持的な家族観が判例とされる。判例も、その意味では、その時点における体制側の最大公約数的家族観の指標ともいえるであろう。

第六に、戦後家族改革が、占領体制下で行われたということを考慮に入れなければならない。占領軍からの改革のインパクトが、直接間接に戦後家族観の形成に作用したことは、まぎれもない事実である。それは、一面では政府およびそれを支える勢力が、絶えず戦前体制の温存と復帰をはかる方向に志向するのを阻止する強力な力として働いた。しかし、同時に、それは日本の非軍事化と近代化が、アメリカの国益に必要な限りでしか機能しなかった。もっとも家族制度改革は、占領政策の第一義的目標ではなかった。昭和二十年（一九四五）十月二十三日のいわゆるマッカーサーの五大改革の要求は、憲法の改正、財閥の解体、教育の自由主義化、労働組合の育成、婦人参政権の採用であって、直接「家」制度の改革を要求するものではない。その後、同年十一月十二日の声明で農地改革が指示されたが、地主小作関係の解放が主たるものであった。しかし、それでは、ＧＨＱが全く家族制度改革に無関心であったというわけではない。日本の「家」制度が、天皇制家族国家の基礎をなし、狂信的軍国主義の温床であることを覆すには、婦人を政治に参加させ、農村の前近代的地主制から農民を解放し、労使関係を近代化することで足りるとした。さし当たって欧米的な合理主義からみて、近代社会的水準に照らしてははなはだ不十分なものだけを改革する政策であったようである。そのことはまた、直接には、排外的、軍国主義的、経済侵略的なエネルギーの源泉を枯らし、日本の非武装化をはかるためであったともいえる。また、「家」制度を改革し、近代的家族制度に移行させることは、その政策の成果を高めるために必要であったともいえる。だが、非軍事化が終ると、占領政策は、民主化を欠落した近代化と、反共体制の確立とを追うようになる。家族制度改革は、家族の個人化を進めることで、政治的無関心を促進させるような場の日常的設定としての家庭を創出する方向においてのみ、反共体制を補完できる。この意味で、家族の近代化が占領軍からも推奨されるようになる。

第七に、いうまでもないが、家族制度改革の民主的側面は、当時の世界的民主勢力の潮流に押されて実現したものである。その意味で、日本政府はもちろん、占領軍といえども、一定限度以上の民主化政策の歪曲は不可能であった。しかし、内外の民主勢力の退潮する時期からは、家族制度改革も、内外の独占資本の論理によって歪曲されてゆく。戦後家族制度改革の歴史は、このような力関係の相克の上に組み立てられるべきであろう。

3　研究の現状と資料

このようにいくつかの視座を設定したが、このすべてをここで検討することは不可能である。したがって、主として第一から第三までを検討したい。資料的にも、帝国議会および国会の立法資料、公徳会資料、建議資料、陳情資料、予算、決算資料と、新聞資料が中心となる。行政資料は、戦後改革の時期に廃棄されたものが多く、文部行政資料などわずかしか利用できなかった。法務省関係の立法資料は、我妻栄「民法改正の経過」所載以外は、ほとんど㊙であって利用できない。民主化運動の資料は、政党機関紙、婦人民主新聞など、きわめて限られたものと、一般新聞の雑報や投書を追うほかはない。GHQ関係は、Political Reorientation of Japan,Sept.1948およびForeign Relations of the United States 1945～1947（一九七四年現在、一九四七年まで刊行）が、国内で入手しうる唯一のまとまった資料である。そのほか、Starsand Stribes紙も、アメリカ軍機関紙なので比較的多く占領軍の政策が解説されている。国際的世論の動向は、New York TimesやThe Timesに出ているが、日本の家族制度改革については、あまり論じてないようだ（ただし、日本の新聞にも一部紹介されている）(1)。記録になった資料が、すでにこのように乏しいのであるから、当時の事情に詳しい当事者の証言を掘り起すことが必要なことはいうまでもない。しかし、これも計画はしているが、まだ一部しかできていない。資料の種類は乏しいが、国会（帝国議会も含む）の立法資料として、委員会および本会議で、直接間接、家族にかかわる議論を行った立法だけでも、昭和二十年～二十七年（一九四五～五二）までで、ほぼ一〇〇にのぼる。

一　旧体制と家族制度改革

敗戦は、伝統的な天皇制家族国家の理念を打ち砕いた。また、社会的には国民の、引揚・疎開・復員などの水平的大移動と、追放や階級的転落による大多数の下層平準化および少数の成金などの社会的上昇にみられる垂直的大変動が行われた。このような状況の下で、支配層は、何とか旧体制を最小限の民主化の装いで維持しようとする。また、頼るべき理念を突如として失った大多数の国民も、その情緒的不安定から、旧体制にしがみつこうとする。このとき、家族は、最後の拠り所として機能した。政治的解放の進行にもかかわらず、それが家族制度改革に及ぶには暫く間があった。だが、軍事的解体と平行して、婦人、農民、労働者の、旧体制秩序からの解放は進行した。それらは、やがて来たるべき家族制度改革の社会的地ならしでもあった。

1　旧体制と婦人参政権

(1)　敗戦直後における支配層の家族観

敗戦直後の支配層の家族観と女性観を敗戦処理政策に現れたかぎりでみてみよう。

敗戦とともに、勤労動員中の女性を家庭に復帰させた政府は、国民に対して女性に関する二つの方針を示す。それは、「男に科学、女に躾」(2)であり、また「次の国民は、母の双肩に」(3)である。伝統的な家父長制家族道徳の中に婦人を縛りつけるとともに、婦人の母性としての側面を強調し期待する方針である。そのことは、直接には大量の失業が予想される社会的状況に対応して、「男子の失業に代えるに、女子の失業を以てする」(4)応急対策でもあった。だが、それだけでなく、同時に純潔を中心とした家族道徳を強調しつつ家庭に婦人を埋没させる路線をも示すものであった。それによって、家族を体制イデオロギーの再生産機構として利用できるからである。そのために保守的な婦人エリート層の談話も盛んに利用される。たとえば、敗戦直後の村岡花子の談話は、「心にも姿にも隙を見せるな、享楽文化の誘惑と闘おう」という大きな見出しで、次のように掲載される。

私達は、過去のか弱い女性ではない。この認識から出発しなければならない。それには私達が戦う勤労から得た教訓をあくまで身につけて……日本女性としての本来の生き方を見極めて決してほっと気を許し昔の甘い夢を追ってはならない。……戦争がもう終ったのだからといふ極く安易な考へで急に化粧をしたり、長袖の華美な服装をしたりする。こんな悪い影響がもし一般の風潮となったら、これこそ「国体の護持」も、将来における民族の繁栄も何もかも考へられない……私たちは、平然として占領軍の目の前で、今まで戦ひつゞけて来たと同じ姿と同じ精神で、歴史と文化を持つ栄ある日本民族の女性として毅然と生きねばならない。……その決意は、今後

における何年かの苦難と享楽文化の誘惑に敢然戦ひ勝利を勝ちとるものでなくてはならない。(5)

村岡の談話は、敗戦直後の支配層の婦人観、家族観を代弁するとともに、後の占領政策に対応する支配層の家族制度改革の構想を暗示するものであった。そのことは、初期占領政策の進行のなかで、民主主義への同調を強制されながら、最後までいわゆる淳風美俗としての国体と家族制度を護り抜こうとする旧支配層の態度にもっともよく現われたといってよい。

そもそも国体護持と家族制度の維持は、旧体制のイデオロギーの中核であって、相表裏するものである。それゆえ、支配層は軍事治安の大権を取り去った天皇制と、家父長的専制権を引き抜いた家族制度による社会秩序の再編によって、民主主義への同調を装いつつ、占領政策との妥協を図るようになっていくのである。

(2)　占領政策の開始と婦人参政権

アメリカの戦後対日政策は、昭和二十年（一九四五）九月二十二日、「降伏後におけるアメリカの初期の対日方針」に提示されている。そこでは、アメリカの「究極の目的」が、日本をして将来再びアメリカの敵対者たらしめないことを本質としながら、たてまえとしては、日本のファシズムおよび軍国主義が再び世界の平和と民主主義を脅かさないような、「平和的かつ責任ある政府の樹立」をはかるものとする。このための対日軍事占領は、「武装解除ならびに非軍国主義化」を主要任務とする。武装解除は、非軍国主義化の前提条件であるが、非軍国主義化は、「非軍事化」と「民主化」の二つの側面を有していた。民主化は、民主主義的諸制度の導入を予想させた。(6)

このような占領方針に直面して、支配層と政府は、「民主化」を自らの掌中にとどめようとする努力を開始した。東久邇宮内閣は、議会制度の改革と憲法の改正に着手し、九月二十八日、議会制度審議会の設置を閣議で決定した。

そこでは、参政権の年齢引下げや婦人参政権などが採り上げられた。政治的参加の範囲を拡大することによって、政治的安定をねらったことは明らかである。これよりさき、すでに婦人参政権については、九月十一日に、戦前からの婦人運動家たちによって結成された戦後対策婦人委員会によって採り上げられていた。市川房枝、赤松常子、山高しげり、河崎なつ、宮城タマヨ、山室民子たちは、二十四日の初会合で、婦人の政治結社への参加の自由、二〇歳以上の婦人に対する選挙権、二五歳以上の婦人に対する被選挙権の獲得を申し合せた。(7) これらの運動や戦前からの立法経験なども参考にしながら、政府が婦人参政権を検討したであろうことは想像できる。だがそれが、政府に民主的婦人観・家族観があってのことでないことは、もちろんである。占領政策への妥協、婦人の政治参加による政治的安定度の計算の上に、対応していったとみてよい。

この時期に、これを民主化の内容として実質化する主体的な民主的勢力の結集が遅れていたことは否めない。したがって国民の中にも民主主義を選挙以上に掘り下げて理解する力は乏しく、新聞の投書では、(8) 婦人参政権の反対論が三分の一を占める有様であった。

だが、十月に入ると、解放された社会主義者や共産主義者による天皇制打倒が唱えられ、投書にも天皇制批判が登場し、天皇制論議は、一挙に内外世論の焦点となる。しかし、GHQは、すでに立憲君主制の枠内に、民主化政策をとどめるつもりであった。十月十一日の「五大改革指令」は、婦人参政権、労働組合の結成、教育の自由主義化、専制政治からの解放、経済の民主化を要求したが、天皇制の廃止を唱えるものではなかった。ともあれ、これによって民主化の具体的な内容が要求され、一定の方向が示されたことになる。GHQは、この方向で民主化の実行に着手し、つぎつぎと指令を出していった。十月二十二日の軍国主義教育を禁止する指令、十月三十一日に、軍国主義教員の即時追放の指令、十一月二日、財閥資産凍結・解体の指令、十一月二十日、皇室財産凍結の指令などである。

これに対応して、政府も十月十五日に治安維持法を廃止したほか、政治思想犯を釈放し、しぶしぶながら、治安弾圧体制を緩めていった。しかし、そうなると、これまで力で押えつけてきた国民各階層の改革のエネルギーの噴出は必至である。これが政府の支配体制を覆えさせないようにするには、このエネルギーを上手に誘導し、新たな規制の枠に閉じこめることが必要である。かくて、新たな制度の創出は焦眉の急となった。しかし、もちろん、それは旧支配層の基本的な利害を損なわないことが必要であった。このために政府は、ＧＨＱの民主化要求の程度を注意深く計算しながら、最少限度の体制の改革を図った。それが、第八九回帝国議会における婦人参政権、第一次農地改革、労働組合法となって現われる。だが、この時点で政府は、ＧＨＱが五大改革要求に天皇制と「家」制度に触れるところがなかったことから、ＧＨＱおよび世界の民主勢力のインパクトを誤算していたし、また、国民の階級的革命のエネルギーも軽視していたようである。天皇制家族国家から軍国主義的色彩を拭い去り、「家」制度の権力的要素を修正すれば、さしたる社会的変革なしですむと考えていた。しかし、「家」がたんに習俗的道徳的存在であるだけでなく、民法を中心とした法制度上の存在であり、それが国民の市民的人権を無視した明治憲法体制の下に成立していることは、明白な事実である。ところが、婦人参政権における政治的基本人権の保障、農地改革における農民の解放、労働組合法における労働基本権の保障などは、これまでの基本的人権保障を欠く明治憲法体制に抵触する。したがって、これらの改革の進展自体が、たんなる体制の弥縫以上の意味を含むものであったといえよう。そのことは、やがて内外の民主化の圧力とともに、直接には法体系上の矛盾となって現われる。

これがもっとも顕著にみられるのは、議会における婦人参政権の審議である。

(3) 淳風美俗と婦人参政権

婦人に参政権を与えることは、政治的自由を婦人に保障し、国政決定に参加させることを意味する。政治的決定に参加できることは、政治国家の次元における政治的人間としての基本人権である。そもそも近代的人権は、市民社会における個々の対立する利己的人間が国家によって普遍的な権利主体としてみとめられた権利である。それゆえに、市民社会の自由権は、それと政治的国家との関係からのみ基本的に解明されうる。(9) すなわち婦人参政権は政治次元における男女同権の現われであるが、男女同権は市民社会における個人の自由・平等が前提とされる。それゆえ、旧体制の支持者が婦人参政権は、男女同権の前提になる「個人主義的思想カラ起ツテ来ルノデアリマシテ、我ガ国ノ家族制度ト云フモノトハ相容レナイ」(第八九帝国議会衆議院、衆議院議員選挙法中改正法案外一件委員会議録、第二回、昭二〇・一二・六、東条委員、三五頁)という質問は当然である。だが、これに対し、政府は、「従来ノ家族制度ト矛盾スルトカ、家族制度ノ基調ヲ崩ストカ云フヤウナ心配ハナイモノト考ヘテ居ル……」(同、堀切内務大臣答弁)ので、政治上の男女同権を認めても、家族制度はほぼそのままにしておく。したがって、「民法上、刑法上ニ付キマシテハ、現状ヲ維持シテ行クト云フコトヲ考ヘテ居ル」(同、堀切内務大臣答弁、三五頁)ことになる。また、実定法の解釈上でも、家父長的夫権的支配の強い民法の規定を変えないで、婦人参政権の実行に支障がないはずはない。たとえば、妻が立候補した場合に、選挙費用の支出・借入などは、民法上、不動産または重要な動産に関する権利の得喪を目的とする行為をなすには夫の許可を要することに該当する。だが政府は、「夫ハ、必ズ許可シナケレバナラヌトカ、或ハ許可ヲ要ラナイトカ云フヤウナハツキリシタ規定ヲ法律デ設ケルヨリモ、ソコハ一応自由トシテ置キマシテ……」(同、岩田司法大臣、五二頁)と問題にしない。かように妻の行為無能力の規定さえ改正するつもりがなかったくらいであるから、家族制度を直接改革するような親族法・相続法を改正することなどは思いもよらない。それどころか、「婦人ニ参政権ヲ与ヘマシテ、従来ノ家族ノ長所ヲ益々発達サセル……」（同、第一回、昭二〇・一二・四、堀切内務大臣、一五頁）という始末である。だから政治的権利の保障は、「戸主、家長ト其ノ家族、特ニ婦人ト云フモノトハ、各々政治上ノ見解ヲ異ニシ、各々ノ個性ガ発達シテ行ク……」ことになる。それでも、家族制度が、「一面ニ於テ淳風美俗ナリトシテ其ノ長所ヲ助長シテ行ク時ニ於テ、民法ノ親族法其ノ他ノモノヲモヤハリ改正シテ行カナケレバナリマセヌ、ナラバ、政府ハ積極的ノ対策ガナケレバナラヌ筈デハナイカ」（同、第一回、上田委員、一六頁）と迫られる。これに対して、政府は、「唯婦人ノ投票ハ……大部分ヤハリ主人ト同ジニナルノデハナイカ、……是ハ只今ノ御説ノ我ガ国ノ家族制度ノ上カラ申シマシテモ、誠ニ麗ハシイコトダト思フ……」（同、堀切内務大臣）と答えている。婦人の自立性や政治的自覚が家族制度のなかで眠っている状況に依拠して、政治的自由を形骸化させる意図が露骨に現われている。そこで、「婦人ノ基本的人権尊重ノ為ニ図ツテ居ラナイ、要スルニ連合国ノ意図ガソコニアルカラ、其ノ方ニ導カナケレバナラヌト云フ立場ガ出テ来タンヂャナイカト云フヤウナコトヲ思ハセル……」（同、第四回、昭二〇・一二・七、菊地委員、六三頁）という指摘は、政府の本音をあばいたものと考えられる。しかし、政府は他方で、「婦人ノ投票権ノ持ツ保守的漸進性ト申シマスカ、是ノ政治ニ及ボシマス影響ハ、是ハ相当期待シテ宜イノデハナイカト考ヘテ居ル……」（第八九帝国議会衆議院本会議、衆議院議員選挙法中改正法律案外一件第一読会、昭二〇・一二・四、堀切内務大臣、八二頁）のように、婦人の政治参加を、体制維持の安定機能を果たすものと予測している。このように、政治参加の範囲を婦人に広げて、婦人を政治的に解放すること自体が、現体制維持の手段にすぎなかったのである。したがって、現に国民の日常生活を規制している社会的規制からの解放は、何一つ考えられなかった。依然として、国民は淳風美俗の名の下に、伝統的家族制度を核とする社会的拘束から解かれなかった。形ばかりの修正によって現状を維持することが、政府の本音であった。

2　旧体制と農地改革

(1)　第一次農地改革案上程までの経過

敗戦直後、食糧増産は国民生活にとって何よりも差し迫った問題だった。政府は、過剰人口の農村への収容を唱え、「大きな既墾地の再分配」[10]も示唆した。のみならず、低賃金労働者と兵士の給源である日本の農村の改革は、連合国側の日本非軍事化・民主化の目標でもあるはずであった。しかし、初期占領政策の非軍事化＝民主化政策がつぎつぎと具体化されていったにもかかわらず、GHQは、この年十月に入っても農業は「民主的基礎の上に再組織せられるべきこと」[11]という漠然とした指令を出しているのみであった。だが、すでに政府は戦前から低賃金＝低米価政策の遂行のためと、小作料金納化と自作農化の農民運動の志向に対応した農村安定のために、食糧管理政策を中心とした流通過程での地主を制約した改革を行っていた。また昭和十五年（一九四〇）には、議員立法ではあるが農地国家管理法案と農家世襲相続法案が衆議院を通過し、貴族院で審議未了（昭和十七年再提出、再び審議未了）となったことさえあった。[12]

他方では、昭和二十年十月四日の特高警察の廃止指令による治安機構の破壊のもとで、農民運動は復活し、飯米獲得・天下り供出反対の村政民主化闘争と小作料減免要求とを伴って、日ごとに激化していく。[13]このような状況のもとで、政府としても生産過程でのなんらかの改革をもって対応しなければ、食糧増産も過剰人口の農村への収容も不可能となるのみならず、農民運動のエネルギーが体制の基礎を覆すおそれさえあった。たとえばこのことは、「農村における中産階層を弱めてしまっては、地方自治のみならず、治安の確保にも関係するという政治的配慮」[14]を働かしたという第一次農地改革における政府の見解からもうかがえよう。

かくて、十月十三日には、小作料金納化を基本に、市町村農地委員会の民主的改組、自作農創設の三点を中心とする農政局原案が作成され、それが十一月十六日、松村農相主張の自作農創設政策とする農林省原案として閣議に提出された。その後、地主の保有限度を三町歩から五町歩にするなど、四点にわたる主要な修正が加えられ農地調整法改正案として十二月四日、衆議院に上程された。

(2)　隣保共助と家族制度

第一次農地改革は、第八九回帝国議会で、GHQの干渉を惧れながらも戦時中の翼賛議員を中心に地主の利害を代弁した反対論が主張され、審議未了による廃案の形勢になった。だが政府には運動に対する危機感がある。すなわち「従来研究セラレマシタ此ノ案ガ、最モ穏健ナ最モ実行性ヲ持ツテ居リマスモノデ、今之ヲ致シマセヌト是ヨリモ更ニ急激ナモノトナルト考ヘマシテ、ソレデ今日ハ此の最モ行イ易イ方法ヲ採ツタヤウナ次第デゴザイマス」（八九帝、農地調整法特別委員会議事録、第三回、一―二頁、昭二〇・一二・一八、松村農林大臣）

この状況をみてついにGHQは十二月九日、覚書を出し、この法案を成立させた。だが、その内容は、地主の五町歩保有が個人単位で認められ、自作には雇傭者の利用も許され、例外的には、物納小作料も認められるといった漸進的なものであった。ただし、従来と異なり自作農創設が強制創設方式である点に、いくばくかの進歩性が評価される。けれども、政府が真に小作農民側に立っているわけではない。

（政府は）小作側ニ立ツテ地主ヲ抑圧スルトカ、地主側ニ立ツテ小作者ヲ考ヘルトカ云フヤウナ思想ハ毛頭持ツテ居リマセヌノデ、全ク伝統的ノ淳風実俗ヲ農村ニ保チナガラ、自ラ持ツテイル土地ヲ耕スト云フ所ニ持ツテ行キタイト思フ……。（八九帝、衆、農調法委、第二回、昭二〇・一二・八、松村農林大臣、一一頁）。

淳風美俗とは、伝統的な地主の農村支配体制を前提にしたモラルを意味する。したがって、これを前提とすることは、基本的には地主支配体制を維持することになる。また、このときの農地調整法第一条は、「本法ハ互譲相助ノ精神ニ則リ、農地所有者及耕作者ノ地位ノ安定及農業生産力ノ維持増進ヲ図リ以テ農村ノ経済更生及農村平和ノ保持ヲ期スル為、農地関係ノ調整等ヲ為スヲ目的トス」となっており、これを目して、「元ノ全体主義ノ時代ニ出来タト申シマスカ、……所謂、皇国農村ニ云フヤウナモノノ意味ガ入ツテ居るダラウト思フ……」、したがって、「最高司令部ノ訓示ト云フカ、注意トカ、指令ト云フモノハ、……個人本位ノ考ヘデアリマシテ、……此ノ間ニ相当ニ思想上ノ相違ガアルト云フコトヲ認メナケレバナラヌ……」（八九帝、貴、農地調整法中改正法律案特別委員会会議録、第二号、一二頁、昭二〇・一二・一七、三浦新七）との指摘は、正鵠を射ている。

これに対して政府は、次のように答える。

日本ノヤウナ極メテ零細ナ農業ニ於キマシテハ、其ノ農業ヲ営ム者、一人ノ独立ト云フコトハ是ハ企業上カラ云ツテモ困難デアリマスノデ、ソレデ自然ニ農家、農村ト云フモノガ、村ヲ単位トシタ互ニ互譲ノ力、隣保相扶ケル力デ一ツノ単位形態ヲ作ツテヤツテ行キマスノハ、是ハ日本ニ特有ノコトデアリ……大体家族制度ニ致シマシテモ、国ト所ニ依ツテ違フ訳デアリマシテ、農業労働ノ形態モ亦日本ノ是ハ封建トカ、全体主義トカ云フモノヲ難レタ、是ハ必要ニ依ツテ一ツノ村ガ相寄リ相扶ケテ行ク外ニ方法ガナイ訳デアリマシテ、向フノ申シマスコトモ、是等ノモノト背反シタモノトハ考ヘナイノデゴザイマス（同前、松村農林大臣）。

政府の答弁は、農村の隣保扶助の側面を強調し、階層的支配の側面を看過したうえで、このような共同体が家族制度とともに日本固有の民族的・風土的性格のものであるから、GHQの民主化の要求に背反しないと説明するのである。もともと政府の理解する民主主義は、自由・平等といいながらも、「自由主義ハ、必ズ同時ニ他人ノ自由ヲ侵サヌ、又国家ノ為メニ奉仕スルト云フ義務ヲ伴フト云フコトハ、是ハ当然ノコトト」（同前、六頁、松本烝治国務大臣）と、旧体制維持に都合の良いように解釈しており、そこから地主・小作の階級的抑圧を隣保扶助の体制にすり替える解釈をひき出してくる。そこでは、民主主義における個人主義の原理は押しのけられ、共同体への個人の埋没が前提にされている。しかし、他方では、この第一次農地改革において早くも、政府は将来の農地市場の拡大と農村からの経済力による工業の振興などの予想を出している。すなわち、

……比ノ土地改革ニ依リマシテ、又技術ノ指導ニ依リマシテ、経済力ヲ持ツテ来タ農村ニ工業ヲ興シマシテ、ソレ等ノ労力ヲサウ云ツタ方面ニ吸収スル、又将来ハ比ノ農村ヲ地盤ニシマシテ、農村ト云フモノヲ一ツノ国内市場トシマシテ興ル工業部面ニモ、サウ云フ人口ヲ吸収シテ貰フ、サウ云フ方向ニ日本ノ経済ト云フモノガ、実ハ進ンデ行クノヂヤナイカ、其様ニ考ヘテ居ル、……（同前、一四頁、和田博雄政府委員）。

このためには、自作農化による生産性の向上とともに、個人主義原理の導入による共同体の解体と企業化、平等原理による階層制の平準化などを必要とする。もちろん、この時点で、政府がこのようなことを予想していたわけではなく、小農中心の既耕地丸がかえの方針であったことはいうまでもない。しかし、このように不徹底な第一次農地改革でさえ、それが生産性の向上や農業経営の近代化に資することは農民にも期待されていた。農民のなかには「土地が解放された暁には、われわれは現在のような地主に対するじめじめした反感や嫉妬心からも解放され、農民が協同して楽しく働くようになるだらう。そこで部落実行組合単位くらいでもよい電化、機械化の設備を整へて原始農業から解放されたいものだ」(15)いう声もあった。

以上のように第二次農地改革で、支配層はとにかく旧体制の修正は考えても、その根本にある共同体原理の否定や、祖先教的な「家」の神話を捨てようとしたわけではなかった。したがって、旧来の家族観を変えようとするつもりは

なく、これを淳風美俗として、土着的特性を主張すれば、容易に民主主義に同調できると多寡をくくっていたようだ。

二　敗戦直後における国民の家族観

1　婦人運動と家族制度改革

敗戦は、「全社会を統合していた伝統的・支配的な価値体系の急激な崩壊によって、全般的な行動の混沌状態を招来した」(16)。このような社会的状況のなかで、民主化の方向を見定めて家族制度改革まで射程に入れた運動が、戦前からの婦人運動家のなかから真先に現われたのは、とくに評価すべきであろう。すなわち、早くも昭和二十年（一九四五）九月十一日には、先に述べた戦後対策婦人委員会が結成されている。そして、同二十四日の初会合で、次のような問題の討議が呼びかけられた。

一、勤労者の失業問題中多数動員された女子勤労者の失業と、その対策。
二、インフレ防止および食生活の窮乏に対して主婦がいかに協力すべきか。
三、連合国軍の婦女子の暴行事件にからむ一般風紀問題。
四、復員の軍人、傷病軍人、一般罹災者等の結婚問題。
五、婦人がいかなる形で政治問題にふれていくかという婦人参政権をふくむ婦人の政治問題。

以上の問題について、各部ごとに委員会を構成し、当局に働きかける。たとえば、婦人の失業問題なら厚生省、生活食糧の問題なら農林省。また、未組織になっている婦人をいかなる方法で再組織し、各自が各個の立場から日本再建に協力すべきか。さらに、あらゆるいきがかりを捨てて新日本再建のために新しく官製でない婦人の力で一つの団体を組織するかなどである。(17)

その後、同会は婦人選挙権、被選挙権の拡大のほかに、治安警察法を廃止して婦人の政治結社への参加を保障すること、各行政機関に婦人を採用し婦人に関係の深い事項を担当すべきことを決定し、関係当局に建言している。その際、世論喚起のための運動組織として、別に新日本婦人同盟(仮称)を作ることが決められた。この運動は、最初、昭和二十年九月十一日の戦後対策婦人委員会の呼びかけでは、超党派的な婦人運動として組織されるはずであった。しかし、いざ運動の実際に直面してみると、思想的な相違から、統一は不可能であった。

まず、敗戦直後、厚生省の招請によって大日本婦人会の役員だった人びとは、むしろ婦人の家庭復帰を中心に婦人の啓蒙教育と教養を考える運動を全国的に組織しようとして、昭和二十年十一月六日、日本婦人協力会を発足させた。委員長に宮城タマヨ、副委員長に前田若尾、顧問に井上孝子、吉岡弥生、山田わかなど、各界の実力者が就任した。(18)

これに対し、戦前から婦選運動をつづけてきた市川房枝を中心とする若い女性のグループは、十一月三日、新日本婦人同盟を設立した。このグループの運動の目的は次の通りであった。

婦人参政権の獲得・行使のために、政治教育運動を行うこと。

地方自治体に婦人を参加させること。

婦人の官吏登用。

法律における男女不平など(たとえば、民法上で妻を無能力者として取り扱っていること、財産相続の順位など)の撤廃。

その他、教育の平等、社会的な勤労面における改革など。

新日本婦人同盟の運動目的は、婦人の家庭の外における活動の男女同権を中心に組み立てられていた。とくに注目すべきは、敗戦直後、最初に、家族制度改革を含む方向で婦人の権利要求を組んでいることである。政治的自由の要求と、「家」からの解放とが組み合わされていたことは、この時期において、もっとも先進的な運動の方向であったと言ってよい。当時は都市エリート層においてさえ、「今までともすれば高い教育をうけた婦人は家庭に入るのを好まないで男の人とともに家を外にし勝ちでしたが、これはとんでもない間違いです。高い教養を持つ女が家庭にあって子供を教育してはじめて本当の教育が出来ます」（東京都真砂実践女学校長・花木チサヲ談話）[19]程度の考えしかなかったのである。まして、その日暮しに追われている都市の大多数の婦人は「参政権も結構ですが、花より団子、先づ女子供に砂糖を与へよ」[20]程度だったのではあるまいか。

2　農民の家族観

農村における家族観はどうであったろうか。この頃、全国農業会が約一二〇〇町村にわたり婦人参政権について、農家の世論調査を行っている。[21]調査方法や調査対象なども不明で、正確なものとは到底いい難いが、とにかく一定の傾向を示すものとはいえよう（表2参照）。また、この調査の具体的な意見として、次のようなものが挙げられている。農村婦人は政治的関心が稀薄であり、婦人参政権の意義を知る者が少ない。そのような政治的無関心の原因として、労働と家事に忙殺されていること、政治的教育の機会に恵まれていないこと、過去の政治が不真面目、欺瞞的で核心に触れなかったことなどと並べて、封建的家族制度を挙げていることは、注目に値する。農村においては、家族制度の壁は未だ厚く、敗戦前後のインパクトによってもほとんど破壊されていなかった。たとえば都市で「家」の重圧を嘆く投書はなかったのに、農村からの投書は妻の地位の低さを訴える。

人権尊重どころか、奴隷のやうな待遇しか与へられぬ嫁も少くありません。……家庭を民主主義化して嫁即ち母親の人権を確立し、育児と家庭教育に万全を期したいと思ひます。姑・小姑の封建差別打破することに輿論の援助をお願ひ申し上げます。（或る村の女[22]）

この訴えが出ると、早速、反響があった。

本欄で、或る村の女の『嫁の人権』といふ一文を読み、私は、或る村の男として全く同様と思ふが、殊に農村の家庭では、封建思想が強く、まるで、敗戦までの日本軍隊に於けるようなもので、嫁は姑・小姑に対し絶対服従の立場におかれています。（或る村の男[23]）

古い因習のために泣かされてゐる嫁が、どんなに多いことでしょう。姑・小姑は、昔から嫁いびりに満足感を味わっているのです。……新しい日本の家庭を建設するために、嫁の地位改善を輿論に訴えます。（一女性[24]）

表２　婦人参政権への関心度

なし	166人	47.1%
あり	5	1.6
一部あり	119	39.1
記載なし	6	2.2
計	296	100.0

全国農業会全国調査

このように、農村の婦人においては、まず婦人参政権より「家」からの解放が、切実な問題として訴えられたのである。そこに、家族制度改革の原点は存在していたのだが、これを組織するいかなる政治組織も存在せず、農村の外からの改革を期待するほかはなかったのである。また、自覚した農村婦人の訴えも、隣保共助と、和親協同の共同体的モラルの軛があるかぎり、他家の婦人と連帯して運動することなどは思いもよらなかったであろう。

3　労働者の家族観

労働者の家族観は、どうであったろうか。この時期に、労働者がその家族観を語る余裕はほとんどなかった。インフレと失業、食糧難のなかで、都市労働者の生活はその日暮しのルンペン・プロレタリア化が一般的状況だったからである。さらに婦人労働者には、男女差別の壁があった。

終戦後、国鉄に働く私達に大きな不安が、迫って来ました。復員の数が増加するに従って、私達の上に立つ男子職員の態度は、冷たくなって「お前らは邪魔だ、いやなら罷めろ」といわぬばかりです。……敗戦になってから、この私達を無視したり馬鹿にしたりするのは、余りに非道といふものでしょう。私達は、泣くにも泣けません。当局は、私達をどうしてくれるのか、早く方針を明らかにして下さい。(一国鉄女子より)(25)

官吏の縮減方針は、女子を俎上にあげてゐる。しかも、女子を古手官吏や成績不良の官吏と同列に扱っている。戦時中、私共は政府の要請に応じて就職し、相当の成績をあげたつもりなのに、今日になって、出て行けとは余りに勝手すぎる。一方で女子に参政権を与へ、他方では、このやうに女子を社会から閉め出す。わけがわからない。……女子を解雇するのが、男子には好都合であらうが、それはこちらで御免蒙りたい。(某省職員)(26)

結局、婦人労働者の場合、職場で男女差別を実感しながら、それを普遍的な男女同権の要求に高めることができないので、家族制度の改革に結びつくことなく終っている。

ところで伝統的な天皇制家族国家理念が否定されても現実の社会的混迷は、かえって天皇への心情的からみつきを強化する方向に機能することも少なくない。(27) たとえば、朝日新聞の政党支持調査で、(28) 東京貯金支局の婦人労働者二四一名の回答者の天皇制支持者の内わけは、社会党八六、共産党二〇、自由党一六、進歩党四である。どれでも良い・棄権四九、不明六六である。そのうち、共産党支持者の半数さえ、天皇制支持である。同じくマツダランプの回答者一九六名でも「天皇制支持」は圧倒的で、社会党を選んだ五四名の大多数が天皇制支持である。

このように、労働者でさえ、圧倒的多数が心情的に天皇制に傾斜している状態では、「民間の国体」(29) としての家族制度を根本的に否定するような改革が下から要求されてくるわけがない。否、かえって、社会が混迷し、既成秩序が弛緩し、人びとの依存する組織が弱体化すればするほど、大多数の人びとは「ムラ」と「家」の、いまや幻想と化しつつある共同体の強化を求めるようにさえなりかねない。

しかし、このような状況のなかでも、すでに述べた新日本婦人同盟などの運動の先進的部分では、男女同権にもとづく家族制度改革の要求が明示されている。それにもかかわらず、これが婦人労働者一般の統一的要求とならないのは、これを組織し、家族制度改革を闘争の目標にしうる政党の活動がなかったからであろう。戦後、草創期の革新政党は家族制度にまで手がまわらず、それと天皇制との結びつきも重視していなかった。(30) 家族の問題は直接の政治目標とするには小さ過ぎると思われがちであった。また、家族生活は日常的生活の原点であるから、家族意識が変わるには、日常生活の意識が根本的に変わることを前提とする。したがって、たとえ制度としての家族は改革されても、家族意識の変革は、はるかに遅れる。このようなことから、この時期の婦人運動家の提起した家族改革も、さらに後述の社会党の家庭法案も、いずれもブルジョア家族像に合わせて、前近代的家族制度の改革を試みている。このことは、後述の市民法学の立場からの民法改正の路線に一致する。共産党は、はじめから天皇制打倒に関心が集中し、天皇制と表裏一体の家族制度の改革に眼を向けないまま民法改正を迎え、これに対する賛成を示している。(31)

このように、この時期の革新勢力のなかに市民法学を超えて、労働者家族像に合わせた家族制度改革のプランが持てなかったことは、やがて民主化の主導権を政府官僚に奪われていく原因となってゆくのである。

三　憲法改正における家族観の相克

すでに述べたように敗戦直後から、政府は天皇制、家族制度、地主制から権力的要素を奪い、情緒的側面を前面に出すことで、ＧＨＱの民主化・近代化に対応できると考えていた。

敗戦の年が明けた昭和二十一年（一九四六）元旦の天皇の人間宣言をふまえた上で、同日、文部大臣は訓令する。(32)

今回ノ大詔ニ格遵シ、明治ノ国是五箇条ノ御誓文ヲ遵守シ、明朗闊達、民意ヲ暢達シ、平和主義ニ徹シ、文化ノ水準ヲ昂メ、相依リ相信ジ、堅実鞏固ナル公民生活ノ完成ヲ期スベキナリ。古来家ヲ愛スルノ心ト国ヲ愛スルノ心トハ、我ガ国民道徳ノ特長タリシ所ナリト雖モ、今後ハ更ニ之ヲ拡充シテ人類愛ニマデ完成セシムル所ナカルベカラズ。

依然として、国と「家」の一体的統合によって、今後に対処する姿勢がうかがわれよう。だが、このような対応は、民主化はもちろん、近代化すら拒むことになる。それでは、国内・国外の民主的潮流が日本資本主義の土台まで洗い流しかねない。敗戦の年が明けると政府は、旧体制の維持から新たな状況に対応した戦後体制の方向に進まざるをえなくなった。このような進行過程が一応の完成をみるのは、形式的には昭和二十七年（一九五二）の講和会議である。だがその前に政策上家族制度改革が実質的に一段落したのは、昭和二十五年に国家行政組織法を中心に新憲法体制に沿った行政組織の法形式上の整備が行われたときである。ここで家族制度改革もさまざまな制度のなかで再点検され、一応の定着をみる。この過程を段階的にみることにしよう。

1　家族国家観をめぐる内外の状況

注目すべきは、憲法改正案が上程された昭和二十一年（一九四六）六月二十日の翌日（六月二十一日）に、大村法相が、婦人の人権を保障するために親族法と相続法の改正をすると言明したことである。これは、第八九回帝国議会の政府の態度からは想像もできないことであった。ＧＨＱも、憲法改正に際して個人の尊厳と両性の本質的平等を指示しているが、直接、家族法の改正を要求してはいない。「家族制度を、どのように改革し、近代化するかは、日本人自身に任せられていた」し、「『家』制度の全廃は、憲法改正の要求を超えたことであり、ＳＣＡＰはこれを命令しなかった」(33)のである。だが、これより先昭和二十年二月二十五日ＧＨＱの「国教の分離」に関する指令は、国家神道の廃止を命令している。なかんずく、「日本国民は、その祖先および特別な起原の故に、他の国土の人民よりも優っている」との教義も、軍国主義的・過激国家主義的イデオロギーに含まれるとしている。これは、祖先教によって統一されている「家」制度の核心に触れるものであった。淳風美俗といい、日本独自の家族制度といっても、その起原は、結局、この教義に由来する。明治民法の親族編および相続編が、祖先教の教義にもとづいた家族観によって編纂されたことは、かくれもない事実である。そうだとすれば、このような家族観の根源に対する攻撃は、政府にとって大きな衝撃となったと想像される。さらに、政府の旧家族観を中核とする家族国家イデオロギーが国民統合の力を失っていることを示したのは、昭和二十一年五月二十四日の食糧問題に関する天皇の放送であった。天皇は、全国民が「家族国家のうるわしい伝統に生き、区々の利害をこえて、現在の難局にうちかち、祖国再建の道をふみすすむことを切望」した。(34)しかし、その反響は、支持よりも天皇を非難するか、天皇の放送を武器とする政府に対する多くの批判として返ってきた。

そのほか、家族制度改革については、婦人運動の側からの女権拡張の要求も強くなってきていた。婦人参政権の行使は、政府の予想（婦人投票率四〇％）を裏切って、婦人投票率は六五％にのぼり、婦人代議士三九人が登場している。(35)このような状況を背景にして、昭和二十一年六月二十三日、社会党は、女権拡大の視点から、片山哲を中心に家庭法案の構想を発表している。これでは、旧来の戸主専制の家に対し、親子・夫婦の信頼と敬愛による相互扶助にもとづく平和な安息所としての家庭を対置し、このような家庭像を目指して、次の五点の改革を提唱する。(36)

まず、①家督相続を廃止し、均分財産相続に代え、配偶者にも平等な相続権を与える。②非摘出子の差別をやめ、親のない子のため親族会や後見制に代わる後見裁判所を設ける。③婚姻の届出制を廃止する。④夫婦不平等の離婚制度の廃止、協議離婚には家庭裁判所の同意を付す。⑤家庭に関する紛争の調停機関として家事審判所を設置し、婦人の判事・弁護士・書記を専任して、アメリカのファミリーコートのような運営を行うことである。

この構想は、その後、社会党内部で充分に検討されることはなかったようである。その家庭像は、ブルジョア家族を典型とするものであったとはいえ、また、そうであったがゆえに、当時の民主化の方向を先取りするとともに、その限界をも示すものであった。しかしともあれ、支配層の外から、家族制度改革の具体的な提案がなされ、それが時代の機運に乗じていることは、家族制度改革を促進させる一つの力となったといえよう。

これより先、第一次農地改革の不徹底かつ地主制温存的性格が日本の低賃金労働と軍国主義の復活の温床となることをおそれた極東委員会の強い要求と、GHQ内部の民主派の圧力とが呼応した結果、GHQは政府に第二次農地改革を指令した。政府は、それを農地調整法の再改正および自作農創設特別措置法案として第九二回帝国議会に上程し、可決をみている。政府は、第二次農地改革によって「我ガ国農村社会ノ構成ハ変貌スルニ至リマシテ自作農デアリマスル所ノ中小農民ガ其ノ構成ノ主流ヲ成スニ至ルデアリマセウ」（九二帝、衆本会議議事録、第四二号、六七〇頁、昭二一・九・八、和田博雄政府委員）と把握する。ここで、地主制度は、山林地主を除いて、その存立の物的基盤をほとんど奪われ、いわゆる家族経営を中心とした中堅農家が今後の体制支持の安定層として定着させられることになっている。それは、単に原始的労働力の投入による小農経営にとどまるものではない。すなわち「農地ノ所有、分配、利用ノ関係ヲ合理化スルコトニ依リマシテ、耕作セル農民ノ手ニ余剰ノ蓄積ノ余地ヲ与ヘ、此ノ蓄積サレタル余剰ヲ其ノ経営ニ再ビ投資スルコトニ依リマシテ、農業ノ近代化ト社会的生産力発展ノ途ヲ開キマシテ、農村ノ民主化ヲ促進スルコトト、コノ鞏固ナル地盤ノ上ニ民主主義的日本ヲ再建スルノ途デアルト考ヘル」（同前、和田博雄政府委員）として、農村における近代化・民主化が、農民に蓄積された資本の再投資によって拡大再生産する方向を示唆していた。

このような基本線が明確であると、地主層を主要な担い手とする専制的戸主権を中心とした「家」制度の維持は必要でないとしても、中堅自作農の経営維持に必要な家族制度を考えねばならないことになる。そこで農政サイドからは、農業資産の分散を生ぜず、また農業労働力の再生産に支障を生じないよう、中堅層農家の家族意識に沿っての家族制度改革が考えられるようになってくる。これは農業人口が過半数を占める当時の状態においては、家族制度改革の一つの限界でもあった。

このような状況は、これまでの家族国家の理念をもって国家・社会を統合するイデオロギーの中心に据えることの難しさを支配層に悟らせることになる。だが、ＧＨＱが家族国家とは別に天皇を国民統合の象徴として憲法草案に盛り込んだのに反し、政府の感覚は、困難ながら家族国家観を何とか修正しつつ現状維持を図ろうとするものであった。

2　憲法改正における家族制度論争

憲法が明治憲法の改正という手続をとりながらも、君主主権から国民主権への移行を示していることは、明らかに国体（絶対主義天皇制）の変革を意味するものであった。そのことは、視角を変えると、天皇制家族国家から個人を解放し、私的欲望の体系としての市民社会に純化していくことを意味する。ヴァイマール憲法以来、現代憲法が社会主義・資本主義を問わず、その多くが家族保護条項を有するのに反して、新しい憲法に家族保護条項を置かなかったことは、このことを象徴する。すなわち、憲法二四条は、「個人の尊厳と両性の本質的平等」をうたい、婚姻を基礎とする家族が国家社会の基本単位であるゆえに、国家の保護を要求するということになってはいない。

かような個人化は、爾後の日本社会のあり方を暗示するものであったが、憲法改正当時においては、当然のことながら、このような発想はなじまなかった。だが、天皇主権が国民主権によって覆えされたように、このことは、社会的レベルにおける旧来の家族思想の根本的な転換を意味していた。すなわち、憲法二四条は、旧体制の維持者にとっては「民間的国体」である旧家族制度を崩壊に導き、「今迄ノ社会状態ヲ元カラ引ツクリ返ス非常ナ力ノアル規定デアル」（九〇帝、貴、帝国憲法改正案特別委員会、第一九回、昭二一・九・一八、沢田牛麿、一九頁）と受け止められる。また、「戸主権ヲ中心トスル家族主義ヲ此草案ハ、根本的ニ破壊致シマシテ夫婦中心ノ個人主義ニ改正スル……随テ道義ノ根本タル孝道ハ愈々衰ヘテ行ク……是デ家庭教育ガ出来ルデアリマセウカ」（九〇帝、衆、帝国憲法改正案第一読会、昭二一・六・二七、北浦圭太郎、八五頁）と述べている。このような危機意識から、保守派は何とかして旧家族制度を温存するために、憲法に積極的に家族保護条項を盛り込むことを主張する。

もちろん、それは、現代憲法が近代家族の保護を規定するのとは全く似て非なるものである。たとえば、「忠ト孝トハ本ヲ一ニスルト云フコトデ忠孝一本、二四条ノ三項ニナリマセウカ、『家庭生活ハ之ヲ尊重スル』『リスペクト』スル、『リガード』スル、忘レテハナラナイゾト云フ、斯ウ云フコトノ規定ヲ加ヘルコトニ御賛成願ヒタイ」（九〇帝、貴、帝国憲法改正案特別委員会、第二四回、昭二一・一〇・三、田所美治、一〇頁）として、少数否決されている。このように、保守派が新憲法に国体と旧家族制度を破壊する力を認めていたのに反し、共産党は憲法に「天皇ヲ神聖化シ、天皇ニ特権的地位ヲアタエ、天皇ヲ国民ノウエニ君臨サセヨウトスル政府ノ意思」を認めて、完全に新憲法における国体変革の意義を見落していた（九〇帝、衆、昭二一・八・二五、野坂参三、五一五頁）。したがって、新憲法に旧家族制度を破壊し、個人化・「私」化の社会に純化していく社会的変革力があるということも察知できなかったのであろう。

家族条項についての実のある議論を提起したのは、むしろ社会党であった。さきの家庭法案のほかに、国会でも家族条項について実質的な提案をしている。まず「古キ家族制度ノ解体、新シキ家庭ノ成立ニ当リマシテ、将来、親子兄弟姉妹ノ関係ヲ合理化スル必要ヲ認メマスルカラ、家族生活ノ保護ト云フコトヲ追加シテ置キタイ」（九〇帝、衆、昭二一・六・二七、鈴木義男、九三巻頁）と抽象的に提案する。さらに、「ドウシテモ母子ノ利益ヲ保護シ、寡婦ノ生活ノ国家的保障ト云フヤウナ文句ガ此ノ中ニモ入レナケレバナリマセヌ」（九〇帝、衆、帝国憲法改正案特別委員会、第七回、昭和二一・七・七、加藤シズエ、一〇一頁）と具体的になる。同じく男女同権についても、保守派は、「本質的ニ男女ハ不平等」（前述、沢田牛麿）と割り切る者は論外としても、「男女平等ノ立場ヲトルコトハ当然」としながら、その内容は「（男女）各々、職分ガアル、女ハ家庭内ニ於テ主婦トシテ仕事ガアル」（九〇帝、衆、帝憲委、第六回、昭二一、六・二七、三浦寅之助、七九頁）として、男女役割分業における平等にすりかえたものとなる。したがって、具体的には「妻ノ無能力ノ廃止、夫婦別産制」（前出、北浦圭太郎）と、取引行為上の平等を意味するにすぎない。これに対して、婦人議員では、国協党が「就学前ノ保育教育ヲ一元的ニ統一致シマシテ、サウシテ保育ノ完全ヲ期スル為メトソレニ伴ツテ、婦人ノ各職場ヘノ進出ヲ容易ナラシムル」（九〇帝、衆、帝憲委、第一五回、昭二一・七・一七、越原むる、二七六頁）ことによって、積極的な男女同権の保障を要求する。しかし、「女子自身トシテ、経済力ノナイコトト職業ニモ無能力デアル、サウ云フ風ナ点デ生活ノ脅威ヲ殆ト何時モ与ヘラレルヤウニナルノハ、是ハ老年ノ女性ノ多ク持ツ傾向デゴザイマス、結婚生活ト云フモノニ対シテ憲法ガハツキリ之ヲ保護スルト云フコトヲ私ハ附加ヘルコトガ当然デハナイカ」（九〇帝、衆、帝憲委、第一五回、昭二一・七・一七、武田キヨ、二三七頁）のように、婦人の職業上の不平等をさしおいて、婚姻生活における夫の扶養保障のみを期待する消極的な姿勢もうかがわれる。

このような左右両極からの家族条項の要求に対し、政府の見解は、これを憲法に挿入しないという点では、終始一貫していた。その理由は、基本的には金森国務大臣の次の説明に尽きている。すなわち、「この憲法ハ一ツノ原理ヲ主張シテ以テ直チニ国民ヲ指導スルト云フ立場ハ取ツテ居リマセヌ、……ドウ云フ原理ヲ主張セラルル方モ或ル程度マデ得心ガ出来、尚ホ意見ノ一致ヲ得ザル点ハ他日ノ問題トシテ、徐ロニ共同一致ノ基盤ニ於テ築カレタル国政ノ基礎ノ上ニ論争ヲ続ケテ行ケバ宜イ、……」（九〇帝、衆、帝国憲法改正案委第一読会、昭二一・六・二七、金森国務大臣、九四頁）。このことは他方で憲法における理念の多元化を述べ、憲法解釈の多義性を極限まで主張できる根拠を示すもので、憲法に対する政府の、その後の態度を早くも暗示するものであった。ところで、このような家族条項をめぐる論争に対する政府の答弁に現われた家族制度に関する見解は、最初の頃と終りの頃とではかなりの差異がある。

まず、昭和三十九年（一九六四）六月二十七日の衆議院本会議で、吉田茂総理大臣は、「其ノ（憲法の）目指ス所ハ所謂封建的遺制ト考ヘラルル、或ハ封建的遺制ト解セラルルモノヲ払拭スルコトガ主眼デアリマス、随テ戸主権、家督相続等ノ否認ハ致シマセヌ、……日本ノ家族制度、日本ノ家督相続等ハ日本固有ノ一種ノ良風美俗デアリマス、……」といい切っている（同、八一頁）。また、これをうけて、金森国務大臣も、「前ニ総理大臣ヨリ御説明申上ゲマシタ通リ、之ニ依ツテ直チニ戸主権トカ親権トカ云フモノガナクナルト云フ前提ハ執ツテ居リマセヌ」（同、八七頁）と。だが、わずか二〇日後の七月十七日になると、このような確信が、あいまいになり出す。七月十七日、衆議院第一五回帝国憲法改正案特別委員会で木村国務大臣は、「或ハ戸主権ト去フ文字ガ使ハレルカ改正サレルカ、今ノ所、私ハ明言出来マセヌガ、少クトモ家ノ中心ト云フモノハナケレバナラヌト思ヒマス、従来日本ノ家族制度ハ、何処ニ基盤ヲ置イテ居ツタカ、申スマデモナク、家系ノ尊重、祖先ノ崇拝ト云フコトニアツタ……此ノ日本ノ所謂良イ意味ニ於ケル家族制度ノ存置サウシテ今申シマス個人ノ権威ト両性ノ基本的平等権ヲ如何ニ組合セルカト云フコトガ苦心ノ存スル所デアリマス」（同、二七五頁）とし、また、家督相続については、「男系ノ長子相続制ヲ維持シテ行クカドウカト云フコトニ付キマシテハ、只今司法省ト致シマシテハ司法法制審議会ニ於テ折角立案中デアリマス又内閣ニ於テモ臨時法制調査会ヲ設ケテ此ノ点ニ付テ司法省ノ所謂審議会ト相連繫ヲ保ツテ万違算ナカラシムルヤウニ調査シテ居リマス」（同、二七一頁）と述べる。だが、憲法草案が八月二十四日に衆議院を通過して貴族院本会議にかけられると、さらに答弁が変って、戸主権の否定を明らかにする。

すなわち、八月二十九日の貴族院本会議で木村国務大臣は、次のようにいう。「此ノ戸主ヲ中心トスル家族制度ハ、如何ニモ封建的色彩ヲ帯ビテ居リ、幾多ノ弊害ヲ生ズル、是ハ今度ノ改定憲法ニ於テ個人ノ尊厳ト両性ノ本質的平等ト云フモノカラ立脚シマシテ、所謂、戸主ヲ中心トスル家族制度ヲ無クショウトシタ所以デアリマス」（同、二七八頁）と。さらに、憲法は、旧家族制度の全面的否定はしていないと解して、次のようにいう。「我ガ国ノ美風ト致シマシテ、祖先ヲ崇拝シ、家系ヲ重ンズルト云フ此ノ点ニ於キマシテハ、我々是非トモ将来ニ此ノ美点ヲ遺シタイト云フ熱意ヲ持ツテ居ルノデアリマス、改定憲法草案ニ於テモ決シテ此ノ意味ニ於ケル家族制度ヲ破壊ショウトスルモノデハナイノデアリマス」（同、二七九頁）。この考えは、さらに九月十九日の貴族院、第一七回帝国憲法改正案特別委員会の木村国務相答弁で詳しくなる。「今ノ現行民法ノ下ニ於ケル戸主ヲ中心トシテノ家族ト云フモノハナクナルト思ヒマス、併シナガラ之ニ代ルヘキ所謂夫婦中心ノ是ハ勿論親子関係ヲ包含シテ居ルノデアリマス、其ノ戸主ヲ払拭シタ残リノ家族ト云フモノハ維持サルベキモノダラウト確信シテ居ルノデアリマス」（同、二二三〜二二四頁）。

もちろん、このような主張の背後には、支配層の秩序意識が働いていることはいうまでもない。その点では、金森国務大臣の言明の方が露骨である。九月十八日、貴族院の、第一六回帝国憲法改正案特別委員会で、次のようにいう。「若シ此ノ順当ニ発達シテ行キマスル家ノ秩序ヲ、或見地カラ作ツタ法律ガ先ンジテ壊ス、未ダ熟セザルニ先立チ、国民ノ気分ガソコ迄行カナイ中ニ壊スト云フヤウナコトハ、相当注意ヲシナケレバナラヌノデアリマスルカラ、戸主権ハヨシンバ、或ハ戸主ハヨシンバ之ヲ認メナイコトニ致シマシテモ、何等カノ方法ニ依ツテ今迄発達シテ居ル健全ナ家族団体ガ、ウマク存続スルヤウニスルト云フノモ一ツノ考ダト思ツテ居リマス」（同、二一一頁）。

このように、天皇制家族国家の基礎単位としての「家」から、直接、国家権力による統合につながる戸主権を奪っても、国民の心中に祖先教的信仰が消失しないかぎり、あたかも国民の自発性に依拠したかのごとくして家族秩序を維持し、ひいては国家への帰属感を失わせないですむ。そこで、「祀リノ道具ヲ継承スル、或ハ墓ヲ継承スル、サウ云フコトニ付テハ特別ナル考慮ヲスルコトハ固ヨリ是ハ（憲法は）容認シテ居ルコトト存ジテ居リマス、」（同、九月十八日、金森国務大臣、一一〇頁）となる。結局、社会的レベルでは「家」を現状維持し、むしろ憲法の理念が、これを解体することを惧れることになる。すなわち、「社会的事実トシテ存在致シマスル家族制度ハ、此ノ規定（憲法第二四条）ニ依ツテ何等変更ヲ加エヨウト意図シテイル訳デハアリマセヌ。……併シ、私共非常ニ気ヲ付ケテ居リマスノハ、法律ノ出来工合ニ依ツテ、実際的ナ社会的ナ此ノ家族制度ニモ影響ヲ受ケルト云フ虞ハアルノデアリマス、其ノ二者ニ亙ル関係ニ於テ、此ノ規定ノ運用ハ余程能ク注意ヲシナケレバナラヌト、斯ウ考ヘテ居リマス」（同、九月十八日、金森国務大臣、一九頁）となる。具体的には、予想される「民法改正規定ニ於キマシテモ、家庭ニ於テハ親ヲ中心トシテ考ヘラレルコト」（同、九月十九日、木村司法大臣、四頁）となる。

むすび

以上の経過から、最初、戸主権や家督相続などは廃止しないといっていた政府が、八月になると態度があいまいになり、九月にははっきりとこれらの廃止を言明するに至ることがわかる。その原因を解明するのは困難である。ただし、すでに七月二十三日、GHQは、金森国務大臣に対して、天皇主権から国民主権への移行を明確にすることを迫っているのであり、このような国体の変更が、民間的国体と称する旧家族制度に多大の影響を与えたことは推測できよう。また、ＧＨＱの示唆に家族制度の変更が全く含まれてなかったといえるだろうか。

そもそも民法改正が国会に上程されるまで、起草委員は延べ一八回にわたってＧＨＱと折衝しており、条文化は第一次案から第七次案に及んでいる。そして、いわゆる「氏の制度」をひろく採用した第二次案をＧＨＱに報告したとき、かなり強くＧＨＱ当局者から批判されてもいる。(37)また、起草委員の中心であった我妻栄は「最初から『家』『家督相続』『戸主権』などを廃止した草案でＧＨＱと交渉したから、干渉を受けなかったのではないか」(38)と述懐している。

さらに、我妻栄・中川善之助の両起草委員は、国会で憲法審議中に木村司法大臣に面会し、強硬に「家」の廃止について申入れを行っている。

我妻は、「われわれ起草委員は、家を廃止するという立場でもう立案しているのだから、いまさらそうなっては（筆者注—戸主権と家を残すようになっては）仕事ができないということを中川君と二人でいいに行った。木村さんはそれを諒とされたのでしょう。その頃からの木村さんの議会の説明はすっかりかわって、戸主も家も廃さなければ憲法の趣旨は通らないから廃止するということをいわれたのです」(39)と述べている。

しかし、当時の雰囲気と、法学界においても一方の長老である牧野英一らの「家」制度維持の強硬な意見が存在していたことを考え合わせると、木村法相らが我妻の意見を聞いただけで態度を変えたとは思われない。むしろ、国体論争が、強いＧＨＱの干渉で敗れたことで、これと表裏をなす「家」制度の維持について自信を失っていたところに、我妻らの申入れがあったので説得された、と推定してよいのではなかろうか。

そのほか、ＧＨＱと起草委員との間の会談録では、しばしばＧＨＱの当局は、日本側に「強制する意思がない」旨を述べている。だが、このような言明や主観的意図にかかわらず、「占領当局のそれが事実どの程度の強制力を客観的に有していたかということはまた別の観点から検討する必要があろう」(40)本書の補論「占領政策における家族制度改革」でとりあえず検討している。

註

（1） 家族制度改革について、占領軍との交渉を聞き書きから追った研究としては、唄孝一・竹下英一「新民法の成立」（『講座家族問題と家族法』酒井書店、昭和二十八年）が唯一の研究といってよい。この研究の問題意識や論証の方法などは、今日でももっとも高い意義を有する。しかし、民法改正が中心となっていること、および戦後改革総体のなかでの位置づけが充分でないことなどから、この研究の補完を要することはいうまでもない。

（2） 『朝日新聞』昭和二十年九月一日。

（3） 『毎日新聞』昭和二十年八月十八日。

（4） 斉藤道子「女子の失業」『朝日新聞』昭和二十年十月二十六日。

（5） 『毎日新聞』昭和二十年八月十九日。

（6） 信夫清三郎『戦後日本政治史』Ⅰ（三一書房、昭和四十五年）一六六～一六七頁。

（7） 『朝日新聞』昭和十八年九月二十三日。

（8） 『朝日新聞』昭和十八年十月十九日。

（9） マルクス『ユダヤ人問題』（全集第三巻、大月書店、昭和三十八年）四〇五頁、柴田高好『マルクス国家論入門』現代評論社、昭和四十七年）三八～三九頁。

（10） 東久邇宮首相の施政方針演説（『農地改革顚末概要』農政調査委員会、昭和三十五年、一五六頁）。

（11） R・P・ドーア、並木・高木・蓮見訳『日本の農地改革』（岩波書店、昭和四十年）九八～一〇〇頁。

（12） 依田精一「幻の農地改革案」（『東京経大学会誌』四三号、昭和四十七年）参照。

（13） 矢部洋三「戦後民主主義革命期の農民運動」（『歴史評論』一九七三年十二月号）二九～三〇頁。

（14） 信夫、前掲(6)、Ⅰ、二一五頁。

（15） 農民の声、福島県瀬上町、阿部勲「自作三反、小作九反」（『毎日新聞』昭和二十年十一月二十二日）。

（16） 石田雄「破局と平和」（『日本近代史体系』第八巻、東京大学出版会、昭和四十年）一九六頁。

(17)『毎日新聞』昭和二十年九月十五日。
(18)『毎日新聞』昭和二十年十二月二日。
(19)『毎日新聞』昭和二十年八月二十一日。
(20)『毎日新聞』昭和二十年十月二十日。
(21)『毎日新聞』昭和二十年十一月二十一日。
(22)『毎日新聞』昭和二十年十一月十四日。
(23)(24)『毎日新聞』昭和二十年十一月二十八日。
(25)『毎日新聞』昭和二十年十月十九日。
(26)『毎日新聞』昭和二十年十一月二十六日。
(27) 石田雄、前掲書、二〇八頁。
(28)『朝日新聞』昭和二十一年二月十一日。
(29) 信夫、前掲(6)、Ⅱ、三八三頁
(30) 後述のように、社会党は、昭和二十一年六月に家庭法案を発表し、共産党が法制審議会の第六次案に提出した意見書も詳細であった。それにもかかわらず両政党ともに家族制度改革についての発想は、労働者とくに働く婦人の家族観をふまえた上で、政府案を超えようとするものではなかった。
(31) 信夫、前掲(6)、(Ⅱ、三八四頁)は、国民和合の象徴として階級闘争を否定する天皇制の意義を共産党が把握できなかったという。
(32) 文部行政資料第一巻(昭和二十三年)。
(33) Political Reorientation of Japan 1955, p.21
(34) 信夫、前掲(6)、Ⅰ、三三二頁。
(35)『朝日新聞』昭和二十一年三月十日。
(36)『朝日新聞』昭和二十一年六月二十四日。
(37) 唄・竹下、前掲(1)、三八〇頁。

(38) 我妻栄『戦後における民法改正の経過』(日本評論新社、昭和三十一年)一五〜一六頁。
(39) 同右、二〇頁。
(40) 唄・竹下、前掲(1)、三八三頁。

第七章　民法改正の思想の相克

はじめに

すでに憲法改正の段階で、政府は戸主権、家督相続などを憲法の理念に反する封建的制度として廃止することを言明せざるを得なかった。そのことは、ただちに、民法の親族編および相続編の大改正を意味する。それは、「家」からの家族員の解放であったが、国民には、どう受け止められていたか。毎日新聞昭和二十二年（一九四七）三月二十五日の世論調査は、約五〇〇〇人に対して民法改正の是非を問うている。回答者のうち法律上の「家」廃止を是とする者、五七・九％、非とする者、三七・四％、不明が四・七％である。主な職業別では、もっとも「家」制度から解放されるはずの農漁民に肯定者が少なく、また主婦においても、やっと過半数が肯定する状態である。そこにも、政府が農業については、農業資産について均分相続の例外を設ける対策を講じたことの一面がうかがわれるが、同時に、民法改正が国民の支持を辛うじて得ていることもわかる。

このような国民輿論の分裂を前提にすると、法律上の「家」を廃止するが、習俗上および道徳上の家族制度に触れないとする起草者側の妥協は、予測されよう。結局、旧来の伝統的倫理と対決することを避けて、戦前からの改正案の延長上に、この改革を考えていたとみられよう。それは反動的家族制度保持論の思想を容認する限界を、始めから有していたのではないかと言う指摘もなされている。(1) これを裏書するように、臨時法制調査会のもっとも主要な起草委員だった我妻栄は、第九二回帝国議会貴族院で次のように述べている。

私と雖も父母に孝に兄弟に友に夫婦相和すると言ふことが人倫の大本であり家族協同生活の理想であることに聊かの疑念を有するものではありませぬ。唯真の孝行が親の権力と子の絶対的服従を基礎としたものであってはならない。其の友愛が長男の特権を中心とする子供の間の差別的待遇を基礎とするものであってはならない。又其の和合が夫の支配と妻の服従を基礎とするものであってはならない、支配、被支配の関係のない平等の者の間に自ら醸し出される孝と友と和でなければならない、……戸主権、親権、夫権、長男の特権と言ふ諸々の権力を基礎として構成された家族協同生活は、仮令温いものであり、和やかなものであっても、決して理想的なものでない。(2)

我妻の発言は、保守反動家族制度維持論者の「家」制度廃止に対する抵抗を、教育勅語の読み替えで封殺しようとする政治的含みがあるものとして理解されている。だが、それでも旧来の「家」制度の習俗および道徳を民法の外では肯定する姿勢は、民法の解釈上でも無理がある。また実質的に、それでは、社会において習俗および道徳上で厳然として存在する男女の不平等と、親の子に対する権力的な一方的支配を残すかぎり、本来不平等な者を自由に競争させることと異なるところがない。したがって、我妻にかぎらず起草委員会は、自由、平等を民法の内部に矮小化させてしまい、民法の外の法制度によって男女不平等を実質的に是正するような方向は出さなかったのである。そこに、この改革が持つ民主化の歴史的限界を感じるのである。

一　臨時法制調査会の民法改正論争

民法改正は、立憲政体における法的整合性の必要上、まず憲法の原理によって規定される。また「民法改正以前に発効した衆議院議員選挙法改正（昭和二十年）による婦人参政権規定との整合性から、明治民法上の妻の行為能力現定や、夫婦財産制の規定などの改正を必要とした(3)。また、すでに述べたように、敗戦前後からの荒廃で潰滅したり、機能喪失した「家」が多くなっていた事実、民主化の高揚のなかで前近代的「家」からの解放を求める世論の盛り上りなどの現実の圧力も、無視できなかった。そして、軍国主義の温床となる一切の前近代的規制の解体をめざす占領軍および世界の民主主義勢力の強力な意思は、直接「家」制度の改革を指示したかどうかは別としても、政府に自ずから民法改正の方向を自己規制せざるを得ない雰囲気を醸成して行ったと思われる。

ところで、以上の所与の諸条件が立法過程においては、すべて憲法の規定する自由・平等・個人の尊重の原理に集約されていた。そしてこの原理を前提として具体的な制度の評価をすることによって、家族制度改革のため民法改正の必要に到達すると言う過程をたどっている(4)。

すなわち、昭和二十一年（一九四六）七月二日、憲法改正に伴う法制全般の改正を検討するために内閣に臨時法制調査会が設けられ、内閣総理大臣の諮問に応じることとなった(5)。これには、審議の都合上、四つの部会が設けられ、第一部会は皇室・内閣関係、第二部会が国会関係、第三部会が司法関係、第四部会が財政その他を分担した。さらに第三部会の司法関係には、三つの小委員会が設けられた。それぞれ第一小委員会が裁判所関係、第二小委員会が民事法関係、第三小委員会が刑事法関係を審議した。民法の改正は第二小委員会が分担した。また同日、司法省に司法法制審議会が設けられたが、七月十二日の第一回総会で、司法法制審議会は臨時法制調査会の第三部会を兼ねることが決定した。七月十三日には、第二小委員会の第一回会議が行われ、主査坂野千里（東京控訴院長）から民法改正要綱案起草のための起草委員およびこれに附随する幹事の指名があった。起草委員は、我妻栄（東大教授）、中川善之助（東北大教授）、奥野健一（司法省民事局長）の三名であった。幹事は、横田正俊（大審院判事）、堀内信之助（東京民事地方裁判所上席部長判事）、柳川昌勝（東京控訴院部長）、来栖三郎（東大教授）、川島武宜（東大教授）、長野潔（東京控訴院部長）、円山田作（弁護士）、村上朝一（司法事務官）の八名であった。委員会は、精力的に活動して、二十一年十二月二日までに第四次案まで作成し、第四次案を司法省で条文化した後、第五次案を英訳して昭和二十二年二月四日にＧＨＱに提出した。その後、司法省の第二次審議を経て第六次案が三月一日に完成、五月十二日から第六次案に基づいてＧＨＱとの折衝が始まる。その後、七月七日の承認まで一八回にわたる会談を重ね、六月二十四日付第七次案を七月十五日に閣議決定し、七月二十五日に国会に上程した。

　このような臨時法制調査会で注目すべきことがいくつかある。まず起草委員三名のうち二名が我妻、中川と言う当時としては近代的感覚がもっともあるとみられる学者で占められ、とくに我妻の指導性が大きかったことは、民法改正の性格を決定的にしたとみられる。そのことは、起草委員第一次案である民法改正要綱案（昭和二十一年七月二十七日）の第一に、民法上の「家」を廃止することを掲げてあることからもうかがわれる。後に我妻は、「民法上の『家』を廃止すること、あれがきまらないことには、一箇条だって手がつけられない。そこで、われわれとしては、あれは譲れない一線として確保するものときめて条文の立案をしたわけだ」[6]と述懐している。このほかにＧＨＱと一八回も会談し、先方から四〇項目の修正意見が出て居ること[7]から、ＧＨＱの意向も、かなり強く反映したと思える。具体的な会談の議事録が公開されているわけではないので、次のようなことから推測するほかないが、ＧＨＱの意向も「家」の完全な廃止にあったと思われる。それは、まずＧＨＱに提出した第六次案と、ＧＨＱの修正意見に基づいて改正され国会に提案した第七次案とを比べて見るが良い。第七次案では、第六次案ではなかった子の氏と親権との切り離し、生存配偶者が氏と関係なく姻族関係終了の意思表示ができること、離婚原因に当事者の直系尊属に関する規定が削除され、精神病離婚が挿入されたこと、家事審判所がとくに扶養を命じる親族の範囲を四親等に限るなど、いずれも「家」の影を落す規定を修正している。[8] また、唄孝一のきき書きによるとＧＨＱの係官は、「氏」が「家」にとって代ることを非常に警戒したと言う。[9] そのように考えると離婚当事者の尊属にかかわる離婚原因の削除も家父長的「家」意識を払拭することにあったと考えられよう。

ところで臨時法制調査会での議論の焦点は、総会での牧野英一の家族論をめぐってであった。

牧野は「憲法では夫婦のことしかみておらないから、親子のことは家事審判所と同じでよいということになると、憲法は夫婦だけのことを大切にする、親子の関係はセコンダリーのものとみているという風に考えられるのであります。憲法の下に於て夫婦の名目を変えなければならぬならば、それと同じ重さを以て考えなければならぬ所には当然考え及ばなければならぬので、夫婦の扶養の義務を協力扶助という所までお拡めになったならば、親子に就てもお拡めになるのが正当である。……民法では食うに困らなければ親を扶けなくてもよいことになっておりますが、……」[10] と主張した。これに対して、中川善之助起草委員は、「夫婦の場合のように強い協力扶助の関係が起るのは親が未成熟の子供を養育する場合だけであると思うのであります。それ以上に法律が親子である以上は、子供が成長しても同じような協力義務を認めなければいかぬといって、それを法律で規定致しますと、却て色々な場合に親子の関係が不都合を生じないとも限らぬのであります」[11] と反論した。これに対して牧野は、「夫婦のことを協力と考えるならば、我々としては当然親のことを考えなければなりませぬ。子のことは考えるが、親のことは第二次だというのでは民法の道徳的意味、社会的通念が抹消されます」[12]と再反論している。要するに牧野は、夫婦の協力扶助を規定するならば、親子（この場合、成人の親子関係を意味する）の協力扶助も同じように規定したらよいではないかと言いたいのであろう。これに対し中川は「親子の関係は、之は子供を育てるという場合ではない、もっと一般的な関係に付て申すのでありますが、親子の関係というものは夫婦の関係のように一律には規定が出来ない」[13]といい切っている。しかし、牧野は「親子の関係は一律にはみられぬ、夫婦はどこまでも一律だと、こうおっしゃる所にやはり私として疑いを存する」[14]と、どこまでも平行線であった。

結局、牧野と中川では、民法改正の前提におく家族像が異なる。牧野は、成人に達した子供夫婦と同居する親に対する、子の恭順を前提とした家族像を考える。そこで、子の親に対する「家」的扶養は当然であり、婚姻した子供と親とは一身同体の家族であることになる。これに対し、中川は個人を出発点として、個人の契約により成立した夫婦と未成熟の子を中心とした小家族における扶養と協力の関係を言うのであるから、議論がかみ合わないのが当然である。牧野の考えは、「家」の戸主権などの権力的要素に触れないで、扶養と同居協力扶助という共同体的連帯の側面から議論を起しているが、基本的には「家」を肯定している。近代民法が、個人の権利義務の体系として構成されていることから考えれば、論理としては中川が正しいのは当然である。しかし、牧野の主張のように、「家」的扶養と言う前近代的連帯に、老親扶養を解消するわけには行かないが、さりとて子の孝に代る国家の福祉政策が乏しければ、老後が不安になるのは当然である。牧野のような主張が、民法改正後も国民のなかに、かなりの支持を得ていたのも、また当然というべきであろう。

結局、牧野は、①家族生活尊重、②直系血族、同居の親族の協力扶助義務、③親族は互いに敬愛し、共同の祖先に対する崇敬の念で和合すること。

以上の意味の修正案を出したが、通らなかった。(15)しかし、②は民法改正の審議に持ち込まれ、倫理的意味しか持たないがそのまま改正民法に規定されて行った。このことは牧野以上に戸主権存置のままの国粋的な「家」制度維持論が、「用語が少し新しくなったというだけで、明治二十三年のころと同じことを議論している」(16)状態だったから、原案通過の技術として国粋派と妥協したとみられている。

ともあれ、臨時法制調査会で作られ第一国会に提案された改正民法草案は、協議離婚の家事審判所による確認の修正案が参議院を通過した以外は、そのまま原案通り可決した。しかも、参議院通過の修正案すら、衆議院の反対再可決に会ったので、結局原案通りになった。それゆえ、国会の審議における意見は一つも反映されないで改正されたといって良い。たしかに、国会審議で出された意見の多くは保守的な「家」制度維持の思想にこり固まっていた。しかし、中には親族扶助や祖先祭祀などの妥協的規定の削除など、原案よりも進歩的な提案もあったのだが、これらをすべて排除して原案が決定したことの意味は、もっと検討さるべきである。

二　共同体的「家」の温存

1　戸主権と「家」の廃止

もともと明治憲法下における家族統合の論理と天皇制国家統合の論理は、祖先祭祀を媒介にした血縁的家族国家を擬制することで、見事に一致させられていた。このことは、敗戦の翌年、第九〇帝国議会における帝国憲法改正の討議にも現われていた。すなわち、「日本ノ国民ガ天皇ニ帰一スル国体護持、祖先ヨリ子孫ヘト家ヲ護リ抜ク家族制度維持ノ此ノ二ツガ根幹ヲ成シテ、車ノ両輪ノ如ク表裏一体トナツテ国家社会秩序ヲ完成シテ行クモノダト思ヒマス……若シ家督相続ト云フヤウナコトニ、大ナル変革ガ来ルトスレバ、是ハ日本ノ国民ノ誇リ国民ノ間ニ存シテ居ル国体ハ、大ナル変革ヲ受ケル」[17]ことになる。

だが、憲法草案における個人の尊厳と両性の本質的平等の原理は、もともと「社会ノ単位ヲ個人ニ置ク」ことを前提にするから、社会を家族によって組織するとした「現在ノ家族制度ヲ維持シテ行クト云フコトハ、此ノ規定ノ精神ニ反スルノデハナイカ」[18]となる。したがって、「戸主権ヲ中心トスル家族主義ヲ此ノ草案（憲法草案）ハ根底的ニ破壊致シマシテ、夫婦中心ノ個人主義ニ改正スル……随テ道義ノ根本タル父母ニ対スル孝道ハ愈々衰ヘテ行ク」[19]との危惧を抱く。しかし、憲法における国民主権の強調に合せて、民間の国体としての家族制度の否定を政府自らが宣言せざるを得ない日が来る。[20]すなわち、昭和二十一年八月二十九日の貴族院本会議で、木村国務大臣は、「此ノ戸主ヲ中心トスル家族制度ハ、如何ニモ封建的色彩ヲ帯ビテ居リ、幾多ノ弊害ヲ生ズル」ので、憲法の趣旨に反するから、「所謂、戸主ヲ中心トスル家族制度ヲ無クシヨウトシタ所以デアリマス」[21]とした。しかし、「祖先ヲ崇拝シ家系ヲ重ンズルト云フ……此ノ意味ニ於ケル家族制度ヲ破壊シヨウトスルモノデハナイ」[22]結局、「戸主ヲ払拭シタ残リノ家族ト云フモノハ維持サルベキモノダラウト確信シテ居ル」[23]となる。

このように、民法改正案が審議される段階では、忠孝一本の家族制度を温存し、戸主権を肯定したままの「家」を維持する意見が出る幕はなかった。したがって、議論は戸主権なき「家」を民法に存続させられるか、祖先祭祀を民法に盛り込むかにかかって来る。それでも保守層は、なお「家族制度は日本古来の淳風美俗の賜であって、家族制度のために日本は非常なる発展をし、また家族相扶けまして家をなし、家が隣組、村というようなものに発展して強固なものとなっておる」[24]といった認識を持っている。したがって、戸主権を外し「家」を廃することは、国民を「一握りの砂（として）……団体性をとってしまう」ことをおそれる。そこで、「戸主権というものをもたせるというようなやり方はよくない（が）……その家に属するというか、父母に属するという建前から、家族中心主義の何らかの方法」を考えねばならないとする。(25)

また、保守派は「家」を「われわれが家族生活をしておる一つの団体」とみるが、政府は、「戸主権および家族という関係が、すなわち法律上は家ということになる」(26)とする。したがって、保守派がいう「戸主が悪いなら戸主をやめるのはよろしいが、それと同時に家というものをなくさなければならぬというこの観念は、論理の飛躍」(27)とつめよっても、政府は「要するに、法律上の従来のような家の制度は、これは憲法の認めがたいところであろうというふうに思って認めなかった」(28)と斥けている。ここに、明治憲法体制を肯定した上での改革との決定的相違が現われている。

結局、保守派は戸主権と言う権力的要素を除いた共同体的「家」ならば、民主化に同調できると考えていたようである。具体的には「戸主権を有する戸主、これに服従する家族の存在ということは、これを認めない、この新しい意味における共同生活団体に名称を与えて、仮に家族又は砕けて家庭、或はもっと世俗一般とに通じますところの世帯として、……生活に必要な事務を代行する世話役をする人間を、家族会議その他の協議方法で選出する……これに祖先の祭祀を主宰せしめる、祭壇墳墓を管理せしめることにする、そういったような新しい法律制度を民法上認めることが新憲法下における夫婦、親子、親族共同生活団体のあり方を明白にするものであり、又その向上発展を期する所以であると考えられるのであります」(29)と主張する。これに対して政府は、「実際の親族共同生活というのは、むしろ民法を超越したものというふうに考えておるので、むしろその関係を……事実あるいは国民の道義心、そういう国民性というようなものに任していいのではないか、……お示しの家団といったようなもの、場合によっては家というものの中に、そういう法人格を備える一つの団体を認めて、それを社会の中心の一つの単位として行くというふうな考え方を採らなかったのであります」と答弁している。このように政府は、民法改正が個人主義の原理によって行われるとの建前を堅持しながら、「家」を支える伝統的倫理については議論を避けて通ろうとしていた。

2 祖先祭祀と親族扶養

大正期の臨時法制審議会の民法改正の基準は、淳風美俗であった。憲法改正の議会では、民法改正についても、これが改正の基準となるかどうかと言う質問に対して木村国務大臣は、次のように答えている。

要スルニ家庭ト云フモノハ夫婦、親子、兄弟相寄リ相扶ケテ、或ハ家名ヲ重ンジ、或ハ祖先ヲ崇拝スル、ココニ日本ノ良サヲ持ツテ居ルノデアリマシテ、……併シ是ハ倫理ノ問題デアツテ、制度ノ問題デハナイ、制度ノ問題トシマシテハ、……封建的色彩ノアルモノハドウシテモ抹殺シテ行ク、サウシテ此ノ新憲法草案二二条以下ノ規定ニ基キマシテ十分ナル考慮ヲ払ツテ民法其ノ他ヲ改正シタイト云フ考ヘデアリマス。(30)

これまで淳風美俗として考えられていた戸主に統率される「家」ではなく、親族相互扶助と祖先祭祀と家名を挙げ、しかも、これを倫理、道徳の基準とするが、制度改正の基準とはしない。制度改正には、憲法の自由・平等・個人の尊重を基準にすると言う論理の使いわけは巧みである。さらに、老親扶養は日本古来の道義であるから、「自分をみてくれる人間、お祭りをしてくれる、法事をしてくれるというその人と同じように同時にそこに自分の扶養者を定めて、……十分に自分の老後をみてもらうということにいたしますことが、最も孝養の特性を一貫する」(31)として、老親扶養者に、「家」の財産と祖先祭祀を全部承継させると言う提案が一部から出され、衆議院で否決されている。改正民法の七三〇条に親族相互扶助の規定を掲げながらも、それが具体的な老親扶養や財産相続などの法的効果に結びつくようなことは一切避けると言うのが、政府の態度であった。このようにわざわざ明治民法にもない規定を入れながら、法律上の効果は何もともなわないというのは近代的私権の体系になじまない。そこで、「民法は道徳的訓示を規定するものではないのでありまして、何か規定しておる以上、法的義務を規定することにならねばならぬ」[32]という解釈論上の批判に答えられない。

そもそも、祖先祭祀と家督相続とは前近代的な「家」に特有なものである。これが、「家」を廃止した民法の個人原理に反することは明らかである。だが、老親扶養の問題は前近代的側面だけでは割り切れない。家族の近代化が進み、家族の個人化が増大すると、老親の居る場がなくなって来る。したがって、この問題は「家」から解放された後の老人問題への展望とかかわって来る。榊原千代は、批判する。従来、老親扶養の外に「家」に属する親族の扶養は「家族制度の大きな柱」であったが、このような相互扶助は、「さぞ美しいように聞えますけれども、実際においてはそれが負担となりまして、めいめいの生活を圧迫する面が多いのではないか」と言うことになる。したがって、「家」の扶養を廃止すれば、民法の個人責任の原則の範囲の扶養だけで片づくものではなく、「むしろこれらがないために社会保障制度を急速に発達させなければならない」。そのことが「個々の人間の自由を尊重するというような建前からも、かえってよい」[33]と主張する。

このような立場からすると、直系血族、同居の親族の相互扶助を規定した改正民法七三〇条などは、道徳規定であるが、それをことさら採り上げるならば、「同居の親族のみならず、その家のために尽してくれた人々に対しても、お互いに扶け合わなければならないというようなことはあたりまえだと思う」[34]から、民法に規定しない方がよいことになる。これに対して、政府は、「従来の実際の家庭生活親族共同生活をも否定するがごとき誤解を招いてはいけない。……そういう方面の要望等、いろいろ各方面の調和、妥協というような意味で、これが入ってきた」[35]と、保守派との妥協の産物であることを告白している。したがって、親族相互扶助を決めながら、一切の具体的な法的効果を認めない。だが、政府は他方で「現実の家庭生活を否定するものではない、親族共同生活を我が国の美風としてどこかに残すという意味でこの条文を作った」という。(36)

ここに、たんなる妥協以上の政府の本音がうかがわれよう。

3　夫婦の平等と男女分業論

夫婦については、憲法が「両性の本質的平等」をうたったが、この平等原理を保守派は都合の良いように解釈する。たとえば、

男女平等ト申シ同権デハアリマスケレドモ、一ツノ家庭ニ於キマシテハ各々其ノ職分ガアルト存ジマス、女ハ家庭内ニ於テノ主婦トシテノ仕事ガアル、男ハ男トシテノヤハリ仕事ガアル、デアルカラ私ハ家族ノ分野ニ於テ各々一家ヲ維持スル点ニ於テモ、オ互ニ其ノ立場立場ヲ守ルベキデアル……。(37)

要するに、妻は家庭内に閉じこもり、夫は外で働くと言う分業論に基づくまやかしの平等論である。したがって、前近代的な妻の行為無能力や家督相続などは否定するが、男女分業に基づく夫による支配は肯定する。次の発言は、このことを良く表わしている。

性別もしくは、わが日本の家庭生活の上において、必然あらねばならぬ秩序というものは、われわれは、当然認めなければならぬ。……昔からわが日本でいわれる、妻は夫に従う、こういうことなども、これは平等に反するものと思われるか。(38)

これに対して、政府側から、妻は夫に従うとしなくても、夫婦平等の立場で夫婦の秩序を保つことができると答弁している。(39)

ところで、このような旧倫理に立つ発言が出るのは、臨時法制調査会において、法律上の「家」と道徳上の「家」を区別して、従来の伝統的倫理も肯定するかの如き雰囲気で、議事が進められていたからであろう。このなかで、夫婦の平等について、従来、淳風美俗とされた良妻賢母主義を正面から批判した加藤シズエの発言は、貴重である。

今マデノ良妻賢母主義ノ教育ト云フノハ要スルニ過去ノ封建的ナ道徳ニ依ツテ指導サレテ来タト云フコトヲ見逃スコトハ出来ナイ……日本古来ノ淳風美俗ト云フコトハ、今マデ教育ノ上デ何時デモソレガ一ツノ教育ノ指針トナツテ居タ……唯ココニ自由ト云フコトガ云ハレテ居ルダケデナク、ドノヤウナコトヲ以テ将来ノ子供達ヤ、ソレカラ女子教育ヲ指導シテ行クカト云フヤウナコトガ、一応ココデ明カニサレナケレバナラナイノデハナイカ。(40)

これに対して田中耕太郎文部大臣は、「女子ノ人格ヲ尊重セズ、又自由ヲ尊重セズ、女子ヲ男子ノ手段ニスル、又家族ノ犠牲ニスルト云フヤウナコトガ如何ニモ良妻賢母主義デアルカノヤウニナツテ参リマシタ」と肯定した上で、「本当ノ家庭ニ於ケル教育ナリ或ハ家族ノ営ミノ全責任ヲ負ツテ行クニ適当ナ主婦トシテ或ハ『シチズン』トシテ、或ハ世界人類トシテ本当ニ模範的ナ女性ノ道」を淳風美俗としている。(41) ここにおいて、世界的普遍性のある家庭の主婦のあり方を示している。これは、戦後民法の家庭像の模範を示すものとして重要である。

大正デモクラシー以来、男女の真の同権は、家庭の主婦としてではなく、社会的経済的に自立せる男女の間でのみいえる。そこで、「女も家庭の消費労働だけに携わるのではなく、やがてはいろいろな社会施設ができまして、育児の負担から軽減され、あるいは家庭内のぼろを繕ろうということも、社会的生産に転嫁されまして、女自身が社会の生産面をも受持ち、自分自身の収入をも得て、自己が完成されていくという方向に向わなければならないと考えます」。(42) と言う榊原千代は、将来の民主的男女関係のあり方を明示したものと言えよう。

このような民主的思想に立つと、改正民法でさえ、夫婦財産制で妻の家事労働を評価しないことによって夫権的支配を貫徹していることを指摘できる。すなわち、「現段階におきましては、せっかく民法刑法が夫婦の平等を確認してくれ、また擁護してくれましても、この規定では私どもは扶養される立場にやむを得ずして立たなくてはならないのであります。……これにつきましては、何か適当な、妻の家庭におけるその労働を生産に連なるものとして認めていただくような措置をとれないものでございましょうか」(43)と述べている。

このような労働面での男女不平等が改正民法の夫婦財産制に反映されること自体、資本主義社会の夫権的支配が前提されているものといわざるを得ない。それとともに、国会の討議によって改正民法の有する夫権的側面と政府の本音とを抽き出した婦人議員の功績は大きい。

それとともに、保守派の論理でさえ、大正期の臨時法制審議会のリベラル派を部分的には超えざるを得なかったところに、時代の転換を考えるべきだろう。

三　民法改正草案に対する国民の意見

民法改正は、国民の日常生活にかかわる親族共同生活の法規制の変更であるので、改正案に対しては、広汎な層に具体的な改正の要望があったと思われる(44)。

まず、臨時法制調査会の改正案に対して強い要望を出している「家族法民主化期成同盟の決議・修正希望条項」をみてみよう(45)。この決議は、「封建的家族制度の残滓を一掃」することで「民主的な民法改正が実現」されるとする。そして、①民法の口語体化、②氏の実質的効力を認める規定の廃止、③祖先祭祀に関する規定の削除、④協議離婚の家事審判所による確認制度、⑤尊属にかかわる離婚原因の廃止、⑥扶養義務の範囲は広きに失すること、⑦兄弟姉妹の相続権を認める必要なし、以上を希望条項として政府に申入れている。

この団体は、川島武宜、磯田進、内田力蔵、野村平爾、山之内一郎等当時の進歩的学者と、山川菊栄、丹野節子等の婦人運動家、立石芳技、久米愛子等の大学教授、弁護士等の婦人法律家、山崎道子等の婦人国会議員のほか、共産党と民主党の婦人部長が加わっている。進歩的学者と婦人運動家および婦人有識者の超党派的連合のようである。したがって、この意見は民法改正についての当時の自由主義的な知識人の意見の集約とみてよい。しかし、その意見は基本的には、改正民法を近代化の方向においてとらえ、そこにおける前近代的要素の払拭に限定されている。

このような考えは、むしろ当時における進歩的知識人および革新勢力の主流であり限界であろう。共産党を代表する野坂参三の意見をみよう。

　全体として、これはきわめて進歩的な法案というべく、……しかしながら、われわれの最も遺憾とするところは、民法民主化の最大の眼目である封建的『家』制度の除去が不徹底な点にある。(46)

として、祖先祭祀規定の削除、婚姻関係を「家」のわくから完全に切り離すこと、離婚原因中の直系尊属にかかわる規定の廃止をうたっている。

たしかに「前近代的拘束」があっては、個人は「家」から解放されない。その意味で、近代化は民主化の必要な条件であろう。しかし、個人の自由・平等の実質化を妨げている主因は古い「家」ではなく、日本資本主義体制の圧力なのである。それは具体的には、夫権の支配の形をとり、また、自己責任の名の下に生活能力の低い者の切り捨てを日常的に行っている。この点に眼が向けられれば、妻の家庭における地位、老人の保護などを含めて民法を超えたところまで展望されたはずである。家族制度の民主化には、そこまでの展望が必要だったのではなかろうか。だが、わずかではあるが、民主化の方向を示す意見も国会の内外にあった。国会内の発言は紹介したので、民法改正に関する衆議院司法委員会の公聴会における公述人の意見を紹介しよう。

穂積重遠は、明治民法の「家」は、実際生活上の「家」を現わしていなくて戸籍上の「家」にすぎないと前提した上で、

今度の憲法においては家庭の中心になる夫婦でありますから……今度の民法改正は、……新憲法に順応するものの、やむを得ずというだけでなしに、ほんとうに新日本の新家庭をつくるこれが根本になる。しかしそれは法律だけでいくものじゃないから、法律はこの程度にしておいて、もっと広い意味の道徳、人情に重きをおいて、その方に力を入れなければならぬじゃないか(47)

と述べている。明治民法の理念と現実の違いを指摘する点もさることながら、穂積が明治民法の理念の背後にある伝統的倫理道徳を改める努力がいることを述べているのは、非常に重要である。政府および起草委員達の見解は、伝統的家族制度の倫理をそのままにして置くことであった。穂積は正面から、この倫理に対決するわけではない。しかし、政府見解より一歩踏み込んでこれを変える努力の必要性を説いている。それは、単純な伝統的倫理の全否定ではなく、伝統的倫理を新しい価値観に対応させることである。

次に、真杉静枝は、仕事を持つ女は自活能力があるので家庭を破壊し易いと言う偏見に反対して、

仕事を持っている女の人が、家庭生活を安心して続けていかれるような、新しい法律がつくりあげられるように希望いたします。……どうしても離婚のやむなき事情がございます場合は、……新しい法律の規制によりまして、婦人の新しいその後の生活が保障されますように、あるいはそれまで払った義務とか責任とかいうものが踏みにじられないですみますように家事審判所の方で積極的に取計らってくださるというようなことが、あっていただきたい……(48)

と述べている。真杉の主張は、①経済的・職業的に独立した婦人の婚姻生活の保障、②離婚における婦人の権利の保障、③離婚後扶養の確保などの内容を含むもので、改正民法起草者の視野を超えた具体的な問題提起をしていることに注目すべきであろう。

さらに柳田国男は、改正民法草案に賛成しながら、今日あるを予見したかのごとき意見を述べている。すなわち、柳田は、①民法改正で「家」に伴う法規の拘束が解けたこと、②本人の意思を無視する婚姻は明治民法以来のもので日本の伝統的婚姻とは異なること、③民法改正で共同体的なものが否定されると婚姻の絆も弱くなって離婚も増加するだろう、④家族の扶養能力は低下し、「家」の解体で老人扶養が困難となること、などを挙げて「現在法制だけかえて、法制によって世の中が変ると思ったら楽観の極であります。これをするがためには、一方に施設がなければならぬ、われわれの考え方が変らなければならぬ。……」(49)と警告している。柳田の先見は、今日全く適中した。国民は、個人主義の社会に対応する社会政策の貧困と、共同体の結合にかわるべき新しい市民の連帯の不在に苦しんでいるのである。

公聴会での意見は、ここに述べたほかに「家」制度維持論もあれば、政府見解同様なものもあった。だが、政府見解は公聴会や意見書に影響されたとは思えない。それどころか、国会審議でも衆議院司法委員会の冒頭に「慎重審議の上、改めるべきところはどんどん改めるつもりでかかるべきこと」(50)が要望されたにもかかわらず、これだけの法典を第一読会だけで通過させた上に、ほとんど修正を受け付けていない。

かようにＧＨＱと協議して既定の方針を決定した後は、ひたすら忠実迅速にこれを実行する。そのために国会審議を形骸化して顧みない官僚的改革の方法をとったことにも、この改革の限界と本質が窺えよう。

四　戦後家族制度改革の影響

1　生活保護法と私的扶養

一九四六年四月の人口調査では、五〇〇万の失業者が予想され、(51)政府としても、これを従来のような旧家族制度に収容させることだけではすまなくなる。生活保護法の制定で、政府は次のようにいう。

昭和六、七年ノ失業ノ状態ノ如キニ於キマシテハ、自然ト日本ノ家族制度ナドノ影響デ田舎ニ吸収サレタト云フ状態モ余程明ラカナモノモアリマシタ、今日ト非常ニ事情ハ変ツテ居リマスケレドモ、ドウモ外国ノ失業者トハ多少性格ハ変ハッテ居ルト云フヤウナ事情モアリマシテ、此ノ失業者ガ本当ニ街頭ニ現ハレテ来ナクチヤナラヌト云フヤウナ状態ニナルニハドウ云フ風ニナルカト云フコトハ非常ニ予測ノ困難ナ問題デアリマス。（第九〇帝、貴、生活保護法案特別委員会議録、第一号、昭二一・八・二〇、河合良成厚生大臣、三頁）

もっとも、生活保護法は「失業者ヲ救フト云フ意味デヤツテ居ルノデハナイノデ、是ハ或線カラ下ツタ生活出来ヌ者ヲ皆救フト云フ意味デヤツテ居ル」（同、第二号、昭二一・八・二三、二頁、河合厚生大臣）のであるから、失業者のすべて（政府推定一八八万人）が、その対象となるわけではない。それにしても膨大な生活困窮者が予想され、それを無差別平等に救うのが国家の責任とされる。なぜならば「此ノ民主的国家ノ是トシテ居リマスルノハ個人ノ完成デアリ、個人生活ノ保障デアリマス、ガ、サウスレバソレニ対シテ国家ガ責任ヲ持ツト云フ意味ニ於テハ是ハ当然ノコトデアリマス」（同前、七頁、河合厚生大臣）と。しかしながら、他方で生活保護法は家族的扶養が尽きたところでしか機能しないようになっている。そこで、同法案三条は、「扶養義務者が扶養をなし得る者には、急迫した事情がある場合を除いては、この法律による保護は、これをなさない」とする。したがって、次のような疑問が提起されるのは当然であろう。

扶養義務ノ履行ト云フモノト、生活保護法ニ依ル国家行政トノ聯関ヲ什ケルト云フコト自体ニドウモピント来ナイ所ガアルノデアリマスガ……併シ実際ノ場合ニ於キマシテハ、扶養義務者ト云フ者ガ日本ニ於キマシテハ扶養スルノデアリマセウシ、従ツテ生活保護ヲ受ケル所ノ積極的要件ト云フモノガナクナリマスカラ問題ハ起ラヌデセウケレドモ……根本ハ扶養義務者ガ扶養ヲ為シ得ル場合ハ生活保護ヲ与ヘストシテアリマスガ、ソコデマア外ノ消極的要件ノ場合ト同ジコトデ、保護ヲ与ヘヌト云フコトデ、ソレデシツ放シデ宜イノデアルカ。（同前、六頁、佐々木惣一）

これに対する河合厚相の答弁は、次のとおりであった。

是ハ扶養ヲナシ得ルト云フコトハ客観的状況ニ於テ其ノ扶養者ガ扶養ヲナシ得ル経済状態ニアルト云フコトヲ意味シテ居ルノデアリマス、ソコデナシ得ルニ拘ラズナサヌ場合等ガ起キマスルカラ、ソレニ対シマシテ、字句ハ稍、狭イ感ガアリマスルケレドモ、『急迫した事情』ト云フ風ニ例外ヲ設ケテ居ル次第デアリマス、……／扶養義務者ノ扶養義務ノ履行ト国家ノ責任トノ間ニ関連ヲ置クト云フコトニ対スル御質問デアリマシテ、理論ノ上ニ於テハ正シクサウ云フ点ニ於テ多少ノ撞着ヲ感ズルモノデアリマス、併シナガラ是ハ矢張リモノノ移リ変リニ於テ已ムヲ得ヌノヂヤナイカ、目標ハ前途ニアリマシテ、我々ハ此ノ目標ニ向ッテ社会保障制度ニ前進シナケレバナラヌト云フコトハ疑ヒアリマセヌケレドモ、……矢張リ是ハ家族主義ト申シマスカ、或ハ従来ノ慣行ト申シマスカ、ソレト将来ノ『デモクラシー』ニ進ム道ノ行キ途ノ問題デアルト云フ風ニ私共ハ感ジテ居ル……。（同前、八頁、河合厚生大臣）

このように、生活保護法を必要ならしむる社会的状況が、家族制度の限界と社会保障制度促進の必要性とを明らかにしている。たんなる家族制度の私的扶養では、もはや解決できない社会問題であることは誰の眼にも明らかであった。ここにも家族制度改革を必要とする条件が存在したのである。

2 「公」と「私」および家庭の論理

第一国会における民法改正案の審議と同じ頃、刑法改正案が司法委員会で審議されていた。家族改革に関しては、姦通罪と専属殺の審議が重要である。姦通罪を削除しようとする政府原案には、二つの方向から反対が出た。一つは、「家」制度維持論者からである。

民法の改正によって家族制度が廃止されんとしつつあります。従来の封建的な家族制度を打破すべきことは、現代においては当然でありますが、しかし氏を尊び、血統を正しく保存するということは、人類社会の道でなければならぬと考えるのであります。……民法のさような傾向にかてて加えて、刑法の上からもまた道義的に名を保存さるべき家族制度を、血統の上から実体的に潰滅に導くおそれもなしとしないのであります。（第一国、衆、司法委員会議録、第一九号、昭二二・八・一二、佐瀬委員、二〇六頁）

これに対して政府は、妻が姦通しないのは刑罰法規があるからではなく、日本古来の貞操道徳によるのだから、姦通罪を廃止しても「急に姦通は、しほうだいという気持になって、道義頽発の風潮になるとはみておらないのでありまます」（同前、佐藤藤佐政府委員）と答えている。淳風美俗の倫理を逆手にとるとともに、貞操強制はモラルによるものであることを示す。

今一つの反対論は、妻の座を公的に保障させる論理の延長上に提起された。

姦通も犯罪として処罰するか否かということが問題であるばかりでなく、婚姻神聖の目的に向って姦通が、これをじゃまする手段とみるのであります。……実は、そこへ行くまでの生活を護りますためにも、姦通罪というような規定を置くことは必要なことではないかというふうに考えられるのであります。（同、第一六号、昭二二・八・八、榊原千代委員、一六一頁）

婚姻共同体の保障を刑罰に依拠しようとするかぎり、その論理は説得性がない。かえって、政府の「夫婦間において性的純潔を維持しなければならぬというその原理を維持するためには、どうしても夫婦間の愛情と道義にまたなければならないのであって、刑罰をもってこれを強制するということに、いくらか無理があるのではないかというふうに考えました……」（同前、佐藤藤佐委員）の言い分に説得性がある。これはまた、結婚が個人の自由意思による結合である以上、姦通も当事者の「私」事であって、民法上の問題であり、刑罰で強制できないという点で、「公」の論理の適用の場に一線を画していることにもなる。

しかし、政府は尊属殺重罰規定については、廃止しなかった。本来ならば「家」制度の廃止が、尊属殺重罰規定の廃止に直結しそうなものである。それができなかったのは、表面的には、皇室に対する罪の廃止や、姦通罪の廃止以上に抵抗の予想されたことによるともいえる。それは、「天皇制と『家』制度という相互に密接な補強関係にある両者が、近代的な法の下の平等の原則に根本的に反していることについて、政府が確固とした批判的観点を打ち立てえなかったことによる」(52)。そこに、夫婦関係については自由・平等化を推進しながら、親子については、あえて縦の秩序のみを尊重し、支配の関係を温存したゆえんがある。このことは、たんなる「国民感情を尊重した」(53)のではなくて、社会保障制度の整備を怠り、子に老親扶養の責任を負わせるという論理の伏線もうかがわれる。のみならず、尊属殺重罰規定を残すことは、憲法第一四条法の前の平等に反する身分的差別を認めることであるが、そのことは人間天皇といいながら、天皇を、その出自のゆえに特別扱いすることにも通じるものがある。

3　教育勅語の廃止

明治憲法体制では、国民の精神的統合の共同体的礎柱を具体的に支えているのは教育勅語であった。新憲法体制の下での教育基本法は、教育勅語が個人道徳の遵守を統治権者の意思として要求したのとは異なる。それは個人の尊厳を根本理念としているが、具体的な徳目を掲げるものではない。それは人権に関して、教育における男女の平等、教育の機会均等、宗教教育における信教の自由、ならびに国民の教育権を掲げる。そして、国民の政治参加の裏づけの一として、政治的教養の尊重を挙げる。また、家庭教育を含めた社会教育の奨励をうたう。だが、「是は家庭教育の内容に一々個々の家庭に付てあれ是れする訳では、ございませぬ」（九二帝、貴、教育基本法案特別委員会議録、第二号、昭二二・三・二〇、辻田力政府委員、五頁）というように、もとより個人の尊重という理念からみて、国権による家庭教育への干渉は許されるはずがない。しかし、民法改正のときは、まだ教育勅語は廃止されていない。そうなると、個人の尊重とは反対に、国家と「家」への個人の埋没、天皇と親への無条件の忠誠を求めた教育勅語とは併存できないはずである。これに対する政府の見解は、「教育基本法の施行と同時に、之と抵触する部分に付きましては其の効力を失いまするが、その他の部分は両立するものと考えます。……それで詰り政治的な若くは法律的な効力を教育勅語は失うのでありまして、孔孟の教えかモーゼの戒律とか云うようなものと同様なものとなって存在するものと、斯う解釈すべきではないかと思います」（同、第二号、昭二二・三・二〇、高橋誠一郎国務大臣、六頁）である。教育勅語は、国家権力の意思としての政治的・法律的拘束力を持つものではないが、なお社会的レベルで事実上の道徳規範として機能することを期待する政府見解は、親族法および相続法改正の際の、制度上の「家」と習俗上の「家」とを分離して説明するのと軌を一にする。

しかし、それも、翌年には教育勅語等排除に関する決議案（昭和二十三年六月二十日）によって決着がつけられた。

新旧二つの理念がときに衝突し、ときに矛盾し、その結果混乱をひき起して、そのために民主化の停滞性が現われておる……かような混乱をいつまでも放置しておくわけにはまいりません。……教育基本法をわれわれは、すでに制定し、これによって国民の指導原理を明らかにしているわけであります。……教育に関する諸詔勅が、今日もなお国民道徳の指導原理としての性格をもっているかのごとく誤解されている向きもあるのであります。……これをこのまま見逃しておくことは、決してわが国の現在にとって、さらに将来にとって、よいことであろうとは考えられないわけであります。（二国、衆、第六七号、昭二三・六・二〇、教育勅語等排除に関する決議案趣旨弁明、松本淳造議員、六七〇頁）

政府は、ここで、戦前イデオロギーの終焉を公式に宣言した。

家族制度改革も、さらに国家の福祉政策、治安政策、イデオロギー政策に対応した、多面的な個別の家族機能への働きかけの様相を呈する。

すでに、昭和二十二年末に成立した児童福祉法に治安政策の側面があることが指摘されたが、この時期には、少年法改正、少年院法、などの立法を通じ、それはいよいよ明らかな形をとる。たとえば少年法改正法案では「今や祖国もようやく復興せんとする際、少年に対する刑事政策的見地から構想を新たにし、少年法を全面的に改正すべき時機に到達しました」（二国、衆、第七七号の〔三〕、少年法を改正する法律案外一件、昭二三・七・四、井伊誠一〔司法委員会委員長〕、一〇九八頁）と述べている。

なお民法の改正に際し、相続法における均分相続制度が、農地の細分化による農業経営の零細化を招きはしないかというおそれがあった。政府はそれを、農地相続に関する特例法によって解決することを約束した。そのことは、重ねて、自作農創設特別措置法でも論議され、農地の「単独相続」を制度化することも言明された。しかし、すでに現状が過小農経営を主体としている以上、相続制度によって現状を固定化することが、かえって農業経営の合理化に反することを、この時点で指摘する者はなかった。だが、農家の「あとつぎ」に、農地が単独相続されるように民法の相続放棄規定を利用するなどで、問題解決が図られたのが実状であった。そのために農業資産だけに特例法を設ける意味がなくなった。

かくて第一国会で審議未了となった農業資産特例法は、第五国会に再提出されたが、再び廃案の運命をたどった。

4 戦後家族制度改革の確立

教育勅語の廃止で戦後の家族像への道がつけられると、当然のことながら新たな戦後家族の機能に関する政策が必要となる。この年、労働省設置法案で労働省婦人少年局が設けられ、また労働基準法案も審議されている。婦人労働の保護、母性の保護がうたわれていながら、皮肉にも「託児所の設備もなければ、あるいは保険制度も完備しておらぬという状態であるならば……使用者は、かくの如き条件下における女子の雇傭ということを回避する傾向に出るでございましょう」(二国、衆、労働基準法案委員会第一読会、昭二二・三・七、一五八頁、椎熊三郎)と反対者にいわれるような状態で発足している。

このような間に合わせ的姿勢でも、とにかく婦人・年少労働対策が発足しえたのは、GHQの後援と社会党政権下であったことなどの事情が重なっていたからである。だがその後、行政整理のために婦人少年局廃止がしばしば問題にされながら今日までつづいていること自体に、婦人労働問題の比重増加と婦人民主化の力の伸張がうかがわれよう。

昭和二十五年に入ると国家行政組織法公布を中心に、新憲法体制の下での体制の総点検と整備が進められた。ちょうど朝鮮戦争と軌を一にして、日本資本主義の再展開を支える体制の整備が進行したのである。

家族制度改革にかかわりのある諸制度も、それぞれ検討整備が加えられ、この体制の恒久的安定が企図される。たとえば、農地改革についても「今や問題は、農地改革によって達成された成果を恒久的に保持するところの方策を確立すべき時期であると考えます」（七国、衆、農林委員会議録、第二三号、昭二五・四・二、二〇頁、阪本政府委員）という。

そして、新憲法体制の下における制度の体系的整備が行われ、憲法の下の権利として位置づけられる。たとえば、昭和二十五年の生活保護法の改正は、憲法二五条に対応する権利として、社会保障制度の一環に組み入れることが行われる。そして、この内容を実施する上での原則が作られる。

また、児童福祉法にみられるように、少年法など、関連する法制との調整が行われるとともに、国の細かい指導によって児童の自由と人権の保障がうたわれる。そこには、一つの法制の理念が、建前としてさまざまな機能を果たしつつ、結局、人権の保障に収斂されてゆくことがうかがわれる。

この時期になれば、もはや手放しで「家族制度」を淳風美俗という時代ではなくなった。この年に起きた、児童売買事件についての林厚生大臣の発言は、そのことをよく現わしている。すなわち、「（児童売買は）子を親の私物と見る因習的な家族制度の欠陥と児童に対する基本的人権の低さを露呈したもの」（五国、衆、厚生委員会議録、第一四号、昭二四・四・二八、三一四頁、林厚生大臣）と、きめつけている。旧家族制度が、縦の秩序のなかで親のための制度であるとして建前としてでも批判をいわざるを得ないというところに、時代の推移がうかがわれる。またそれは、新憲法の原理が抽象的・一般的な形ではあるにせよ、定着し始めたことを物語るものでもあった。

むすび

すでに、憲法改正段階で、政府が家族改革の理念として、「夫婦ノ『同等』ト云フコト、ソレカラ『両性ノ本質的平等』ト云フニ点、ソレニ加フルニ『個人ノ尊厳』ト云フコト、詰マリ合計三ツノ標準ヲ基礎トシテ考ヘルベシト云フダケノコト」（九〇帝、帝国憲法改正案特別委員会、第一四回、昭二一・九・二六、金森国務大臣、一七〜一八頁）を挙げている。この時点で、政府がどの程度この理念を徹底しようとしていたかは、疑問がある。だが、この個人化と平等の理念が、市民社会の論理を家族内に貫徹させることであることは疑いない。その窮極の姿は、資本主義的、利己的人間像による私的、個人的契約関係として夫婦関係を形成し、それを基礎にして家族関係を構成することでもある。それが、家族法典に結実したときは、家族関係を、全く個人の権利義務の体系として構成することになろう。民法改正の段階においては、このように徹底したイメージが、あったわけではない。しかし、教育基本法に現われた「家庭」の観念は、家族内における男女同権の保障とともに、「個性豊かな教育」に象徴される個人主義的、小市民的家族観を示唆するものであった。体制は、このような家族観の方向へ向かって、さまざまな社会的階層の家族観を呑みこみながら、滑り出して行った。かくて、すべての家族観は民主主義的家族観の名の下に収束され、国民は実は形骸化、空洞化した家族観を押しつけられていったのである。

註

（1）唄孝一・竹下栄一「新民法の成立」（『講座家族問題と家族法』酒井書店、昭和二十八年）三七四頁。
（2）第九二帝国議会貴族院、本会議議事録「日本国憲法の施行に伴う民法の応急的措置に関する法律案外二件」昭和二二年三月三十日、三九四頁。
(3) 依田精一『戦革1』二八〇〜二八二頁。
(4) 同右、二九六〜三〇二頁。
(5) 我妻、前掲『経過』五〜八頁。
(6) 同右、一〇頁。
(7) 同右、一〇〇〜一〇一頁。
(8) 同右、三〇二頁。
(9) 唄、前掲(1)一〇頁。
(10) 我妻、前掲(5)、二六八〜二六九頁。
(11) 臨時法制審議会第二回総会、昭二十一年十月二十四日、我妻、前掲『経過』二七二頁。
(12) 我妻、前掲(5)、二七三頁。
(13) 同右、二七五頁。
(14) 同右。
(15) 同右、一〇〇頁。
(16) 同右、八二頁。
(17) 第九〇帝国議会衆議院帝国憲法改正案特別委員会、第一五回、昭和二十一年七月十七日、天野久、二七一頁。
(18) 第九〇帝国議会貴族院帝国憲法改正案特別委員会、第一六回、昭和二十一年九月十八日、霜山精一、二〇頁。
(19) 第九〇帝国議会衆議院本会議、昭和二十一年六月二十七日、北浦圭太郎、八五頁。このことについては、占領軍の圧力があったと推定される。依田精一、前掲(3)、二九九〜三〇一頁参照。
(20) 第九〇帝国議会貴族院本会議、二七八頁。
(21) 同右、二七九頁。
(22) 第九〇帝、貴、憲委、第一七回、昭和二十一年七月二十日、木村篤太郎国務相、二四頁。
(23) 第一国会、衆議院司法委員会公聴会会議録一七号、一七八頁、昭和二十二年八月九日。

(24) 前掲、司法委員会議録一七号、一八九頁。
(25) 第一国、衆、司法委員会議録三一号、二八九頁、昭和二十二年九月十六日、奥野政府委員。
(26) 同右、司法委員会議録三一号、二八九頁、鍛冶良作。
(27) 同右、司法委員会議録三一号、二九〇頁、奥野政府委員。
(28) 第一国、参、司法委員会議録二七号、三〜四頁、昭和二十二年十月二日、岡部常。
(29) 第一国、参、司法委員会議録二七号四頁、昭和二十二年十月二日、奥野政府委員。
(30) 第九〇帝、衆、憲委、七回、一〇二頁、昭和二十一年七月七日、木村国務大臣。
(31) 第一国、衆、本会議、昭和二十二年十月三十一日、自由党、民法改正修正案、明礼禮三郎。
(32) 第一国、衆、司法委員会議録一八号、一九六頁、昭和二十二年八月十一日、安田幹太。
(33) 第一国、衆、司法委員会議録二一号、二二六頁、昭和二十二年八月十四日、榊原千代。
(34) 同右、榊原千代、二二四頁。
(35) 同右、奥野政府委員、二二四頁。
(36) 第一国、参、司法委員会議録一九号、二頁、昭和二十二年八月二十八日、奥野政府委員。
(37) 第九〇帝、衆、憲委、六回、七八〜七九頁、昭和二十一年七月五日、中村又一。
(38) 第一国、衆、司法委員会議録三一号、二八七頁、昭和二十二年九月十六日、鍛冶良作。
(39) 同右、奥野政府委員、二八七頁。
(40) 第九〇帝、衆、憲委、七回、一〇七頁、昭和二十一年七月七日。
(41) 第九〇帝、衆、憲委、七回、一〇七〜一〇八頁、昭和二十一年七月七日。
(42) 第一国、衆、司法委員会議録三三号、三〇二頁、昭和二十二年九月十八日。
(43) 同右、榊原千代、二二七頁。
(44) ここでとりあげたほかに、婦人運動家の意見や、新聞雑誌などに出た意見の一部は、依田、前掲(3)に紹介している。
(45) 我妻、前掲(5)、三四八頁(資料篇)。
(46) 同右、三四九〜三五〇頁、昭和二十三年五月十二日(資料篇)。

(47) 第一国、衆、司法委員会議録、公聴会一号五、七頁、昭和二十二年八月二十日、穂積重遠公述人。
(48) 同右、一七頁、真杉静枝公述人。
(49) 同右、一四頁、柳田国男公述人。
(50) 第一国、衆、司法委員会議録一号、一頁、安田幹太。
(51) 昭和二十一年四月二十六日の人口調査での政府予想では、一三歳から六一歳までの稼働人口のうち既失業者二五五万人、引揚・復員者一五〇万人、軍需工場その他の解散で予想される失業者一〇〇万人としている（第九〇帝、貴、生活保養法案特別委員会、昭和二十一年八月二十日、河合厚生大臣答弁、三頁）。
(52) 利谷信義「日本における家族観の変遷」（『法学セミナー』一九七三年九月号）九九頁。
(53) たとえば、すでに憲法改正で田中耕太郎文相が「婚姻ガ契約関係デアリマシテ……処ガ親子関係ハ是ハ人間ノ自然的関係デゴザイマスカラ、特ニ憲法ニ規定スル必要ハナイ。……サウ云フ自然的関係ニ基ク人倫ノ大本、人間性ノ根本カラ発スル所ノ此ノ道徳……」（第一国、衆、昭和二十一年八月七日、一〇頁）と述べているように、夫婦関係とは別に、親子関係のみを超法規的な道徳倫理で律している。
（補註）このほかに、渡辺洋三「戦後の家族制度論争」（同『法社会学と法解釈学』岩波書店、一九五九年、三九八～四三二頁）は、家族制度論争の類型を保守型から急進型に分け（細かくは四類型）、その間の妥協が、民法改正に持ち込まれていったことを実証する。しかし、これをさらに検討するには、民法改正の論理と、他の関連周辺法制度の論理とをつき合わせた上で、全体の状況に照らして判断すべきであろう。

終章　家族制度改革民主化の再検討

はじめに

民法典論争から戦後家族制度改革までの家族思想と、それを公的な規範化した家族法の歴史を国家と社会と家族の実質から追求して来た。そこから学んだことは、思想の外被は変っても、日本人の意識のホンネの部分は変らないということである。そのホンネとは何か。それは「私利追求」と「共同性」である。

「私利追求」は、日本の資本主義の発足以前からあったが、資本主義の発展の下で急速に肥大化していった。しかし、後進の明治の日本資本主義が国際市場に参入するには、低価格商品の大量供給を強行することであった。そのためには、資本主義の維持に必要な費用を可能なかぎり削ろうとした。ここにおいて家族は「家」制度として重要な機能を果たした。農業の家族員無償労働の見返りとしての終身扶養、失業や災害など非常の際の避難所、離婚や老人介護における支援組織などのすべてを「家」制度が担った。これは、本来、社会や国家が公的な社会保障制度として負担すべきものである。このような、当然に必要なコストを「家」制度に転稼することによって日本資本主義は、低賃金で低価額の商品を国際市場に進出させることができた。

このような「しくみ」の下で、「共同性」のホンネは、「私利追求」をコントロールしながら、これを「国益」の名の下に国家統制に組み込むことに役立った。すなわち、「共同性」のホンネが、国民の「共同利益」である「国益」あっての「私益」というタテマエを貫徹したのである。そして、このタテマエは「滅私奉公」のスローガンとなって戦前の日本資本主義の発展を推進する原動力であった（本書第五章参照）。

しかし、第二次世界大戦の敗戦による占領政策の下で、この体制は破砕された。ことに、占領軍の権力によって、「滅私奉公」をタテマエとする天皇制家族国家体制による日本資本主義の存続は、否定された（本書・補論参照）。かくて国民の「私利追求」は、「ホンネ」も「タテマエ」も同質となった。「私利追求」が、公然と走り出した（本書第六章参照）。資本主義の本質ともいうべき「私利追求」は、家族制度にも貫徹せざるを得ない。

そこで、新たな日本資本主義の発足に合わせて「私利追求」の「ホンネ」を表に出した民法が必要となって来る。戦後家族制度改革は、このような構造であった。

一　民法改正指導理念の検討

1　個人主義の検討

戦後家族制度改革は、まず、新憲法二十四条で家族生活が個人の尊厳と両性の本質的平等に基づくことを指導理念としたのに始まる（本書第七章参照）。この指導理念に照すと明治民法の「家」制度は、全面的に否定されなければならない。けだし、この「家」制度は、戸主が、婚姻、親子関係など身分関係のすべてにわたって家族員を統制した。また、家族員相互の関係も、夫の全面的優位、卑族より尊属への上位序列などを規定した。また祖先祭祀の担い手に家督相続させることで、「家」の承継存続を図った。これは、戦後民主主義に反する。かくて憲法の指導理念の下で民法の「家」制度の廃止と、夫婦の平等などの民主化家族に向けての改正が図られた（本書第七章参照）。

しかし、この指導理念は抽象的である。具体的な民法改正においては、「家」制度の廃止後に、「家」に代る家族像の目標設定しなければならない。そのために国家の秩序維持の末端権力組織として位置づけられた「家」から解放された自由な個人を想定する。この自由な個人が男女平等な立場で夫婦となり、そこに生まれた未成熟の子を含む家族を形成する。これを目標にして障害となる民法規定を削除し、推進する規定を加えて行くことになる。この出発点に自由な個人を置く個人主義が、近代家族を貫く精神である。それでは、個人主義は個人の属している社会とは無関係に、自己の利益を主張する無制限の自由なのか。個人主義の論理の内部に自己抑制の論理は備わっていない。だから個人主義が私利を突出させれば究極においては、利己主義に転化する。これを抑制するのは、個人主義の外からの論理である。ヨーロッパでもアメリカでも、市民は、自立した生活があり自己決定できる意思に基づいて、自己の権利を主張するのが個人主義と理解している。また、各人の属している社会やキリスト教中心の宗教団体の一員としての自覚と連帯意識を持っている。このような連帯意識が、個人主義の利己主義への転化を抑制している。日本の場合は宗教的連帯による抑制が利己主義の歯止めとなることは少ない。戦前の国家倫理の「滅私奉公」が、「私利追求」を抑制している部分はある。しかし、「滅私奉公」や「家」の倫理は、国家統合の目的のために個人の自由を束縛するから民主主義の社会では許されない（第五章参照）。結局、血縁と地縁とに基づく共同体意識が、利己主義の突出を抑止していたのである。

戦後改革においては、個人主義の指導原理が無条件に自己抑制が利く原理を内蔵していると信じられていたのではなかろうか。個人主義が利己主義へ転化するのを防止するのは、個人主義の論理からではない。個人主義に立って自己の権利を主張する者が、共属の感情を抱く組織との連帯意識が利己主義を阻止できる。
そうだとすると、戦後改革当時においては日本人が共属感情を抱き、連帯意識を抱く組織は何か。また、それが、どのように機能したかが問題になる。

2　親族共同の検討

民法改正があり「家」制度が法律上から廃止されても当時（昭和二十三年〈一九四八〉）、の大多数の国民にとってそれほど大きな衝撃ではなかった(1)。明治民法が規定した「家」制度は、都市市民の間ではすでに大正時代に形骸化していたからである（本書第四、三章参照）。現実の家族生活は、明治民法の「家」制度とは別の次元で営まれていた。大多数の国民は、自宅に神棚や仏壇を設け、先祖の霊を礼拝し、墓参りをするなど祖先祭祀を怠らない。これと関連して出自を大切にし、家名を尊重する。親族との交際も重視する。したがって、犯罪にならなくても通常の道徳違反があった場合も、いわゆる「村八分」として親族交際の絶交に至ることも少なくない。これが農村地域ならば、親族のみならず、地域住民も含めて絶交を宣言されることになる。このように個人は出自を意識した親族関係と定住地の住民関係の連帯意識や共属感情がある限り、自から自己の行為に自制が働き、勝手な利己主義な振舞を慎むことになる。

多くの場合、老親を引取って老後の世話をするのは、「あとつぎ」とされる長男の「しごと」である。また、失業病気などで生活に困窮した場合も「あとつぎ」を中心とする親族集団が、扶養する。また農村で無償の家族労働を生涯続けて来た親族は、その報償として、生涯扶養される。このように出自、扶養、相互援助を中心に連帯し、共属の感情を持つ者が親族を意識する。それぞれの集団において、意識する親族は民法規定より広かったり、狭かったりする。そして、この集団内で個人の栄誉・喜怒・悲哀・苦労などの感情をわかちあう。また、先祖をともにする共通の意識から死者を偲び追悼をする。このような心情は、「ホンネ」としての共同性から生じるものである。しかも、この共同性は、明治民法、教育勅語（明治二十三年〈一八九〇〉）、修身教育によって、約六〇年間、社会規範として国民の心奥に定着させられて来た。そして、親子代々、受け継がれて来た。

たしかに個人主義は、個人の自由意思を前提にするから、近代家族を構成するのに不可欠の要素である。だから戦前においても臨時法制審議会において、個人主義からの個人の自由意思を尊重した意見が強く主張されている（本書第三章参照）。また、個人主義に徹して、法制度上の「家」だけでなく道徳上の「家」も徹底して廃止すべきであるとの意見も強かった。これは、戦前、戦中の日本社会の前近代的制度や倫理は、すべて民主主義に反するとの思想に立っていた。(2)

まず、出自が不明となる。祖先の血縁や家名などの由緒は、何の価値もなくなる。祖先を共通にするがゆえに存在する親族の共同性の意識もなくなる。婚姻は、「始めに個人ありき」で、当人の意思だけで決定する。個人主義の理想だが、それだけ夫婦の相談相手になる親族もいない。他から干渉がない代りに婚姻関係が夫婦の意思だけで維持される不安定は避けられない。それだけではない。出自不明は、魂のふるさとを喪失した淋しさ、心の空洞感を年を経るほどに感じる人たちも少なくないだろう。

「家」の持つ扶養機能がなくなる。とくに、老後の扶養は金銭扶養より引取介護扶養が望まれる。それには、親族の共同意識があって、配偶者、成年の子の協力が必要である。「道徳上」の「家」にある親族の共同を廃止すれば、これが不可能になる。戦後改革当時は、国民健康保険も国民年金も厚生年金もなかった。介護保険は、もちろんなかった。社会保障制度が皆無に近い状態で、道徳上の「家」まで廃止するとなれば、国民の精神的ショックは大きかったであろう。

親族互助は、平時でも失業、病気、災害などの場合に、ふるさとの親族を頼って寄留することが戦前では珍しくなかった。また、農繁期には親族の援農作業に都市から出働する。食糧難のときは、農作物を供給された。このような「親族扶養」と「親族互助」は、日本資本主義をローコストで維持する条件であった。それゆえに、日本資本主義近代化の桎梏でもあった。

明治民法は、前近代的精神の象徴であり、日本社会の資本主義的合理化の障害でもあったから、もっとも早く改革されねばならない。しかし、改革に着手するには、いくつかの条件がある。まず、日本資本主義のローコーストの給源としての「家」的扶養の改革、親族互助や出自意識の抑制がある。これは、民法（家族法）だけで解決できないことが多いが、少なくとも、改革の枠組は必要である。次に、家族は、国家と社会の秩序を維持する思想を育む機能がある。それは、国家、社会を構成する基礎単位であるとの近代国家の共通認識に立つことが必要である。そこで、まず「家」制度の権威秩序が廃止させられた空白を埋めねばならない。近代家族像を「家」制度に代えて提示し、その実現に向けて家族法の枠組を設定しなければならない。その場合の指導原理は個人主義と平等であるとされる。

二　近代家族像の提示

1　「指導要領」の家族像

戦後の国民の窮乏状況を背景にして、親族共同の実態は個人主義と対立する。このために民法制定において、近代家族像をモデルとして構成しながらも他方で共通の氏を有する祭祀集団が相互に扶け合うことを認めている。それゆえ民法は二つの魂を持って出発せざるを得なかった。(3) また、新憲法は、家族を社会の基礎単位とする規定を設けなかったし、新民法にも家族は規定されなかった。このように、近代家族像が憲法にも民法にも抽象的で具体的でない。具体的提言が示される必要があった。これが示されたのは文部省の学習指導要領であった。まず、昭和二十二年度〈一九四七〉中学高校学習指導要領家庭科編（試案）では（二頁）、「家庭は社会の基礎単位」とする。さらに同年の指導要領「社会科編（Ⅱ）」（第七学年～第一〇学年）試案では、「各家族の人格の独立の尊重と、その独立をもととした相互扶助の精神と生活を科学的に改善してゆく努力によって家庭生活が建設されなくてはならない。(4)」とする。そこには、「家」制度から各家族員が独立して協力した家庭生活をイメージしている。ここでは戦後、初めて家庭が教育対象とし、「家庭生活」を「家族」に代えて採用している。だが、それが民主主義と、どのようにかかわるかを示していない。昭和二十四年の高校指導要領に至って、「家庭生活における民主主義的な生活の理解と価値の認識」が単元に採用された。ここで「社会は、家庭生活に法的制限を持っているが、それは家族を社会を個人をまもるためである。(5)」とした。これは、民法を念頭において、個人と家族が法秩序の対象であり、法の保護の下に家庭生活が営まれることを示している。これを「戦後、『家』制度の否定の第一段階から、民法改正を経て第二段階の民主主義に基づく家族像が公的に提示されたのである。」と酒井はるみは指摘する。(6)

しかし、この内容を、もっと詳細に説明しなければ、国民の日常生活の指針にはならない。そこで、この指導要領を注釈する教科書が現われた。

2　教科書『家族』の家族像

昭和二十四（一九四九）年には指導要領をふまえて、改正民法の主要な起草者である中川善之助ほかによる高校家庭科の教科書『家族』が刊行された。このとき、『家族』の教科書は、ほかに刊行されていなかったから、この教科書が家庭科の唯一の指針とされたとみられる。

そこでは、家族とは「自由であり本質的に平等である独立した個人が結婚して家庭を営み、未成年又は未成熟の子が、家庭の構成員に含まれる。」とする。(6)また「夫婦の身分は、差別が少しもなく、協力して共同生活を営む」妻の就業については、「主婦であり、母であることを妨げない範囲で身にかなう多少の仕事を持つことは大切なこと」としている。(7)このように自由平等な夫婦が大前提であるが、妻は専業主婦として「夫婦一体となって家庭の経営を営む」として性別役割分業を明示している。これは、まさに近代家族観に基づく家族像が明示されたのである。

しかし、同じ頃のアメリカの家族像とは全く同じではない。性別役割分業の理解が異なると、酒井はるみは指摘する。(8)アメリカでは、妻は夫を後顧の憂なく仕事に専念させることに性別役割分業の目的は限られる。それ以上に、妻も夫もお互いの領域に参加しないことが当然とされる。(9)したがって、日本のように「夫婦一体」となって家庭を経営するという観念はない。このような家庭観の差異は、個人の自由の理解が異なるからではなかろうか。酒井はるみの指摘によるとアメリカでは、初めに「個人」ありきである。その個人が、自己の外の家族、友人、異性交際にかかわって新しい家族を能動的に形成して行く。ところが日本では、このような個人主義を家族にとりいれなかった。この指摘が正しいとすると当時の日本では性別役割分業といっても、夫も妻も家庭という団体のなかでは自立した個人として存在していない。たてまえとしては、お互いに夫婦が平等だといっても、それぞれ（夫婦）の個人の私的領域が確立していないのだから、夫婦の協力といっても、夫婦の利害が一致しないと社会に存在する男女格差の力関係が直撃する。したがって、日本の性別役割分業とは、家庭の「和」として夫の主導権の下（いわゆる夫唱婦随型）に存在するものである。

三　親族共同性と民法の適応

新家族法は、日本の社会体制の民主化の一環として制定されなければならない。家族制度の民主化は、新憲法の個人の尊厳と両性の本質的平等の理念を実現することである。家族法は、この理念を国民の現実の家庭生活に顕現しなければならない。そのためには、個人の尊厳の理念を実現するための実用概念として個人主義が使用された。また、両性の本質的平等の実用概念として男女同権が用いられた。これらの概念に照らして、これまでの「家」制度の反民主的で、個人の生活を制圧している組織を解体する。個人の自由意思による夫婦の平等な権限で家庭生活のできる組織を制度化することが、新家族法の目的である。それには、実現目標となる新家族像が想定されねばならない。そこで、占領軍アメリカの民主的な家族像が、そのまま理想の家族像として良いだろうか。現実の家庭生活は、その国民の長い歴史が培った価値観を担っている。それは、それぞれの国民の心底にあるホンネに支えられている。日本人の場合のホンネは、「親族の共同性」である。新家族法の個人主義は、この「親族の共同性」と摺り合わせる必要がある。また男女同権についても同じである。

他方では、「私利追求」のホンネも資本主義の本質でもある。とくに、日本の資本主義は近代資本主義の必要費用である社会保障費を「家」制度＝家族に転稼して来た。国家はこの二つのホンネを止揚して法制度（家族法）に統合しなければならない。

1 「家」的扶養

扶養は、個人主義に立つと夫婦と未成熟子の間のみとなる。だが、当時の国民の窮乏状態では、核家族関係のみの扶養義務は現実的ではない。同居親族ならば老親、兄弟姉妹のみならず、さらに親等の遠い者にも事実上の扶養をせざるを得なかった。家族経営的な農業ならば、事実上の扶養の範囲は無償労働の報償として、さらに拡がった。資本主義の合理化のために「家」的扶養を廃止するには、その受皿としての社会保障制度がなければならない。これが皆無に近い当時の状況では、民法典に広い範囲の扶養義務を規定せざるをえない。新家族法は、配偶者に対する扶養義務（七五二条）と親権下にある子の扶養（八二〇条）として、核家族への扶養義務を最優先とした。次いで、直系血族および兄弟姉妹に対する絶対的扶養義務（八七七条第一項）を規定した。さらに家庭裁判所が特別事情を認めた三親等内の親族に対しての相対的扶養義務（同条二項）を定めた。扶養義務を段階的に差別して現実に対応している。昭和三年（一九二八年）に中川善之助が明治民法の扶養義務を、生活保持義務と生活扶助義務に分けて民法解釈上で行ってきたことを明文化したともいえる解決であった（本書第五章参照）。

扶養に関する民法規定は、まさに「ホンネ」である親族共同性による個人主義の修正である。民法規定は、国家が当事者に対して中立的立場をとる形をとることを随所に見せている。これは、当事者（多くは夫婦）の社会的力関係に解決を委ねることである。積極的に民主化を推進するのならば個人主義を徹底すべきである。国家が後押ししなければ、当時の社会状況から親族共同性による解決となることは自明であった。扶養についていえば、さらに扶養の程度、方法、内容、複数扶養義務者間の履行関係などのすべてを、当事者間の協議（八七八条）に委ね、協議がまとまらなければ家庭裁判所が決めるとしたことである。このような解決手法をとる場合を列挙してみよう。

離婚における協議離婚、(七六三条)と子の監護者の決定(七六六条)、財産分与(七六八条)の諸規定。婚姻における夫婦同氏(七五〇条)は夫の姓か、妻の姓かの選択を自由にするが、九〇%以上は夫の姓を選択した。以上の場合、いずれも、夫が就業、妻が専業主婦であって、夫に協力し夫婦一体となって家庭を運営する「和」の精神に満ちた日本的近代家族像(本章三項を参照)に基づくものである。だから、個人が前提となって、夫と妻がそれぞれの権利を主張し権限が明らかなことを象徴する夫婦別姓は採用されない。しかも夫主導型の性別役割分業に基づく事実上の差別が存在している。

また、法形式上は、差別がないが、平等原理上社会の現実との落差が大きい場合を生じる。高齢者の在宅介護は、高齢者を引取った子の妻(嫁)が主として世話するのが、民法起草当時の常態であった。しかし民法規定では、このような介護の実働者が相続人でないかぎり、全く相続分がない(後に〈昭和五十五年〉寄与分が九〇四条ノ二に認められ、若干の配慮があった)。これは、親族共同性では、「家」的扶養は、家督相続につながり、妻の無償奉仕は当然としている。この考えの清算が充分でなかったからと考えられる。

2　出自と親族互助

出自と親族互助義務については、親族共同性の「ホンネ」そのものである。それだけに個人主義や男女同権に基づく規定と摺り合わせるのは困難である。さりとて、日本人の心情に深く根ざしていて、情緒的レベルでは無視できない影響力がある。そこで、出自に関しては、系譜、祭具、墳墓などの祭祀財産は、慣習による祭祀財産主宰者の単独相続(八九七条)とした(本書第七章参照)。この規定については、臨時法制調査会のときから保守派の強硬意見があって起草委員が妥協したことになっている。しかし、保守派の反対が強くなくても、祖先祭祀についての具体的な規定がなければ、大多数の国民から、民法は浮き上ったものとなる惧れがあった。すなわち、家督相続を廃止して均分相続にすれば、祖先祭祀の主宰者も祭祀財産も分割されて責任者不在となりかねない。当時においてはとくに墳墓は、出自の依りどころであり、親族団結の象徴だから、道徳的な「家」を認める以上、具体的な存続を保障する規定が必要だったのである。

親族互助義務は、直系血族、兄弟姉妹は互いに扶け合わねばならない（民法七三〇条）、と規定された。扶養義務などを中心に、すでに他の規定で必要な親族間の権利義務が置かれている。さらに、このような規定は、法的効果のない倫理的意味しかないとの批判が当時でも強かった。しかし、保守派の強い要望で設けられたといわれている。その背景には、「家族国家」に基づく「日本的近代家族像」を意識したのではなかろうか。ここにも、旧来の家族への国民の価値観を容れて、欧米の価値観である「民主化」を修正して適用せざるを得なかった跡がうかがえる。

四　歴史の問いかけ

1　国民世論の動向

すでに本書第七章に引用したが、憲法改正で家族制度改革が論じられた頃の毎日新聞の世論調査では、法律上の「家」の廃止賛成五七・九％、反対三七・四％（昭和二十二年三月二十五日）であった。民法施行後、五年以上経た昭和二十八年（一九五三）の総理府世論調査では、「家族制度が変わって、家庭の雰囲気が変わってよかった。」（東京区部二〇〜五〇歳）では肯定者は、わずか二〇％であった。また、同じ世論調査で、「子どもがいない場合、養子をもらってでも『家』をつがせたい」と答えた人は七三%、「つがせないで良い」は一六%にすぎない。さらに「家」意識をうかがわせる見合結婚が、昭和二十四年（一九四九）の厚生省「結婚に関する人口学的調査」六五%、「恋愛結婚」が二二%であった。[10] 民法施行六年たって、新民法が、全面的には肯定的に受けとめられていないことがわかる。国民が、法制度としての明治民法の権力支配的性格を否定した。だが、親族共同性の部分を倫理的道徳的な「家」を行為規範として現実の家庭生活に適用していたからである。[11]

2　新民法の性格

新民法は、法形式上は、第一条ノ二に、個人の尊厳と両性の本質的平等を解釈原理として掲げた。また、妻の行為無能力規定を廃止、協議離婚を認めるなど当時の家族法としては世界的にも先進性を誇った。また、家族関係の紛争当事者の対立から国家は中立の立場をとった。まず当事者の自治に委ね、当事者で解決のできぬ場合のみ介入する仕組みにした。このような柔軟性のある仕組みがあったので、長期五〇年以上も大きな改正なく安定して過ごせたといえる。そうでなければ、個人主義と男女同権の実現という西欧の「民主化」概念に日本人の歴史的価値観を組み込むという対立衝突を吸収することは実現困難であったと思う。

新しい民法は、「私利追求」のホンネを個人主義の推進で益々、肥大化させることに役立った。親族共同性は「家」制度の復活につながる民主化の障害とみなされた。「家」制度復活を警戒する意見は戦後一〇年以上も、根強く主張された。

しかし、現実には、高度成長期以後は、「家」制度復活よりも個人主義が特化して利己主義に進んで行く危険な方向が示された。むしろ、従来「家」制度の悪しき内容さえ、「私利追求」にする替えられた。たとえば、老親の介護は、

「あとつぎ」＝長男の義務だと主張して負担を逃れようとした。同じ人物が、親の遺産相続では、均分相続を主張する。こんな利己主義丸出しが、憶面もなく主張されても、親族や地域社会では制止することはできない。このような個人主義が利己主義に転化するのは、民法制定の最初から予想されることであった。このことは論理的には、個人の意思の尊重は、個人の意思自由から自己決定権の保障を含んでいる。

むすび

家族内で、自己主張の強い者を抑止できる者はいない。家族員は皆が平等だからである。家族外の親族や地域社会の隣人たちは、なおさら抑制する権利などない。親族共同性は消失した。地域社会の隣保協助は、住人の定住と扶け合いの条件が都市化のなかで存在しなくなった。妻も家庭を出て一日中競争社会の利益追求に参加するようになれば、精神的には、家庭に老人と子どもだけが取り残される。このような家庭崩壊は、「家」制度の復活があったからではない。

むしろ、個人主義の歯止めを古い理念の親族共同性に事実上頼っていたことに問題があった。「私利追求」が、家庭内に貫徹するときに何をなすべきか。真の「民主化」の精神とは、自立化した個人が家族や社会へのこれまでの歴史は共属感情を持って連帯意識を育てることだろう。国民の「私利追求」の欲望の肥大化を、そのときどきの政府が、支配層の最大利益の方向に誘導し続けて戦後改革に至った。戦後改革の一環であった民法（家族法）の制定は、「私利追求」に純化して行く方向と、「民主化」で家族、社会と個人の連帯を創出する方向があった。しかし、後者を実現するには、家族法の外に個人を支える社会保障、社会福祉の施策を中心とした家族政策が必要である。このことにあまりに遅れが生じたことが、今日の家族と個人と社会の関係の崩壊の真の原因であると私は確信している。

註

(1) 明治民法は、その運用において戸主権の乱用禁止の判例があった。また戸主権に従わない家族員は除籍されるほかに、罰則はなかった。さらに一九四一年の民法改正で、戸主の同意権は裁判所の許可が必要となったから、民法の戸主権による「家」の支配はさほど大きくなかった。

(2) 川島武宣『日本社会の家族的構成』(日本評論社、昭和二十五年)。

(3) 利谷信義『家族と国家』(筑摩書房、昭和六十二年)八四頁。

(4) 酒井はるみ『教科書が書いた家族と女性の戦後五〇年』(労働教育センター、平成七年)一五頁。
本書は、教育社会学の立場から、教科書を素材にして戦後五〇年間の家族と女性の歴史のなかで、戦後家族制度改革を分析している。家族思想は、教育によって定着させられる。民法では抽象的な家族制度改革の枠組を国民に具体的に理解させるのが教育だからである。本書は、これを実証的に分析した、他に類書を見ない労作である。本章の三は、主として同書に負うところが多い。心から感謝する。

(5) 同右、三九頁。

(6) 同右、一六頁～一八頁。

(7) 中川善之助・氏家寿子・稲葉ナミ『家族』(中教出版、昭和二十四年)八五頁。

(8) 酒井、前掲(5)、三八頁

(9) 同右、四二頁

(10) 鎌田とし子共編『家族史』(梓出版社、昭和六十四年)二六五～二六六頁。

(11) 同右、一五〇～二五一頁

補論　占領政策における家族制度改革

はじめに

周知のように、アメリカの対日占領政策は、「非軍事化」と「民主化」の二側面をもって始められた。「非軍事化」とは軍国主義の影響力を日本のすべてのレベルにわたって一掃することである。「民主化」とは旧制度にかえて民主主義諸制度を導入し、日本人を民主主義思想で洗脳することである。しかしながら、「非軍事化」は、もちろんのこと、「民主化」も、占領目的に反しないかぎり（結局はアメリカの国益に反しないかぎり）でのみ許されたのであった。

そこで戦後改革の一環として行われた家族制度改革も婦人の解放も、この対日占領政策の側面から出発し、また、その限界内にとどめられたと見るべきであろう。ただし、婦人の解放はともあれ、家族制度改革は日本人の日常生活に密着した価値観を根底から覆すことになるのであるから、占領軍といえども国民感情や民主意識を逆なでするようなことになっては大変である。しかしながら、他方で日本の政治、経済、社会の諸制度を支える精神は、その根本において日本の家族制度のイデオロギーを共有している。したがって、これらの制度の改革を積み上げることは、窮極において家族制度の改革に手を触れざるを得なくなる。そこに、対日占領政策における家族制度改革のジレンマが生じる。そこで「全面的家族制度改革は憲法履行の範囲を超えており、GHQはこれを命令しなかった。」(1)といいながら、インフォーマルな形では、きめ細かい勧告指導を行うという慎重で複雑な形の政策指導が行われたようである。

また、日本政府側も、婦人の解放としてあげられる具体的な政策、すなわち婦人参政権、男女教育の機会均等、就業の平等などは、大正デモクラシー以来、日本の国内政策上、具体的な検討をしたことがある。また、家族制度改革が、大正末期の臨時法制調査会で詳細な検討を経たことがあったことも周知の事実である(2)。そのために、比較的、日本政府側の政策的対応が早く、その内容も、戦前の「近代化路線」の延長上に創出されたために、GHQ側の意図するところと合致する場合も少なくなかった。これらの事情もからんで、対日占領政策上の婦人と家族の取り扱いは、微妙で複雑な形を取りながら、とくにGHQが改革を強制している印象を与えることを避けながら行われたようである(3)。

そのために対日占領政策上、婦人と家族に関する政策は、ストレートには日本の「非軍事化」と「民主化」には結びつかない。これらに直接結びつくのは、旧日本軍の武装解除や戦犯追及や公職追放、財閥解体や軍需産業の撤去である。また洗脳的意味での天皇制や教育制度改革や国家神道の廃止なども、政策目的に直結しよう。したがって、これらの政策実現は緊急かつ重要な意味を持っている。

これらに比べると婦人や家族に関する政策は、当面では第二義的で、しかも緊急を要するものではない。だが長期的に日本人の精神を支配し、日本社会の構造を根底から変革する契機を含むものである。しかも、ことの性質上、それは少なくとも日本人自身の自発性によって行われたかのごとき装いがいるであろう。

以上のようなことからであろうか、現在のところアメリカ側の公式な文書に公表された直接婦人と家族に関する事項は、きわめて乏しいようである。本論では占領政策の進行に沿って、この問題についての占領軍側と日本政府側の動向を、大筋で追うことにしたい。

一　ＧＨＱの基本的態度

１　ＧＨＱの近代化政策イデオロギー

まず、昭和二十年（一九四五）一月にＳＷＮＣＣ（国務・陸軍・海軍三省調整委員会）とＳＦＥ（極東小委員会、ＳＷＮＣＣの下部機構）のワーキンググループが作った「敗北後における米国の日本に関する初期方針の要約」(4)では、直接、家族や婦人にかかわる政策は一つも掲げられていない。ただ、「軍政府の果すべき初期の任務」の一つとして、「教育制度の非軍事化と民主化」が、唯一の関連のある具体的政策としてあげられている。これを受けてＧＨＱから、次のような一連の指令が出されている。昭和二十年九月二十二日、「日本の教育制度の行政」に関する覚書（ＳＣＡＰＩＮ一七八）で、占領軍の教育行政に対する基本的見解が示された。その後、同年一二月三十一日、「修身、日本史、地理の学科課程の停止」（ＳＣＡＰＩＮ四四八）など一連の指令で、軍国主義と超国家主義に基づく教育の民主的教育への転換が指令され、その一環として男女共学があげられている。

また、この頃、十月十一日には、いわゆるマッカーサーの五大改革要求が出されている。すなわち、(1)婦人解放、(2)労働組合結成の促進、(3)教育の自由主義化、(4)圧制的諸制度の廃止、(5)経済機構の民主主義化、を内容とする。このうち、(1)(3)で婦人にかかわる具体的改革が必要とされることは想像されよう。(2)は、労働組合結成による経営民主化が、従来の経営家族主義を打破することで、家族主義イデオロギーを揺がすことになろう。

十一月五日には、「隣組の廃止」（ＳＣＡＰＩＮ二三六）が指令された。これにより、上から作られた隣保共助の枠組は解消させられた。

また、十二月九日には最初の「農地改革」（SCAPIN四一一）が指令された。これで、とにかく、農村の階層的支配体制の解体に手が着けられたのである。

そして、ショーヴィニズムを鼓吹し、排外的な超国家主義および軍国主義のイデオロギーの源泉とアメリカ側が考えていた国家神道に対する排除が指令される。同年十二月十五日、「国家神道に対する政府の保証および援助の廃止」（SCAPIN四四八）が、それである。超国家主義が、家国一体の家族観に由来し、天皇制と国家神道によって正当性を根拠づけられている以上、国家神道廃止の方向は、当然、天皇制と家族制度の検討に向わざるを得ない。

ところで、このような矢つぎ早なGHQの改革指令に、日本政府側も、いち早く対応している。昭和二十年十一月二十七日開会の第八九回帝国議会には、婦人参政権、第一次農地改革、労働組合法などに関する法案を提出して一挙に可決し、年末公布に持ち込んでいる。すなわち、衆議院議員選挙法中改正法律案は十二月十七日、農地調整法中改正法律案は十二月二十九日、労働組合法案は十二月二十二日に、それぞれ公布されている。

もとより、政府のこのような迅速な対応は、単に新たな支配者への忠誠といった官僚の特性からだけではない。これらについては、戦前にそれぞれ類似の改革法案が試みられたことがあり、主として貴族院の反対で潰されていたので、すでに経験のある法案作成であったこと。また、当時の状勢から見て「今之ヲ致シマセヌト是ヨリモ更ニ急激ナモノトナル」(5)（第八九回帝国議会、昭和二十年十二月十八日、松村農林大臣）といった危機感に日本の権力中枢が駆られていたこと。また反面で、「婦人ノ持ツ保守的斬新性ト申シマスカ、是ノ政治ニ及ボシマス影響ハ、是ハ相当期待シテ宜シイノデハナイカト考ヘテ居ル」(6)（第八九回帝国議会、昭和二十年十二月四日、堀内内務大臣）として婦人の政治参加を、体制の安定要素としてとらえていたことなどが挙げられる。

このように見てくると、家族制度改革に着手する以前に、日本社会における家族制度イデオロギーを共有する社会的諸制度は、つぎつぎと解体をさせられていっている。それは、結果として前近代的な制度の袋小路に閉じ込められていた資本主義の精神を、つぎつぎと解放して私利、私益の体系としての、この国の市民社会を純化することを進めて行くことになった。そのことは、日本社会を占領目的の限界内で近代化すること以上でも以下でもない。したがってＧＨＱは日本資本主義が転覆して、日本が共産主義国家になることは絶対に許さない。その限度では、日本の支配体制の維持を図らねばならない。このあたりの政策上のかね合いは、次のように現われている。

まず明治憲法体制は、「家」「国家」「天皇制」を、家族制度イデオロギーで結合し、それらの統合の頂点に天皇を置き、その結合体制の正当性を神道で根拠づけていた。ＧＨＱが、この神道と国家の結合を分離させたことで、この結合体制の正当性の根拠は失われた。残るのは、「家」と「国家」と「天皇」とを血縁神話による家族国家観で統合していることである。これに対して、さらに昭和二十一年一月一日には、天皇の「人間宣言」が行われて、追い打ちがかけられている。すなわち、これにより天皇が国家の主権者として存在する根拠は全く失われてしまう。そこで、天皇制を廃止するか、あるいは、少なくとも国家主権を国民に譲渡させるのみに止まるかの選択を迫られることになる。民主化を徹底するなら、前者の道をとるべきだろう。しかし、占領政策上の利害関係から見るならば、これは、保守派のみならず改革推進派の官僚を含む広汎な国民各層の抵抗を増大させることになって望ましくない。このような判断が働いたからであろう、アメリカ本国は「反動的、排外的な愛国主義者たちは、彼等の冒険に天皇制を利用することが推測される」（ＳＷＮＣＣ五五／三）という認識を持ちながらも、「天皇制の運命を国民の最終的意思にゆだねる」（ＳＷＮＣＣ二〇九／一）としている。結局、アメリカ側の現実認識が、天皇制の占領政策への利用価値を重視したことにほかならない。

さて、このようにして「家国一体」の天皇制家族国家の頂点の天皇制が変質させられると、これに対応して戸主権に統率される「家」も変えられなければならない。その場合、憲法改正が天皇主権から国民主権へ転換したレベルにそろえるなら、戸主権は廃止しても「共同体」的な「家」は存続可能という予測も成り立ち得る。事実、憲法改正審議の段階では、政府内部でも戸主権の廃止以上の民法改正の必要を予想した者は少なかったようである。(7) 米本国も男女共学(SWNCC一〇八／一)、婦人労働(同九二／一)を挙げながら、ついに具体的な「家」の廃止に触れなかった。

このことは、ちょっと不思議なようだが、わからぬことはない。まず、「非軍事化」と「民主化」の占領政策において、家族制度改革は何といっても第二義的な重要性しかない。まず第一に重要なのは、潜在的なものを含む旧日本軍事力の破壊、超国家的思想絶滅のための洗脳である。洗脳のため直接役に立つのは教育である。占領直後から、軍事主義教育の払拭に関する命令が矢つぎ早に出され、教育制度改革が、GHQから派遣を要請されたアメリカ教育使節団の強い勧告に基づいて、GHQの厳重な監督のもとに行われたのは、このためである。

これに対して、家族制度は国民の日常生活の内容を規定する規範の体系である。しかし、それはフォーマルな形で存在するものだけではなく、インフォーマルな形でも存在する。しかも、インフォーマルな規範こそ国民の日常生活を窮極において規定する。したがってフォーマルな規範を改革しても、インフォーマルな規範までがただちに変るとは限らない。だが、そこまで変らなければ、国民の意識の深奥から「家」意識を追い出すことはできないであろう。問題は、占領政策として、いまただちにそこまでする必要があるか、である。家族制度が国民の家族生活を規定している以上、これを大きく変革することについてのメリット、デメリットの計算は充分に慎重でなければならない。GHQ側は、はじめから「家族関係の分野で西欧の思想や基準を東洋の国に課することは賢明でない」という考えがあったという。(8) 詳説するならば次のようになる。

(1)　家族制度のように国民の生活感情に根ざしている規範を、外国人の干渉によって変革させられたと受けとめられることから生じる国民感情の反発を惧れたこと。

(2)　直接の家族制度改革を経なくとも、占領目的である日本人の洗脳は達成可能であると考えたこと。

(1)については、英米系の植民地政策の伝統からも推察がつくであろう。(2)については、すでに述べたように、直接には教育制度改革、間接的には国家神道の廃止および天皇主権の否定による「家国一体」のイデオロギーの上部構造を破壊することで、目的達成が可能と考えられたと推測されよう。

このように考えると、はじめてGHQの次のような方針が理解できよう。すなわち、「『家』制度の大規模な改革は、憲法の履行を求めることを超えて居り、SCAPによって命令されるものではない。両性の平等と個人の自由の原則とは別に、家族法を近代化し改革する方法は日本人自身に委ねられるべきであるというのが、その政策であった」(9)と。

2　GHQの憲法草案策定過程

昭和二十一年（一九四六）二月三日、日本政府側に全く憲法起草能力なしと判断したマッカーサーに命じられた民政局長ホイットニーは、翌日、民政局行政課（Public Administration）のメンバーを招集した。極秘のうちに、このメンバーを中心にGHQによる新憲法草案を起草するためである。(10)これらのメンバーは、表3のように各部門別に分れて作業に着手した。

婦人解放が取扱われたのは、このなかの人権委員会（Civil Rights Comittee）である。この委員会のメンバーは、ピーター・K・ロエスト陸軍中佐、ハーリー・エマースン・ワイルド氏、ミス・ビート・シロタの三人である。とくに、ミス・シロタは、憲法草案のうち、「婚姻生活における男女同権」という婦人解放にもっとも関係の深い事項を担当

表3　GHQ憲法草案起草委員会

政治課長	ハッシー中佐(弁護士)
調整委員会	ケーディス大佐　ハッシー中佐　ラウエル中佐　ミス・フラーマン
立法委員会	ハイズ中佐　スウォープ少佐　ヘーグ大尉　ミス・ノーマン
教育委員会	ピーク氏　ミーラー氏　フォーマン大尉
人事委員会	ロエスト中佐　ワイルド氏　ミス・シロタ
司法委員会	ラウエル中佐　ハッシー中佐　ミス・ストーン
地方自治委員会	ティルトン少佐　マールオイン中佐　ケネー氏
財政委員会	クゾー大尉
天皇制、条約および憲法改正委員会	ネルソン大尉(弁護士)　プール氏
前文委員会	ハッシー少佐
秘書係	ミス・ヘーイク　ミス・ファーガソン
通訳係	ゴールデン大尉　ハスコヴィッチ大尉

した（ほかに「学問思想の自由」も）。大正十二年（一九二三）生で若輩二三歳の彼女に、このような重要な任務を負わせたのは、もっぱら彼女の特異な経歴によると考えられる。すなわち、白系露人の彼女は、職業音楽家の両親とともにウィーンから昭和四年（一九二九）に来日した。父親のレオ・シロタ氏は爾来、帝国音楽学校で教鞭を執っていた。その後、彼女は昭和十四年（一九三九）、一六歳になるまで日本の高等女学校の教育を受けて来た。この年、一家はアメリカを訪れ二カ月ほど滞在したが、彼女だけはそのまま残ってミルス・カレッジに入学し、昭和十六年に卒業した。この間、両親達は戦争のために日本を出国できなくなったが、彼女は戦争中にアメリカの連邦通信委員会に就職し、日本向けの放送のモニターをしていた。のちに陸軍情報部に勤務したが、昭和二十年七月から十月まで『タイム』誌で調査の仕事についていた（しかし、どういうわけか、アメリカ市民権は、この年一月十五日に取得している）。昭和二十年十二月二十七日に、GHQ民政局の調査分析者として採用されている。[11] このような彼女の経歴と両親の音楽教育を通じての日本の上流知識人層との交際関係などが、高く買われたものと思われる。また、ワイルド氏は、民政局政治課に居り、後に『東京旋風』（井上勇訳、時事通信社、昭和二十九年）を書いている。

さて、人権委員会などの各分科会で作成された憲法草案は、調整委員会

(Steering Comittee) の審議を経てから公表されている。調整委員は、民政局次長のチャールス・L・ケーディス陸軍大佐、行政課長のアルフレッド・R・ハッシー海軍中佐、法規課長のミロ・E・ラウエル陸軍中佐、ミス・ルース・フラーマンの四人から成る。(12) 残念なことに、人権委員会の原案を書いた資料を入手していないので、ミス・シロタ起草の婦人と家族に関する要綱の原案が、どのようなものであったかを知ることが出来ない。しかし、幸いなことに調整委員会の議事録が手元にあるので、この間の事情を紹介しよう。

結論から先に言うと、家族の復権 (rehabilitation) を含む婦人や児童の具体的な権利の保障を憲法に明記した人権委員会の原案は、調整委員会の反対に会い、ホイットニー局長の裁断で削除された。この事情は、次の通りである。(13)

昭和二十一年二月八日の調整委員会に、人権委員会から、日本における社会福祉、公衆衛生、自由な教育、法定養子と児童労働法の確立に関する詳細な命令を与えている一八条から二五条までの憲法原案が提出された。調整委員会は、これらの条文原案が価値ありとしながらも、これらの条文は憲法ではなく、実定法規の問題であるとして論争した。人権委員会側では、ロエスト中佐が、次のように主張した。社会福祉規定の包摂は近代ヨーロッパ諸国で承認された実績である。国民の社会福祉に関する国家責任が、日本における新しい概念であり、国民の広汎な賛同を促進するために憲法上の承認を要求するからには、ここでこれらの条項を包摂する必要がとくにある。現在、ここでは婦人は家財道具同様である。また、父親のたんなる気まぐれで私生児が嫡出子に優先する。農民は誰でも、収穫が悪いと娘を身売させることができると。立法委員会のソープ少佐は、よしんばわれわれが保育中の母親や少年養子の監護に関する詳細な指示を憲法に組み込んだとしても、国会が実行法規を通過させるまで状況は改善されないとして反対した。ラウエル中佐も反対して、社会福祉の完全な組織の設立は、民政局の責任部分ではない。また、これらの規定の強要は、日本政府が、われわれの憲法草案を全面的に拒否するかも知れないほどの恨みを生じるおそれがあると述べた。これに対し人権委員会のワイルド氏は、われわれがすることは、日本における社会改革に影響を与える責任であり、かつまた、そうすることにおいて最良の方法は、社会的パターンの逆転を憲法で強制的に仕上げることであると答えた。ラウエル中佐は反論して、法律によって一国に社会思想の新しい型を課することはできないと答えた。

かくて、対立する社会理論の、こういった混乱の中では、いかなる妥協的解決も見出されなかった。調整委員会は、この部分の憲法への編入をホイットニー民政局長に相談することを勧告した。ホイットニー局長は、社会的立法の詳細な規定を削除して、社会保障が準備されなければならないという一般的宣言を為すことを推薦した。(14)

さらに二月三日の調整委員会では、(15)まず「人権」(Civil Right)の表題を「人民の権利と義務」(Rights and Duties of thePeople)の章に改めた。そして問題の条文――生活のあらゆる領域における自由と正義と民生、および社会福祉の、それぞれの促進と拡大のために、法律が立案されねばならない――を考慮する事について、ハッシー中佐は、次のような異議を唱えた。すなわち、それが憲法に規定されると、社会福祉を達成するために、新しい法規を立法したり、制限的な法規を廃止したりすることを、国会に義務づけるような条文を作ることになるが、そのことに対しては異議があると。ハッシー中佐は、さらに、この条文に列挙された若干の原則および家族の復権に関する先例の普遍的で疑う余地のない有効性とかについても、懐疑的であった。そこで、それらを実定法規よりも憲法に編入することの妥当性にも疑問を抱いていた。かくて、調整委員会に委ねられた条文は削除された。そして、生活のあらゆる領域で、社会福祉の向上と拡大のために、法律が立案されねばならないという一般化された宣言が作られたのである。

このようにして、二月十二日、GHQの憲法草案が完成した。問題の、婚姻生活における男女同権は、次のようになった。(16)

第二三条　家族ハ人類社会ノ基底ニシテ其ノ伝統ハ善カレ悪シカレ国民ニ滲透ス　婚姻ハ男女両性ノ法律上及社

会上ノ争フ可カラサル平等ノ上ニ存シ両親ノ強要ノ代リニ相互同意ノ上ニ基礎ツケラレ且男性支配ノ代リニ協力ニ依リ維持セラルヘシ此等ノ原則ニ反スル諸法律ハ廃止セラレ配偶者ノ選択、財産権、相続、住所ノ選定、離婚並ニ婚姻及家族ニ関スル其ノ他ノ事項ヲ個人ノ威厳及両性ノ本質的平等ニ立脚スル他ノ法律ヲ以テ之ニ代フヘシ

また、これと組み合わせて具体的な社会保障制度の確保を謳うことで問題となったのは、次の規定である。

第二四条　有ラユル生活範囲ニ於テ法律ハ社会的福祉、自由、正義及民主主義ノ向上発展ノ為ニ立案セラルヘシ
無償、普遍的且強制的ナル教育ヲ設立スヘシ　児童ノ私利的酷使ハ之ヲ禁止スヘシ　公共衛生ヲ改善スヘシ
社会的安寧ヲ計ルヘシ　労働条件、賃金及勤務時間ノ規準ヲ定ムヘシ

これらは、一見して判るように法律条文として洗練されていないだけでなく、その立法趣旨にも不透明なところがある。したがって、これが憲法として公布されるには、いずれにしても立法趣旨を明確にし、法律技術的な修正を要する。また、問題のところは、自由で無償な教育や、児童の酷使禁止などを一般的、抽象的に掲げるにとどまった。だが、自由な男女の婚姻にはじまる家族を社会の基礎とする現代憲法の家族観を正面に据えている。しかし、その後の展開は日本政府との交渉のなかで、さらに当初の精神から離れたものになったようである。

3　GHQ憲法草案をめぐる状況の展開

二月十三日、政府はGHQ草案を手交された後も、松本国務相が二月十八日には「憲法改正案説明補充」をGHQに提出するなどして抵抗した。しかし、これもホイットニー民政局長に即日拒否され、かえって二月二十日までの期限付きでGHQ案の実行を迫られる破目になった。(17) かくて、二月二十二日の閣議で政府はGHQ案を基礎に憲法改正

を行うことを決定した。かくして、三月六日、政府の手による「憲法改正草案」が公表された。(18)

このうち家族制度にかかわる部分を次に掲げる。

第二二、婚姻ハ両性双方ノ合意ニ基キテノミ成立シ且夫婦ガ同等ノ権利ヲ有スルコトヲ基本トシ相互ノ協力ニ依リ維持セラルベキコト、配偶者ノ選択財産権、相続、住所ノ選定、離婚並ニ婚姻及家族ニ関スル其ノ他ノ事項ニ関シ個人ノ権威及両性ノ本質的平等ニ立脚スル法律ヲ制定スベキコト

第二三、法律ハ有ラユル生活分野ニ於テ社会ノ福祉及安寧、公衆衛生、自由、正義並ニ民主主義ノ向上発展ノ為ニ立案セラルベキコト

なお、これに加えて、教育の機会均等と無償性（第二四）および児童の不当使用禁止（第二五）が掲げられ。両者を比較すると、「家族が人類社会の基底」であるというヴァイマール以来の現代憲法の家族観の大前提を削除している。また「男性支配の排除」が、「夫婦の同権」に取代えられている。この考え方の落差は大きい。夫婦の同権ならば、家庭内の性別分業（妻は家庭に）を前提とした平等でも良いからである。婦人解放に関してこのような大きな変更が加えられるまでに、GHQと日本政府側との間にどのような折衝があったのかを知ることは興味深いが、現在（昭和五十三年）資料を入手していないのは残念である。

さて、前年末に婦人参政権が実現して一休みした感じの婦人解放運動も、GHQ草案に触発されたのか、政党のレベルで、はじめて家族や婦人に関する現代国家の憲法思想に則った草案を出すまでに進展する。

二月二十四日発表の日本社会党の「新憲法要綱」(19)は、「国民の家庭生活は保護せらる、婚姻は男女の同等の権利を有することを基本とす」と宣言している。さらに、しばらく経って、六月二十九日の日本共産党「日本人民共和国憲法（草案）」(20)は、一層具体的に婦人の権利を規定する。すなわち、第二七条男女同権、第二八条婚姻共同生活における

夫婦の同権と戸主および家督相続の廃止、第二九条寡婦および子供の国家による保護を謳っている。これらの草案は、ヴァイマール共和国以来の現代憲法に現われた婚姻と家族の保護、男女同権の実質的保障の規定をふまえていることは容易にうかがえる。その意味では、ＧＨＱの人権委員会の主張と軌を一にしているともいえよう。

二　民法改正における日本側の対応

さきに、憲法改正草案が公表されると、政府内部でも関係者のあいだに、「民法は非常に憲法と違うのではないか」したがって、「憲法の個人の尊厳と両性の本質的平等という観点に立ってみたら、どういうふうに民法を改正すべきか」という声が出てくる。この時、夫婦間の法律関係の平等については、たとえば夫婦財産制、子に対する父母の親権、離婚原因の平等化、妻の無能力制度の廃止などについては大体確信が持てたのであるが一番の問題は、「家」をどうすべきかであったという。(21) そこで、奥野健一ら司法省民事局では「家」を廃止しないで戸主権を非常に制限する案と「家」を廃止する案とを考え、それにアメリカなどの制度も参酌して、まとめ上げたのが「民法親族編および相続編の改正につき考慮すべき諸問題」である。この要綱に引き続き、これの説明のような意味で「新憲法に基き民法親族編および相続編中改正を要すべき事項試案」が作成された。(22)

これとは別に、憲法改正に伴い法制全般にわたって改正を必要とすることから、昭和二十一（一九四六年）七月二日に内閣に臨時法制調査会が設けられた。これにより、内閣総理大臣の諮問に応じて、改正を必要とする主要な法律の要綱を答申することを目的として審議が開始される。

審議は、四つの部会に分れて行われた。第一部会（皇室・内閣関係）、第二部会（国会関係）、第三部会（司法関係）、第四部会（財政関係）である。

小委員会は、さきの「諸問題」および「試案」を基礎にして、A、B、Cの三班に分かれて活動を開始し、まず幹事案の作成に努めた。A班（家・相続・戸籍法）、B班（婚姻）、C班（親子・親権・後見・親族会・扶養）である。この結果、早くも七月中旬には要綱幹事案が作成された。この要綱案を七月二十二日から二十七日にかけて起草委員会が検討して、要綱原案を七月三十日の第二小委員会（第二回）に提出した。この原案は、「家」の廃止、家督相続の廃止と均分相続の採用、両性の平等に反する規定の削除などを中心とする画期的な改正案であっただけに、保守派の委員の衝撃は大きかった。「敗戦の結果天皇制が心ならずも廃止させられるようになったのだから、せめて家族制度だけでも維持しようという考え方が一部の人から非常にはっきりさせられた。(23)」という我妻の述懐に、この状況はうかがい知れるであろう。だが、「今度の改正は何でも子供、子供といって子供本位にしているから、子供とか、あるいは嫁が親を養わなくなるんじゃないか、それをどうしてくれるのだ(24)」という意見は、一面では長い間の「家」的扶養から引き離される国民の不安を象徴するとも言えたであろう。さらに均分相続が、農地の分散や漁業権の分割を生じないかという意見は、農業政策の根幹にかかわる問題でもあった。

起草委員会は、家の廃止については、道徳上、旧来の家族制度は肯定するが、法律上の制度である民法に規定された家（具体的には戸主権、家督相続）を廃止するという論理を使っている。もちろん、後になって我妻自身が言うように「道徳的なものとしても、『家』族制度は批判の余地のあるものであるに相違ない。(25)」しかし、時代の雰囲気は、それから一〇年後の昭和三十一年に起草委員の一人であった中川善之助が「いまからは想像もつかぬほど右へ寄った家族制度論が強かった(26)」と述懐するほどであったから、保守派に対応する起草委員の、このような政治的発言もやむをえなかったかも知れない。ともあれ起草委員側は、このほかに扶養の問題は家事審判所の問題に回し、農地分割の問題は農業資産特例法案を考慮するということで切り抜け、原案を可決し、八月十四、十五、十六日の三日間、司法法制審議会（第二回）総会にかけている。

ここで保守派は、憲法第二二条（現行二四条）の個人の尊厳および両性の本質的平等という原則から、ただちに「家」の廃止は出て来ないという主張を強硬におこなっている。その根拠として、さきの憲法改正議会（第九〇帝国議会、二十一年六月二十七日）における吉田首相や金森国務相の発言「前ニ総理大臣ヨリ御説明申上ゲマシタ通リ、之ニ依ツテ直チニ戸主権トカ親権トカ云フモノガナクナルト云フ前提ハ執ツテ居リマセヌ」(27)を挙げている。これに対し、憲法の専門家である宮沢俊義委員（東大教授）から、家の制度を残すことは憲法に違反するとの意見が出されたり、その外にも、「家」は紙の上のもので実質がないとする者など、家の存廃をめぐって意見は二つに分れた。

ところで保守派にしても、憲法改正にかかわるGHQの態度からして、家族制度改革についてもGHQの、なんらかの示唆が起草委員にあったものと推測していたようである。事実は、憲法改正案の頃から奥野健一民事局長はGHQと接触があり、我妻栄委員らもCIEの係官に対し個人的に日本民法を教授するなどのインフォーマルな接触はしばしばあった。しかし、この段階でGHQは、なんらかの要求をするほどの準備がなかったようである(28)。だが、そんなことは起草委員や幹事らの立法関係者以外にはわからないから、保守派の人たちは自分たちの主張を通すのに、起草委員の背後のGHQの眼を意識した妥協を図る。即ち、保守派の最有力な委員牧野英一（東大教授）は、起草委員側に示唆して「民法の戸主および家族に関する規定を削除」する代りに、「親族共同生活を現実に即して規律すること」および「系譜、祭具および墳墓の所有権は、被相続人の指定または慣習に従い、祖先の祭祀を主宰すべき者これを承継するものとすること、その他の財産は、遺産相続の原則に従うものとすること」を要綱案に加えさせることに成功した(29)。

この要綱案が、八月二十一、二十二日の臨時法制調査会第二回総会の原案となる。ここで保守派から再び「親族共同生活を現実に則して規律する」ことの内容が問われる。そして我妻栄起草委員から「家の根本道義、或は忠孝一本というようなことを基礎とした家族制度というものを廃止する気は毛頭ありませぬ」[30]との言質を引き出している。このような言質を手がかりに保守派は、九月十一日の司法法制審議会（第三回）総会で再び家族制度問題をむし返した。この頃になると保守派の人たちにも、家族制度改革には、GHQが直接介入していないらしいということがわかるようになる。そこで、保守派は会議に入江法制局長官を呼んで、憲法草案二二条が直接には戸主・家督相続・家の廃止を要求していないが、個人の尊厳および男女の平等に反するものがあれば、これを払拭しなければならないという証言を引き出す。それとともに、これまでGHQからとくに家族制度を廃止しろという命令があったように聞いたから賛成したのだが、それがそうでないならば起草委員の主張する「家」の廃止には根本から反対する、そして、これまでの決議は中間報告として再議に付することを提案した。これに対し、起草委員側からは、GHQ指示のような事実はなく、これまでの決議は確定議であって再議の必要なしと応酬。結局、議長から、中間報告として再議に付することの可否につき採決をおこなったが否決。続いて原案を臨時法制調査会に答申することを可決した[31]。

このようにして十月二十三、二十四日の最後の臨時法制調査会第三回総会に、民法改正要綱がかけられることになる。この時になっても保守派の家族制度維持論は、中川善之助の言うように、「みんな新しい言葉を使い、用語が少し新しくなったというだけで、……明治民法立案当時の速記録に残っている国粋派委員の発言とちっともちがっていません」[32]と言われるほどのひどさであった。これに対して、起草委員のほかにも、婦人の立場から村岡花子は「戸主が総ての権利をもって婦人を圧迫している。こういう法律上の家族制度がなくなるということは、何という嬉しいことだろうか」[33]とか、河崎なつの「経済生活ばかりでなくして、家族生活に於ても本当に生き甲斐のないような生活につきましては……皆家族制度から由来することであります」[34]という強い反論も出されている。

しかし、国粋的保守派の家族制度維持論はナンセンスとして斥けるとしても、保守派のなかでも一応の筋を通した牧野英一委員の次のような意見は、簡単に斥けられないものがあった。「……夫婦のことを協力と考えるならば、われわれとしては当然親のことを考えなければなりませぬ。当然子のことを考えなければなりませぬ。子のことは考えるが、親のことは第二次だというのでは、民法の道徳的意味、社会的通念が抹消されます。[35]」牧野は、この上に立って、要綱第一の二として「家族生活は之を専属する旨の原則を規定すること」、第一の三として「直系血族及同居の親族は互に協力扶助すべきものとすること」、第一の四として「親族は互に敬愛の精神に基き協和を旨とすべく特に共同の祖先に対する崇敬の念を以て和合すべき旨の原則を規定すること」を要求する。なお、このような原則的道徳に加えて、要綱第三六に「祖先の祭祀を主宰すべき者の相続分は摘出子の相続分の二倍とす」という具体的要求も追加した。

結局、本会議を一時中止して懇談に入ったが、ここで牧野は第一の三以外の要求を撤回した。[36]そこで再開された本会議では、原案に「直系血属及同居の親族は互に協力扶助すべきものとすること」ということを希望条件として議決し、ここに要綱案は最終確定をみたのである。

要綱案の審議と併行して、起草委員および幹事たちは、改正民法の条文の立案を進めていた。その第一次案は、二十一年八月十一日に作成された。注目すべきは、すでにこのときから、後に問題となった祭祀・墳墓の継承が条文化されていたことである。[37]すなわち「一〇〇一条の二、系譜、祭具及ヒ墳墓ノ所有権ハ前条ノ規定ニ拘ラス慣習ニ従ヒ祖先ノ祭祀ヲ主宰スヘキ者之ヲ承継ス。」そして八月二十日作成の第二次案には、第一次案ではなかった「被相続人ノ指定」が追加されている。これは、八月十五日の司法法制審議会第二回総会決議に含まれている牧野提案を採り入れたとみるべきであろう。この後、十月十八日に第三次案が作成された。これに民法調査室で検討した結果を採り入れて修正した第四次案が、十二月二日に作成された。第四次案で、はじめて親族互助義務が「七二五条二項、直系血族及ヒ同居ノ親族ハ互ニ協力スヘキモノトス」として新設された。これも十月二十四日の臨時法制調査会第三回総会での牧野提案を希望条件とした議決に影響されたものと考えられる。第四次案に法制局の意見を採り入れた第五次案が、翌年一月四日に作成されたが、親族互助義務は、「七三一条、親族ハ互ニ協和スヘキモノトス」と簡潔になった。これを二月四日に英訳してGHQに渡すとともに、法制局の再審議と司法省の行政考査（審議に準ずる首脳部会議）を経て、三月一日に第六次案を公表した。ここでは祭具・墳墓の継承の変更はないが、親族互助義務は再び第四次案と同文になっている（七三〇条）。なお、第六次案をGHQと協議して五月三日付新聞に掲載させたほか、各裁判所、議員、各弁護士会、政党本部、主要な大学、信託協会、銀行協会等に配布して意見を求めた。なかでも、共産党代表野坂参三の意見は後にGHQにも注目された。すなわち、「全体としてこれは極めて進歩的な法案」と評価しながら「『家』制度の除去が尚、不徹底」と批判する。具体的には、「『氏』なる制度を創出し、しかも、これを全親族法の中枢地位に据えている。……『系譜、祭具及墳墓の承継』とか祭祀相続とかは同様に、『家』観念の維持に資するものである。……妻又は寡婦を『家』に縛る規定が残存している（七二九条二項、七三二条、八七八条、九五四条二項等）……離婚原因について八一三条一項二、三号に『直系尊属』が謳われているのは、封建的家族制度が未だに払拭されていない……」[38]と批判している。

このほか、家族法民主化期成同盟[39]の決議・修正希望条項の一部も、GHQから注目され、司法省との会議の際のGHQの意見に採り入れられた。とくに協議離婚をなすには家事審判所の確認を要するとの条項は、GHQの意見に大きく影響したといわれている。

第六次案提出後、ＧＨＱは、ほかに多数の法案の審議があり、新憲法施行日である五月三日までにこれを審議することは不可能であると通知して来た。そこで、司法省は、とりあえず三月五日から「日本国憲法の施行に伴う民法の応急的措置に関する法律案」(応急措置法案と略称)の立案にかかり、三月十五日に公表している。[40] その後四月末までは、ＧＨＱもこの応急措置法の審議をおこなっており、民法改正案の審議をしていない。そして、ようやく五月十二日から七月七日まで、一八回にわたるＧＨＱと司法省の会談が開かれることになる。

三　民法改正に関するＧＨＱと司法省の会談

この会談は、司法省側が言うように「総司令部係官が本法案に関して検討をする際の資料を集めるのが主な目的であるようであり、したがってむしろ予備的会談に属するものと思われる。[41]」だが、この会談以前にも以後にも、民法改正に関しては、このほかにフォーマルな形での日本側との会談が開かれなかったようだ。また、この会談でのＧＨＱ側の意見による修正以外には、このの ち、修正がほとんどなかったことを考えると、事実上、この会談が最初にして最後の本格的会談の性格を持たされたと言って良いだろう。

ＧＨＱ側で、最初から最後まで一人で直接会談の当事者となったのは、民政局の司法制度関係の担当官であったブレークモア[42](民政郡司法課係官)であった。日本側は、司法省民事局奥野局長以下、小沢事務官、上田事務官、豊水事務官、服部事務官のほか、中央終戦連絡事務局の広田書記官がこれに当たっている。

会談の冒頭、ブレークモアから、上司のオプラーとも相談した結果、この法案を現在の形で公表して国内の批判と与論によって修正することが提案されている。また「この改正案は、大して変える必要はないと思う」との見通しも述べられている。日本側も、民間情報教育局（ＣＩＥ）の婦人・家族関係担当官ウィード中尉らと相談して、民法改正に関する五〇頁くらいのパンフレットを全国家庭に配布して、与論を喚起する計画に民政局の協力を求めている。また、すでに述べたように第六次案を新聞発表と同時に各界に配布して積極的に意見を求めており、ＧＨＱ側も共産党の野坂参三意見書に興味を示すなどの積極的姿勢がうかがえる。

しかしながら、会談が実際に民法改正の内容に立ち入ると、両者の間に、基本的な家族観の相違に由来する対立が随所に現われて来る。さきに民法改正要綱に着手以来、日本側は社会の実際に適合した「実体関係をきめて行く、そして実体関係を現わすには氏という手段を使うのが一番簡明じゃないか」と考えるが、「氏に実体的な法律関係が全然結びついていないことが改正法を一貫した原理だと言えるとしても……、但し系譜や祭具の問題だけは別だ」とする。しかし、「その氏を同じくするか、しないかということが現実の共同生活が一緒になる、ならぬという所を抑える一つの拠り所にしよう」(43)と考えても、「親と子供が同じ所に生活するか、しないかということは、農村と都会とでは非常に違います。又都会地も……その現実の共同生活、或は世帯と申しますか、それが非常に複雑になりますので、世帯の儘を法律に現すということは甚だ困難、恐らく不可能であろう」(44)という考え方に立っている。したがって会談においては、「氏の如何が、財産の相続関係、親族関係には何等影響がない（から）、あまりにこれに拘泥して重視すると昔の『家』が復活するおそれがある」(45)、と主張する。具体的には、草案七二九条「姻族関係ハ離婚ニ因リテ止ム、夫婦ノ一方ガ死亡シタル場合ニ於テ生存配偶者カ婚姻ヲ為シ又ハ第七百八十九条第一項の規定ニ依リテ婚姻前ノ氏ニ復シタルトキ亦同シ」をめぐって、大きな意見の対立があった(46)。

ブレークモアおよびオプラー両氏の見解として出されたＧＨＱの意見は、本条は、未亡人が夫の氏を引き続き称するが、夫の親族とは親族関係を断ちたいときには適当でない(47)。また、このように復氏をしないで姻族関係を続けていると第九五四条二項によって、かような姻族間の扶養の義務を負わされることがある。たとえば夫が死亡したとき、その子供があるために氏をかえないでいた未亡人が、亡夫の父や祖父に対する扶養義務を負わされることがあるのは、余りに酷ではないか、(48)という。

これに対し、司法省側は、「亡夫の氏を続けているのは普通、亡夫の父母、祖母等と同居し仲のよい状態をつづけている時なのであって、さような場合には扶養義務を認めることはさしつかえないのではないか」と反論している。また、ブレークモアは「それは従来、家族（筆者注―「家」の意味か？）という観念があったから」と解し、司法省側は「家族＝「家」の観念とは関係はないと思う。オプラー氏の考えは何人も自由に氏を変えることができるという考えが基礎になっているのではあるまいか」とする。その結果、司法省側は「氏と婚姻関係を関連づけることがいけないとすれば、夫婦の一方の死亡によって姻族関係は当然止むということにしたらよいだろうか」と提案したが反対された。(49)そこで、生存者配偶者が姻族関係終了の意思表示をしたときに姻族関係が終了することにして決着をつけた。(50)

子の氏については、草案七八八条二項「前項ノ規定（婚姻による氏の変更）ニ依リテ氏ヲ改メタル夫又ハ妻ニ未成年ノ子アルトキハ、配偶者トノ協議ヲ以テ其子ヲ引取リテ自己ト同一ノ氏ヲ称セシムルコトヲ得」も問題となった。ブレークモアおよびオプラーから、この「引取リテ」の意味から、家の観念が残っているのではないかとの疑問を出されたので削除している。また第八一二条ノ三「前項ノ場合（離婚による復氏）ニ於テハ夫又ハ妻ハ当事者ノ協議ヲ以テ夫婦間ノ未成年ノ子ヲ引取リテ自己ト同一ノ氏ヲ氏ヲ称セシムルコトヲ得」に対して、ブレークモアは、「成年の子の場合には氏の選択権を其の子に与えてはどうか」といっている。これに対して司法省側は、「氏をそれ程までに重大な問題と考えていない。氏の如何は、財産の相続関係、親族関係に何等影響がなく、親権に影響するだけである。あまり氏に拘泥すると、昔の、『家』の思想が復活するおそれがある」と述べている。これに対して、さらに、ブレークモアは「米国では、氏は、いつでも自由にこれをかえることができる。日本でそれ程までしないにしても、ある程度本人の意向で選びうることにしたらどうか」と提案している。ほかに子の氏については、父が認知した子の氏を父の氏にした場合についてのみ父は親権を行使できる（草案第八七八条第五項、第八三六条ノ一第三項）ことに対し、ブレークモアから、親権の行使は親子の同居を要件とすべきであるとの主張がなされている。(51) これらのことから、司法省側とGHQ側とで氏と家族の関係について、かなりのずれがあることがうかがわれよう。

司法省側は、とにかく親族共同生活をしている場合に氏を同じくするという実態に則して氏の規定を定める。親権の所在を共同生活の実態に合わせるならば、氏の所在に合わせることが一番落ちつくところに落ちつく。この場合、氏を共同生活の表象としてとらえている。ところがGHQ側によると、氏は個人の表象であり、氏と家族の共同生活とは何の関係もないと解している。したがって氏は、個人の意思で自由に変更できる。それゆえ個人の自由意思による婚姻関係から生じた姻族関係の存廃を氏に関連づけることは考えられないことである。またブレークモアは、親権は親子の同居生活から生じる親の子に対する身分上の特殊な権利であるから、親子の同居を抜きにして氏の存在に親権を結びつけるのは「家」の温存、と解している。(52) そこで、厳しく執拗な変更を迫ることになるのである。結局、最後に司法省側で、GHQの意向通り親権と氏の関係を全く切り離した規定（現行法八一九条）にまとめることで問題を解決している。すなわち、これまでは離婚後の子の親権者は、父の氏を基準にして自動的に決定したのが、これとは関係なく親権の所在自体が父母の協議で定まることになったわけである。この意義は、立法関係者が考えていた以上に大きいのではなかろうか。なぜなら、家族団体を象徴する氏と無関係に身分権を考えたからである。

家族観の相違は、他でも見られる。たとえばブレークモアは、成年者を養子にする制度は「家」のため「氏」のためで必要がない、と主張した。司法省側は、日本では成年者養子が広く行われており、養子にしておけば将来財産の相続をさせられるし、また扶養もしてもらえる。有名な老舗をつがせるために養子をしたいということもある、と反論した。だがブレークモアに言わせると、「(それは)帰するところは、家督相続の思想ではないか。……(老舗のあとつぎは)養子制度の乱用である。さような必要があるならば、氏を自由にかえられる制度をつくるべきである」(53)と大反対。結局、GHQの重ねての要望をしりぞけて現行法に至っている。

家族観の相違は、どのような夫婦のあり方を想定するかでも異なる。離婚における財産分与制度、第八一一条ノ四「協議上ノ離婚ヲ為シタル者ノ一方ハ相手方ニ対シ相当ノ生計ヲ維持スルニ足ルヘキ財産ノ分与ヲ請求スルコトヲ得」では、「相当」の基準が問題となり、同条第三項「当事者双方ノ資力其他一切ノ事情ヲ斟酌シテ」という基準では不充分ではないか。「夫婦が婚姻中双方の協力で得た財産は夫婦の共有とすると同時に、……債務もこれを共同で負担する」べきではないか、というのがブレークモアの主張であった。司法省側は、「日本では、夫婦が親子、兄弟等と共同生活をして、協力して財産を作っていることが多く、半分に分けるのを原則としてたてる訳には行かない。」また、日本の女の言い分として、婚姻生活中生活費不足のため負担するに至った債務は妻に負担させるべきものではない。また夫の事業から生じた債務は、妻があずかり知らぬところだから妻が負担させられることはない。したがって、婚姻中に生じた債務については妻に負担させられることはない、と主張した(54)。その背景には、日本の場合、夫婦以外の親兄弟のような血縁者集団のなかに夫婦関係を結びつけ、夫と妻との間には就業をめぐって分業が確立している形が一般的だとの認識がある。したがって夫婦間の財産関係も、夫と妻の個別の権利義務の組み合わせで割り切ることは難しいので、財産分与で具体的な配分の原則を立てるわけにいかないということになる。しかしブレークモアは、このような家族関係は「家」につながるから是認したくない。また、おそらく婦人団体などからGHQへの陳情もあったからか、未亡人や離婚された女の救済のことも考えて、財産分与には具体的な基準を入れることを強調している(55)。

具体的な基準がなければ、保守的な裁判官にかかると、これが非常に少額になりはしないかというおそれがあったからである。結局、具体的な財産分与の原則をたてなかったが、六次案で「当事者双方ノ資力ソノ他一切ノ事情ヲ斟酌シテ」となっていたのを、「当事者双方がその協力によって得たる財産の額その他一切の事情を考慮して」と修正している。

このほかに、あまり議論にはならなかったが、離婚原因に回復の見込みのない精神病を追加することが提案された。司法省側は、一応、これは五号（婚姻ヲ継続シ難き重大ナ事由）に含ませれば足ると反論したが、結局これを受け入れている。(56)

このような実体法上の問題のほかに、ＧＨＱ側から相当執拗に実施を迫られたのは、協議離婚の確認の問題であった。実は、先に述べた家族法民主化期成同盟の修正希望条項は、いわゆる夫による妻の追い出し離婚を防ぐために、協議離婚の家事審判所による確認を求めていた。また、民法改正の起草委員会の幹事の一人である川島武宜は、この同盟の有力メンバーでもあった。そこで、ブレークモアから、「協議離婚は家事審判所の確認を必要とする川島の意見を採用しないのか」という疑問の形で、問題が提起されている。司法省側は「協議離婚の手続を簡単にするのが内縁の婚姻をなくする所以だ」とか「現在の案のように、家事審判所の数が多くない構想の下では、都会地は別として、田舎の協議離婚を極めて困難にする結果を生じる」とかを理由にして反対した。だが、「それならば、書面を家事審判所に出すことを認めたらどうか」と反論があった。司法省側は、「もしその場合、家事審判所に拒否の決定権を与えないことにするのなら、現在の案の届出と大差はない」と再反論している。結局、ブレークモアが、「このような意見のあることを国会の委員会で言ってほしい。改正案を当方の言うように変更する必要なし。……いずれにするかは国会に任せることにしてよい」と決定している。(57)その結果、第一回国会参議院で、田中耕太郎提案「協議上の離婚はその届出前に家事審判所の確認を経なければならない」に、「当分の間、簡易裁判所の確認で之にかえることができる」という経過規定（付則一〇条）の修正案が通過した。しかし衆議院が反対して、協議離婚は届出で足るとの本来の原案を再可決して決定している。

さて、以上のような会談の結果、民法改正案についてGHQ側は「積極的にこの法案に賛成だということを言わず、この案を国会に提出することに反対しないという態度をとることになった」(58)。

むすび

およそ社会的大変革は、最後に家族制度改革をもって収束することは、歴史の教えるところである。占領政策としての戦後改革も、戦後家族制度改革の中核をなす民法改正をもって、ほぼ終結の段階に達したといって良い。このことを裏書きするかのように、改正民法の施行される昭和二十三年（一九四八）一月一日、マッカーサーはその年頭声明で、占領政策の第一段階の終了と主要な占領政策がほとんど終了したことを宣言している。だが占領政策における「民主化」が結局その限界内にとどめられている以上、家族制度改革も不徹底に終らざるを得ない。もちろん、その不徹底の意味は、よくいわれるような「家」意識に基づく逆コース的な意味の残滓を払拭しなかったことに重要な点があるのではない。たとえば、よく例示される、保守派の強い要求で盛り込まれた親族互助義務（第七三〇条）や、祭祀・祭具の承継（第八九七条）を考えてみよう。これらについては、意外にGHQと司法省の会談ではほとんど問題にされなかった(59)。日本の法律に精通し、日本の家族制度については「妻は三界に家なし」という諺まで知っているほど調査し尽くしているGHQの係官たちが、これらの規定の意味に無知だったとは考えられない。そうだとすると、これらの規定は彼等の「民主化」の障害になると判断されなかったと考えるべきだろう。家族制度について、彼等のめざす〝民主化〟は、軍国主義・超国家主義の温床となる「家」の解体を目的とする。したがって「家」の支配から個人を解放することはあっても、解放された個人が路頭に迷うことについてはあまり関心がなかったといえよう。この時「家」に代る社会連帯の創出を社会的規模で考えるべきことは不可欠であったはずだが、占領政策における「民主化」には、はじめから、このことは欠けていたのだったのである。とは言っても、家族制度改革の成果については、彼等はかなり重視していたようである。それは、日本政府に、民法改正のキャンペーンを、当時もっとも宣伝力の強いラジオ放送を通じて徹底的に宣伝することを許していることからもうかがえよう(60)。

我妻栄を中心とした日本側の起草委員、幹事が改革の当初に考えていたのは、三世代同居を前提にした、氏を同じくし、家族成員全員の労働の寄与による財産を形成している家族像だったようである。会談では、この点に関する改正を指摘された。だが、彼等には、それが、なぜGHQ側の家族観と衝突して譲歩せざるを得なかったのかは、ついにわからなかったようである。そこにわれわれは、日本の改革推進者の限界を見る思いがするのである。

註

(1) Political Reorientation of Japan 1948, p.215.
(2) これが戦後家族制度改革に及ぼした影響については、依田精一「戦後家族制度改革の歴史的性格」(福島正夫編『家族、政策と法』第一巻、東京大学出版会、昭和五十一年)参照。本書第七章。
(3) 唄孝一は「(SCAPは)政策実現に強い関心を持ちながら、最終責任は日本側にあるとの態度をとった」と指摘する。唄孝一「新民法の成立」(『家族問題と家族法』酒井書店、昭和三十年)三八七頁。
(4) 竹前栄治「初期占領政策」(『現代史Ⅱ』岩波書店、昭和五十一年)四三頁。
(5) 依田、前掲(2)、二〇〇頁。

(6) 依田、前掲(2)、二〇一頁。
(7) 憲法改正における家族制度論争については、依田精一「戦後家族制度改革と新家族観の成立」(『戦後改革』第一巻、東京大学出版会、昭和四十九年)を参照。本書第六章参照。
(8) Alfred C.Opler,Legal Reform in Occupied Japan,1976. p.215.
(9) 前掲(1)、p.215.
(10) 末川博編『資料戦後二十年史3法律』(日本評論社、昭和四十一年)六〇頁。
(11) C・A・ウィロビー『知られざる日本占領』(延禎監修、番町書房、昭和四十九年)一七九～八一頁。
(12) 調査委員のケーディス・ハッシー・ラウエルは、弁護士出身の「制服を着た法律家」であるとともに、民政局の首脳部でもある。したがって、調査委員会の意見が、事実上、その他の委員会の意見に優越し、民政局案の決定に重要な役割を果たしたようである。
(13) SCAP, GS, "Preliminary Government Section Conference on Preparation of Draft Constitution, section headed' meeting of the Steering Committee with Committee on Civil Rights, Feburuary8, 1946," pp.9－12, National Record Center, Record Group 331, Japanese Constitution File.
(14) Idid., p.12.
(15) Idid., pp.17－8.
(16) 末川編、前掲(10)、七二頁。
(17) 同右、六五頁。なお、二月一六日付ホイットニーより日本政府宛の書簡は、「字句の修正以外は認めないこと。日本政府が実行しないときは、総司令部は独自の行動に出ること」など、きわめて強硬なものであった。外務省外交資料館所蔵、外交資料、憲法改正関係公文書〇一一九。
(18) 末川編、前掲(10)、七二頁。
(19) 同右、七六頁。
(20) 同右、七七頁。
(21) 我妻栄『民法改正の経過』(日本評論社、昭和三十一年)一二頁。
(22) 同右、一四頁。
(23) 同右、四三頁。

(24) 前掲(21)、四四頁。
(25) 同右、四二頁。
(26) 同右、四五頁。
(27) 依田、前掲(7)、三〇〇頁。
(28) 前掲(21)、四七頁。
(29) 同右、五〇頁。
(30) 同右、七〇頁。
(31) 同右、七二〜七四頁。
(32) 同右、八二頁。
(33) 同右、二九五頁。
(34) 同右。
(35) 同右、二七三頁。
(36) 同右、二八九〜二九〇頁。撤回理由は不明である。
(37) 同右、三二四頁。
(38) 同右、三四九〜三五〇頁。
(39) 同右、三四三〜三四四頁。
(40) 同右、一一二頁。
(41) 司法省終戦連絡事務室『民法改正に関する総司令部係官との会談記録』中、第一回昭和二十二・五・十二冒頭陳述。この文書は、司法省側の当事者であった服部事務官のとった記録をタイプ印刷した司法省の非公開内部資料であるが、会談日の記載はあるが、頁はつけられていない。この文書を引用した論文は、唄、前掲(3)のみである。なお、我妻、前掲(41)『民法改正の経過』は、この文書を参照しながら、座談会をおこなっている。
(42) Blakemore. 第二次大戦前、留学生として東大法学部に学び、日本法に精通していた。
(43) 「民法改正の経過」一二四頁、小沢事務官の回想。

(44) 同、二五一頁、臨時法制調査会第二回総会、昭和二十一年八月二十二日における我妻栄発言。
(45) 前掲(41)、第三回昭和二十二年五月十四日。
(46) 第七八九条第一項、夫婦ノ一方ガ死亡シタルトキハ生存配偶者ハ婚姻前ノ氏ニ復スルコトヲ得。
(47) 前掲(41)、第一一回昭和二十二年六月二日。
(48) 同右、第一〇回昭和二十二年五月二十九日。
(49) 同右、第一一回昭和二十二年六月二日。
(50) 同右、第一一回昭和二十二年六月五日。
(51) 同右、第三回昭和二十二年五月十四日。
(52) 同右。
(53) 同右、第四回昭和二十二年五月十六日。
(54) 同右。
(55) 前掲(21)、座談会、一二五頁。
(56) 前掲(41)、第一二回昭和二十二年六月三日。
(57) 前掲(58)、第一四回昭和二十二年六月十日。
(58) 唄、前掲(3)。
(59) K.Steiner: The Revision of the Civil Code of Japan, The Eastern Quarterly, 9 (February 1950), p.52.
(60) 前掲(1) pp. 350—351. 当時、昭和二十二年九月一日から十二月三日まで、実に三八回のラジオ放送番組で民法改正を流させている。唄孝一は、それが第二次大戦前からの改正論と同一線上の延長にすぎず、それと同じ限界と矛盾を有する、とする。前掲(3)、三三四頁。

あとがき

本書では、展開できなかった多くの問題を残している。まず、明治国家の家国一体体制を具体的に支える戸籍制度の側面からの分析が、ほとんどなされなかったことである。すでに先行の研究が多数存在することと、戸籍制度の発展が「家」制度に結びついたともいえるのに、これについて研究を深めることができず、本書の思想の体系に取り込めなかったことである。第二に、戦前においても先進近代国家では、妊婦、乳幼児の保護などに具体的な福祉の手段を講じていたのに、日本は非常に遅れていた。にもかかわらず国家への忠誠心が強烈であったことは、国家への無償の奉仕を当然視する意識が普及していたことによる。国家にかわって「家」の共同体の援助が期待できるしくみが存在したことの意味は戦前の家族制度の分析においてもっと考えられるべきことであった。それは、家族国家の幻想から福祉国家への転換が、戦後容易でなかったことにも通じる。

第三に、すでに明治民法制定当時において軍事との関係が少なからず考えられる。明治民法以前でも、徴兵制と戸主免役制の関係は、「家」制度において重要であった。また、軍人恩給や戦没者の遺族年金にかかわる家族問題も、国家への忠誠心の確保などから重視される。さらに戦時の徴兵が、家族経営から働き手を奪うという深刻な影響を与えている。このように軍事面からの家族制度への切り込みが不十分であった。

第四に、人口、家庭という観念の普及は家庭の名称をつけた雑誌が二桁の単位で発行（明治三十年代）されていることからも肯定できる。義務教育よりも高い学歴、夫婦と未成熟子だけの核家族が都市部で急速に増加したことが、これらの雑誌の購買者となる場合が多いからであろう。このような小市民の家庭の増加が家国一体体制の亀裂の原因につながる。また、これが近代家族の意識と行動様式を備えて来ると、旧来の「家」の共同体では対応できない。他方で、日本の小市民は、自分と自分の周辺の利害には敏感でも、無力な下層の弱者に対する関心が薄く、弱者が自己責任の名の下に、政策上切り捨てられるのを傍観していることは、今日においても少なくない。近代家族が利己主義小市民を育成する場とならないためには、何を問題にすべきかであろう。

第五に、戦後改革以前に総力戦体制下では部分的に「家」的支配の経営が崩れ出していたが、農村においても地主制支配が否定されるようなことが第二次大戦末期に行われていた。地主は農地の使用収益処分を政府によっていちじるしく制限され、農産物も政府にしか売り渡せず価格も制限されていた。すでに、なしくずしの農地改革が行われ、地主制度の解体が進行していたのである。このように資本主義的合理性が除々に家国一体体制を侵食しつつあったのである。

第六に、思想史であるとはいえ、「家」制度の崩壊から新家族成立にかかわる実証的調査との結びつきが充分でなかったことである。この点については、私自身が一九七〇年以降、多数の農村、都市の家族調査をしていながら、その成果を今日の思想史に結びつけることができなかった非力を感じている。以上の諸点については、これからできるかぎり、一つでも実現したいと思っている。

最後に、本書は九州大学に提出した法学博士論文を加筆編集し直したものである。このような形でまとめることができたのは、実に多数の方々のご援助のお陰である。恩師の青山道夫先生はじめ、大原長和、有地亨両先生、「家」制度研究会での福島正夫先生、磯野誠一先生などご指導をいただいた。また利谷信義教授からは、戸籍調査、農家相続調査を、占領史関係では竹前栄治教授から、また、博士論文の審査には伊藤昌司教授のご教示をいただいた。私の属していた九州家族研究会、家族問題研究会などからも常に有益なご助言をいただいた。また、九州大学法学部資料室、東京大学、明治新聞雑誌文庫、東京経済大学図書館、国立国会図書館憲政資料室などからは貴重な資料について大変お世話になった。ここに改めてお世話になった方々に厚く御礼申し上げる。さらに、この出版事情の厳しいなか、快く出版して下さった吉川弘文館に深く感謝申し上げる。

最後に私情をいえば、亡き父母の生前に献本できれば良かったと思っている。

二〇〇四年六月六日

依田精一

索　　引

I 事　　項

あ 行

か 行

さ　行

た　行

な　行

は　行

ま　行

や　行

ら　行

II 人　名

あ　行

か　行

さ 行

た 行

な 行

は 行

ま 行

や 行

わ 行

著者略歴
一九二八年　京都府に生まれる
一九五五年　九州大学法学部法律学科卒業
一九七四年　東京経済大学教授
現在　東京経済大学名誉教授、法学博士（九州大学）

〔主要著書〕
石炭不況と地域社会の変容（共著）　日本の現代法（共著）　女性学概論（共著）

家族思想と家族法の歴史

二〇〇四年（平成十六）八月一日　第一刷発行

著者　依《よ》田《だ》精《せい》一《いち》

発行者　林　英男

発行所　株式会社　吉川弘文館
郵便番号一一三―〇〇三三
東京都文京区本郷七丁目二番八号
電話〇三―三八一三―九一五一（代）
振替口座〇〇一〇〇―五―二四四番
http://www.yoshikawa-k.co.jp/

印刷＝株式会社　ディグ
製本＝株式会社　石毛製本所
装幀＝山崎　登

© Seiichi Yoda 2004. Printed in Japan

家族思想と家族法の歴史（オンデマンド版）

Digital Publishing

2017年10月1日　発行

著　者　依田精一《よだせいいち》
発行者　吉川道郎
発行所　株式会社 吉川弘文館
〒113-0033 東京都文京区本郷7丁目2番8号
TEL 03(3813)9151(代表)
URL http://www.yoshikawa-k.co.jp/

印刷・製本　株式会社 デジタルパブリッシングサービス
URL http://www.d-pub.co.jp/

依田精一（1928～2016）
ISBN978-4-642-73766-1
© Aya Yoda 2017
Printed in Japan

JCOPY 〈㈳出版者著作権管理機構　委託出版物〉
本書の無断複写は著作権法上での例外を除き禁じられています．複写される場合は，そのつど事前に，㈳出版者著作権管理機構（電話 03-3513-6969, FAX 03-3513-6979, e-mail: info@jcopy.or.jp）の許諾を得てください．